Systematik der Beweisverwertung

Darvin Decker

Systematik der Beweisverwertung

Ein Beitrag zur Anwendung der Abwägungslehre am Beispiel der Verletzung der Anordnungskompetenz des Ermittlungsrichters

Springer

Darvin Decker
Friesoythe, Deutschland

Dissertation, Juristenfakultät der Universität Leipzig, 2021

ISBN 978-3-658-34683-6 ISBN 978-3-658-34684-3 (eBook)
https://doi.org/10.1007/978-3-658-34684-3

Die Deutsche Nationalbibliothek verzeichnet diese Publikation in der Deutschen Nationalbibliografie; detaillierte bibliografische Daten sind im Internet über http://dnb.d-nb.de abrufbar.

Planung/Lektorat: Marija Kojic
Springer ist ein Imprint der eingetragenen Gesellschaft Springer Fachmedien Wiesbaden GmbH und ist ein Teil von Springer Nature.
Die Anschrift der Gesellschaft ist: Abraham-Lincoln-Str. 46, 65189 Wiesbaden, Germany

Vorwort

Die Arbeit wurde im Sommersemester 2021 von der Juristenfakultät Leipzig als Dissertation angenommen.

Besonderer Dank gilt an erster Stelle meiner lieben Doktormutter Frau Prof. Dr. Katharina Beckemper für ihre Offenherzigkeit und stets konstruktive Kritik. Während der Zeit der Dissertation haben wir gemeinsam einige Höhen und Tiefen gemeistert. Herzlich danke ich Herrn Richter am Bundesgerichtshof Prof. Dr. Andreas Mosbacher, der kurzfristig die Erstellung des Zweitgutachtens übernommen hat. Seine Anmerkungen habe ich als besonders wertvoll empfunden und konnte diese zu einem guten Teil bei der Überarbeitung des Manuskripts einfließen lassen.

Von vielen Seiten bin ich auf unterschiedlichste Weise unterstützt worden. Einige Personen möchte ich besonders hervorheben:

Ein großer Dank gilt Herrn Assessor Johann Mitzscherlich, der die Arbeit zahllose Male korrekturgelesen hat. Seine stilistischen und auch inhaltlichen Hinweise haben die Arbeit bereichert.

Meinem guten Freund Johann wünsche ich auf seinem weiteren Lebensweg und insbesondere bei seiner eigenen Dissertation alles erdenklich Gute. Aufgrund unserer tiefen Freundschaft und aus Anerkennung für seinen Einsatz bei der Erstellung der Arbeit möchte ich ihm diese widmen.

Ich bedanke mich bei Herrn Rechtsanwalt und Notar a. D. Franz Nonnenmacher, Herrn Rechtsanwalt und Notar Hans Peter Göken und Herrn Rechtsanwalt Bernd Preuth, durch deren Unterstützung das Projekt, berufsbegleitend zu promovieren, überhaupt gelingen konnte. Ferner bedanke ich mich bei dem Team der Bibliothek des Oberlandesgerichts Oldenburg, das mir stets mit Rat und Tat zur Seite stand.

Mein größter Dank gilt meinen Eltern Marion und Aloys Decker sowie meiner Freundin Annika Ni für ihre bedingungslose Unterstützung. Ohne sie wäre ich nicht dort, wo ich heute stehe.

Friesoythe
im Mai 2021

Rechtsanwalt Darvin Decker

Inhaltverzeichnis

Teil II Besonderer Teil – Die einzelnen Ermittlungsmaßnahmen

Teil I

Allgemeiner Teil – Grundlagen und Systematik

Einführung 1

1.1 Problemaufriss und Motivation für die Arbeit

Die Strafprozessordnung ermächtigt die Ermittlungsbeamten zu einer Reihe von Grundrechtseingriffen, die eine effektive Strafverfolgung gewährleisten sollen. Andererseits erlaubt unser Strafprozess keine Wahrheitserforschung um jeden Preis,[1] sondern setzt sich selbst Grenzen durch Tatbestandsvoraussetzungen zur Anordnung und zum Vollzug von Ermittlungsmaßnahmen, die von den Ermittlungsbeamten zu beachten sind.

Ist der Tatbestand der Ermächtigungsgrundlage nicht erfüllt, ist es den Ermittlungsbeamten verwehrt, den Beweis mittels der gewünschten Maßnahme zu erheben. Es liegt ein Beweiserhebungsverbot vor. In der Praxis kommt es jedoch vor, dass Ermittlungsbeamte gleichwohl die Ermittlungsmaßnahme vornehmen und entsprechend Beweis erheben.

Wird dabei ein Belastungsbeweis aufgefunden, der für den Fortgang des Verfahrens entscheidungserheblich ist, kommt es darauf an, ob dieser Beweis verwertbar ist. Mitunter entscheidet sich die Frage, ob der Angeklagte verurteilt oder in dubio pro reo freigesprochen wird, danach, ob ein Beweisverwertungsverbot vorliegt.

Juristisch reizvoll an dieser Situation ist folgendes: Im Unterschied zum Freispruch mangels bekannten Beweisen wissen die Beteiligten, dass der Angeklagte die Tat begangen hat, und im Unterschied zum Freispruch aus materiellen Rechtsgründen geht es nicht darum, dass die angeklagte Tat nicht strafbar war. Vielmehr

[1] BGHSt 14, 358 (365).

D. Decker, *Systematik der Beweisverwertung*,
https://doi.org/10.1007/978-3-658-34684-3_1

ist eine strafbare Tat angeklagt, die nachweislich durch den Angeklagten verwirklicht worden ist. Dennoch soll er unter Umständen freigesprochen werden, weil die ausführenden Ermittlungsbeamten fehlerhaft gehandelt haben.

Unter welchen Umständen aus einem Beweiserhebungsverbot ein Beweisverwertungsverbot folgt, ist in Rechtsprechung und Literatur unterschiedlich beantwortet worden. Im Ergebnis wird sich die Abwägungslehre der Rechtsprechung als zielführende Methode zur Feststellung eines Beweisverwertungsverbots erweisen.

Diese Lehre hat allerdings starke Kritik erfahren. Der wesentliche Vorwurf lautet, dass sie wegen der Vielzahl an Abwägungskriterien und der Notwendigkeit einer Einzelfallprüfung nicht, beziehungsweise kaum zu vorhersehbaren Ergebnissen komme. Ihre Anwendung sei praktisch schwer durchführbar und die diesbezügliche Judikatur eine wenig überprüfbare Gewissensentscheidung des einzelnen Richters. Das Motiv der Arbeit ist es, die Abwägungslehre für die Praxis greifbarer zu gestalten. Hierbei soll ihr dem Grunde nach gefolgt werden, wobei allerdings auch die zu ihr ergangene Rechtsprechung in einigen Punkten kritisch untersucht wird.

Als Fallgruppe für die hiesige Untersuchung wurde die Anordnungskompetenz des Ermittlungsrichters ausgewählt. Die Richtervorbehalte sind immer wieder Gegenstand einer aktuellen Diskussion. Exemplarisch ist die Verletzung des Richtervorbehalts aus § 81a StPO zu nennen. Dieser ist seit 2008 in eine allgemeine Kritik geraten und 2017 schließlich im Bereich von Verkehrsdelikten mit Trunkenheitsbezug entfallen. Bei anderen Ermittlungsmaßnahmen gilt die Anordnung durch den Richter hingegen als rechtsstaatliche Notwendigkeit. Zu denken ist an die Wohnraumdurchsuchung, die Vorratsdatenspeicherung oder auch die im August 2017 eingeführte Online–Durchsuchung.

Neben diesem rechtspolitischen Interesse wird aber auch die rechtswissenschaftliche Kernproblematik der Lehre von den Beweisverwertungsverboten deutlich: Einerseits haben die Ermittlungsbeamten ohne eigene Kompetenz in die Rechte des Betroffenen eingriffen, was nur der Richter aufgrund seiner besonderen Stellung im Rechtsstaat hätte anordnen können; andererseits ist der Staat zur effektiven Strafverfolgung verpflichtet und die Verletzung der Anordnungskompetenz ein bloß formeller Fehler. Fraglich ist dann, ob der Staat den vorliegenden Beweis im Strafverfolgungsinteresse verwerten muss oder diesem im Einzelfall ein derartiger Makel anhaftet, dass es geradezu rechtsstaatswidrig wäre, ihn zu verwerten. Es stehen sich fundamentale Werte und Interessen des Rechtsstaates gegenüber, wobei je nach Situation der Bedeutung des Richters im Rechtsstaat oder dem Strafverfolgungsinteresse der Vorzug zu gewähren ist. Dies ist erfordert einen situationsabhängigen Abwägungs– und Einordnungsprozess.

1.2 Arbeitshypothese

Diese Arbeit soll am Beispiel der Anordnungskompetenz des Ermittlungsrichters eine Systematik der Abwägungslehre aufzeigen, wodurch ihre Handhabe für die Praxis verbessert werden soll.

Es wird vermutet, dass es bei konsequenter Anwendung der Abwägungslehre, wie sie von der Rechtsprechung entwickelt und eingesetzt wird, nur in seltenen Ausnahmefällen einer Einzelfallabwägung tatsächlich bedarf. In der weit überwiegenden Zahl der Fälle dürften sich Fallgruppen bilden lassen, in denen die „Abwägung" stets zu dem einen oder anderen Ergebnis führt, ohne dass es auf den Einzelfall genauer ankommt.

1.3 Methodischer Ansatz und weiteres Vorgehen

Diese Hypothese gilt es im Folgenden zu beweisen. Nach einer allgemeinen Darstellung der Tätigkeit des Ermittlungsrichters und der Lehre von den Beweisverwertungsverboten erfolgt der Einstieg in die eigentliche Prüfung durch eine Untersuchung der zum § 81a StPO entwickelten obergerichtlichen Rechtsprechung. Diese Ermittlungsmaßnahme ist deshalb von herausragendem Interesse, weil die zu ihrem Richtervorbehalt ergangene Rechtsprechung um ein vielfaches die zu anderen Richtervorbehalten ergangene Rechtsprechung übersteigt. Sämtliche Aspekte der Abwägungslehre lassen sich anhand des § 81a StPO untersuchen. Daraus soll ein allgemein gültiges Prüfungsschema für die Abwägungslehre entwickelt werden, deren Prüfungspunkte im Weiteren einzeln dargestellt werden.

Schließlich wird der so gefundene Ansatz auf die übrigen Richtervorbehalte bei den Ermittlungsmaßnahmen übertragen, wodurch ein Vergleich zur Rechtsprechung ermöglicht wird. Diese fallgruppenspezifische Untersuchung dient zugleich als Kontrolle der gefundenen allgemeinen Ergebnisse. Hierbei wird es auch darum gehen, den Umgang der Rechtsprechung mit ihrer eigenen Lehre kritisch zu untersuchen. Des Weiteren sollen für die Fälle, bei denen bisher eine Kasuistik fehlt, Vorschläge für eine in sich schlüssige Anwendung der Abwägungslehre formuliert werden.

1.3.1 Dogmatik

Eine Dogmatik der Abwägungslehre soll dabei gerade nicht aufgezeigt werden. Die Idee einer Abwägung von Fall zu Fall schließt einen dogmatischen Ansatz gerade aus. Ein Dogma beansprucht für sich die absolute Gültigkeit.

Das Ergebnis einer rechtsdogmatischen Arbeit liegt in der Erkenntnis sämtlicher zur Lösung eines Sachverhalts benötigten Regeln.[2] Allein anhand dieser Dogmen soll für jeden möglichen Einzelfall eine konkrete Lösung angeboten werden. Ist eine schlüssige Dogmatik gefunden, so lässt sich anhand dieser eine Vielzahl von unterschiedlich gelagerten Fällen rechtssicher lösen.

Wird hingegen eine Einzelfallabwägung gefordert, so lässt sich diese nicht auf einen abschließenden Regelkatalog reduzieren. Es ist auch nicht möglich, vorab vorherzusagen, wie die richterliche Entscheidung ausgehen wird. Denn das Ergebnis einer individuell durch den Richter ausgeübten Gerechtigkeitsbewertung des Einzelfalls lässt sich rechtsdogmatisch weder stützen noch widerlegen.[3] An dieser Stelle ist ein rein dogmatischer Ansatz nicht möglich.

1.3.2 Systematik

Vielmehr ist ein anderer methodischer Ansatz zu wählen. Wenn sich die Abwägungslehre nicht dogmatisch erfassen lässt, so scheint es sinnvoll, sich ihr empirisch–analytisch zu nähern. Die so gewählte Arbeitsmethodik erfordert im Weiteren ein zweistufiges Vorgehen.

Zunächst soll die zum § 81a StPO entwickelte Rechtsprechung untersucht werden. Hierbei geht es vornehmlich um die Urteilsgründe, aus denen hervorgeht, welche Kriterien und Argumente im Rahmen der Abwägungslehre tatsächlich in der Praxis verwendet werden. Durch die empirische Erhebung ergibt sich für die nachfolgende Analyse ein Befund, dass bestimmte Gerichte unter Verwendung bestimmter Argumente im Rahmen der Anwendung der Abwägungslehre zu konkreten Ergebnissen kommen. Das Ergebnis einer solchen empirischen Untersuchung gilt für die weitere Analyse als bewiesene Tatsache.[4]

Der zweite und ungleich umfangreichere Schritt besteht in einer Analyse des Befundes. Es sind die Gemeinsamkeiten und Unterschiede in den verschiedenen Urteilsbegründungen herauszuarbeiten. Aus dem Vergleich einer gewissen Menge

[2] *Bydlinski*, Juristische Methodenlehre und Rechtsbegriff, S. 12 f.

[3] *Bydlinski*, Juristische Methodenlehre und Rechtsbegriff, S. 19.

[4] *Röhl/Röhl*, Allgemeine Rechtslehre, § 18 S. 159 f.

ähnlich gelagerter Entscheidungen dürfte sich eine Struktur der verschiedenen Argumente beziehungsweise Abwägungskriterien ergeben.

Insbesondere dürfte es so sein, dass es in bestimmten Konstellationen immer zu einem Beweisverwertungsverbot kommt und in anderen Konstellationen niemals. Letztlich wird es zwar nicht gelingen, einen abschließenden Regelkatalog im Sinne einer Dogmatik der Abwägungslehre aufzustellen. Aber vielfach werden sich mit einem systematischen Ansatz Konstellationen aufzeigen, die immer zu dem einen oder anderen Ergebnis führen werden.

Daraus lässt sich eine allgemeine Systematik in Form eines Prüfschemas herleiten, mit dem die Abwägungslehre in der Praxis rechtssicherer angewendet werden kann. Lediglich ein verhältnismäßig geringer Teil der auftretenden Fälle wird sich durch die Systematik nicht klar einordnen lassen. Bei diesen Fällen verbleibt am Ende eine Einzelfallabwägung.

Diesbezüglich können nur einzelne Argumente genauer dargestellt werden, die es im Rahmen der Einzelfallabwägung zu beachten gilt. Letztlich bleibt es aber dabei, dass diejenigen Fälle, die sich nicht einordnen lassen, durch eine richterliche Gewissensentscheidung im Einzelfall gelöst werden müssen, die rechtsdogmatisch nicht überprüfbar ist.

Im Übrigen wird es jedoch gelingen, die unterschiedlichen Einzelfälle durch eine systematische Zuordnung in einzelne Unterfallgruppen rechtssicher zu lösen, was anhand der Fallgruppe der Verletzung der Anordnungskompetenz des Ermittlungsrichters im Rahmen dieser Arbeit gezeigt werden soll.

2 Die Tätigkeit des Ermittlungsrichters

Diese Fallgruppe ist wegen der besonderen organisatorischen Stellung des Ermittlungsrichters im Ermittlungsverfahren von rechtswissenschaftlichem Interesse. Seine Tätigkeit besteht im Wesentlichen in der Anordnung von Ermittlungsmaßnahmen, die einen Richtervorbehalt vorsehen.

Dies ist staatsorganisationsrechtlich problematisch. Grundsätzlich soll die Staatsanwaltschaft und nicht der Richter die Ermittlungen leiten. Vor diesem Hintergrund erscheint der Ermittlungsrichter bereits begrifflich eine Sonderstellung einzunehmen, soll der Richter doch gerade nicht im Rahmen der Ermittlungen, sondern erst auf die Anklage hin nach Abschluss der Ermittlungen tätig werden.

Deshalb ist fraglich, ob es sich bei der Tätigkeit des Ermittlungsrichters um einen Justizverwaltungsakt – mithin exekutives Handeln – oder um Rechtsprechung handelt. Ist der Ermittlungsrichter ein Ermittlungsbeamter im weiteren Sinne oder bleibt er auch in Ausübung seiner ermittlungsrichterlichen Tätigkeit Teil der Judikative?

Dies muss im Vorfeld der eigentlichen Untersuchung geklärt werden. Denn ein abwägender Interessenausgleich zwischen der Verletzung der Anordnungskompetenz des Ermittlungsrichters sowie dem damit einhergehenden rechtswidrigen Eingriff in Rechte des Betroffenen und dem Allgemeininteresse an einer effektiven Strafverfolgung kann nur dann erfolgen, wenn überhaupt bekannt ist, welche Stellung und Bedeutung dem Richtervorbehalt und respektive dem Ermittlungsrichter überhaupt im Rechtsstaat des Grundgesetzes zukommt. Insbesondere die Einordnung des Ermittlungsrichters in das Gewaltengefüge aus Legislative, Exekutive und Judikative wird an späterer Stelle, nämlich bei der Figur der hypothetisch rechtmäßigen Beweiserlangung, einen Mangel in der Argumentation der Rechtsprechung aufzeigen, der dazu zwingen wird, die gefestigte Rechtsprechung zu dieser Frage abzulehnen und eine andere Ansicht zu vertreten.

D. Decker, *Systematik der Beweisverwertung*,
https://doi.org/10.1007/978-3-658-34684-3_2

2.1 Staatsorganisationsrechtliche Einordnung

Zur staatsorganisatorischen Einordnung der Tätigkeit des Ermittlungsrichters bildet die durch Art. 20 Abs. 2 S. 2 GG statuierte Dreigliederung der Staatsgewalt den Ausgangspunkt.

2.1.1 Grundsatz der Gewaltenteilung und ihre Bedeutung für das Strafverfahren

Die Notwendigkeit dieser Aufgliederung der Staatsgewalt beruht auf der auf Montesquieu[1] zurückzuführende staatstheoretischen Erkenntnis, dass selbst in einer Demokratie die Rechte des Einzelnen nur dann effektiv geschützt werden, wenn sich die Träger staatlicher Macht selbst Schranken und Kontrollen unterwerfen.

Diese Dreigliederung wird von Kant[2] als eine strikte Trennung nach Herrschergewalt, vollziehende Gewalt und rechtsprechende Gewalt verstanden. Auch der Rechtsstaat des Grundgesetzes ist durch diese traditionelle Vorstellung von Gewaltenteilung geprägt.[3] Gleichwohl sollen nach der Konzeption des Grundgesetzes die Staatsgewalten nicht unverbunden nebeneinanderstehen.[4] Vielmehr sieht das Bundesverfassungsgericht[5] in ständiger Rechtsprechung die Bedeutung der Gewaltenteilung „in der politischen Machtverteilung, dem Ineinandergreifen der drei Gewalten und der daraus resultierenden Mäßigung der Staatsherrschaft."

Im Rahmen einer sachgerechten Organisation des Staates sollen die drei Gewalten in rationaler Weise zusammenarbeiten.[6] Dabei darf keine Gewalt ein von der Verfassung nicht vorgesehenes Übergewicht gegenüber den anderen beiden Gewalten erhalten und keiner Gewalt dürfen diejenigen Zuständigkeiten entzogen werden, die sie zur Erfüllung ihrer verfassungsrechtlichen Aufgaben bedarf.[7] Der jeweilige Kernbereich der Gewalten bleibt unveränderbar.[8]

---

[1] *Montesquieu*, Vom Geist der Gesetze, 11. Buch Kap. 4.

[2] *Kant*, Die Metaphysik der Sitten, Teil 1, 1. Abschnitt, § 45.

[3] *Lin*, Richtervorbehalt und Rechtsschutz, S. 233.

[4] *Kloepfer*, Verfassungsrecht, Bd. 1, § 10 Rn. 48; siehe auch BVerfGE 7, 183 (188); 95, 1 (15).

[5] BVerfGE 3, 225 (247); 7, 183 (188); 9 268 (279); 34, 52 (59); 67, 100 (130); 95, 1 (15); 139, 245 (264).

[6] *Hofmann* in: S-B/H/H, GG, Art. 20 Rn. 53; *Kloepfer*, Verfassungsrecht, Bd. 1, § 10 Rn. 48; vgl. BVerfGE 64, 175 (179 f.).

[7] BVerfGE 9, 268 (279 f.); 22, 106 (111); 34, 52 (59); 95, 1 (15).

[8] BVerfGE 9, 268 (279 f.); 34, 52 (59).

Dieses Verständnis von Gewaltenteilung prägt den gesamten organisatorischen Aufbau unseres Staates. Dies gilt ebenso für die Strafrechtspflege. Nach § 151 StPO kann es nur auf Anklage hin zu einem strafgerichtlichen Verfahren kommen. Selbst wenn vor den Augen des Gerichts eine Straftat begangen wird, darf das Gericht nicht sogleich ein Urteil darüber fällen.[9] Vielmehr darf es nur den Sachverhalt protokollieren und muss das weitere Prozedere der zuständigen Behörde, also der Staatsanwaltschaft, überlassen.[10] Eine gerichtliche Entscheidung über Schuld oder Unschuld und der auf diese Entscheidung hinarbeitende Prozess vor dem Gericht erfolgt in keinem Fall von Amts wegen, sondern durch den Auftritt der Anklage.[11]

Im Strafverfahren muss die Rolle des Anklägers gesondert von anderen Rollen, insbesondere der Richterrolle, ausgestaltet werden.[12] Eine auf eine entsprechende Entscheidung zielende gerichtliche Untersuchung, von Amts wegen durch das Gericht selbst eingeleitet, ist ausgeschlossen.[13] Dies bedingt eine personelle Trennung der im Inquisitionsprozess[14] noch geltenden Einheit von Kläger und Richter.[15] Auf diese Weise wird das Prinzip der Gewaltenteilung im Strafverfahren gewährleistet.[16]

---

[9] *Kühne*, Strafprozessrecht, § 19 Rn. 311; *Roxin/Schünemann*, Strafverfahrensrecht, § 13 Rn. 5; *Volk/Englänger*, Grundkurs StPO, § 18 Rn. 6; insb. auch *Schroeder/Verrel*, Strafprozessrecht, § 8 Rn. 46 mit Beispiel: Im Jahr 1968 sprang der angeklagte Anarchist Pawla während der Hauptverhandlung vor den Richtertisch, verrichtete dort seine Notdurft und reinigte sich mit den Gerichtsakten. Das Gericht hat sodann den Vorfall protokolieren lassen und das Protokoll nebst Strafanzeige der Staatsanwaltschaft zugeleitet. An Ort und Stelle durfte das Gericht aber wegen des Vorfalls nur sitzungspolizeiliche Maßnahmen ergreifen.

[10] *Klesczewski*, Strafprozessrecht, Rn. 29; *Schroeder/Verrel*, Strafprozessrecht, § 8 Rn. 46; *Volk/Engländer*, Grundkurs StPO, § 18, Rn. 6.

[11] *Beukelmann* in: *Graf*, StPO, § 151 Rn. 1; *Mavany* in: *Löwe-Rosenberg*, StPO, § 151 Rn. 1 f.; *Gercke*, HK-StPO, § 151 Rn. 1; *Peters*, MüKo-StPO, § 151 Rn. 1; *Schroeder/Verrel*, Strafprozessrecht, § 8 Rn. 46.

[12] *Weßlau*, SK-StPO, § 151 Rn. 2.

[13] *Radtke* in: *Radtke/Hohmann*, StPO, § 151 Rn. 1.

[14] Gemeint ist die noch bis in die Mitte des 19. Jahrhunderts hinein geltende Prozessform, in der es noch keine Staatsanwaltschaft gab und das Strafgericht sowohl die Ermittlungen führte als auch das Urteil sprach.

[15] *Radtke* in: *Radtke/Hohmann*, StPO, § 151 Rn. 2; *Weßlau*, SK-StPO, § 151 Rn. 2; *Schroeder/Verrel*, Strafprozessrecht, § 8 Rn. 46; *Volk/Engländer*, Grundkurs StPO, § 18 Rn. 5; *Huber*, JuS 2008, 779 (779).

[16] *Kindhäuser/Schumann*, Strafprozessrecht, § 4, Rn. 16.

Wie bereits angedeutet, ist die Einordnung der ermittlungsrichterlichen Tätigkeit schwierig. Unstreitig handelt es sich bei der Anordnung einer Ermittlungsmaßnahme durch den Staatsanwalt um exekutives Handeln. Schließlich ist nach Art. 92 Hs. 1 GG die rechtsprechende Gewalt ausschließlich den Richtern anvertraut und eben nicht auch den Staatsanwälten.[17] Andersherum könnte es aber möglich sein, durch die Schaffung eines Richtervorbehalts vormals exekutive Aufgaben zu einer rechtsprechenden Tätigkeit zu erheben und diese damit aus der sonst üblichen Kompetenzverteilung zwischen Strafgericht und Staatsanwaltschaft heraus zu ziehen.

2.1.2 Rechtsprechungsbegriff

Ob sich die Tätigkeit des Ermittlungsrichters in dieser Weise judikativ darstellt oder die Anordnung weiterhin ein Exekutivakt bleibt, lässt sich anhand des Begriffs Rechtsprechung klären. Das Grundgesetz enthält keine Definition des Rechtsprechungsbegriffs. Im Gegenteil erscheint die Schlichtheit und Kraft der Aussage, dass dem Richter die rechtsprechende Gewalt anvertraut ist, umgekehrt proportional zu ihrer inhaltlichen Klarheit.[18] Denkbar zahlreich sind die Ansätze für eine Definition oder zumindest eine Umschreibung des Begriffs Rechtsprechung.[19]

Es besteht zwar inzwischen Einigkeit, dass sich der Begriff Rechtsprechung nicht nur als eine Summe der gesetzlichen Richtervorbehalte versteht, sondern darüber hinaus einen unveränderlichen Kern dessen aufweist, was Rechtsprechung ausmacht.[20] Dieser Kernbereich kann ihr durch Gesetz nicht entzogen werden.[21] Andererseits ist weiterhin unklar, wie dieser Kern judikativen Handelns zu definieren ist. Gerade im Randbereich zwischen Exekutive und Judikative fällt eine rationale Zuordnung schwer. Eine Lösung könnte im Vergleich ausgewählter Ansichten und einer gewissen Kumulation der ihnen jeweils beinhaltenden Erkenntnisse gefunden werden.

---

[17] *Krey*, JA 1985, 61 (62); *ders*, NStZ 1985, 145 (146).

[18] *Voßkuhle*, Rechtsschutz gegen den Richter, S. 66.

[19] Die folgende Darstellung ist bewusst nicht abschließend, sondern beschränkt sich auf die Meinungen, die Rahmen der hier geführten Diskussion und eigenen Auffassung von Interesse sind.

[20] Vgl. *Voßkuhle*, Rechtsschutz gegen den Richter, S. 67 f.

[21] *Herzog* in: *Maunz/Dürig*, GG, Art. 92 Rn. 34.

2.1.2.1 Die Umschreibung des Begriffs durch das Bundesverfassungsgericht

2.1.2.1.1 Überblick

Nach der Lehre des Bundesverfassungsgerichts gehören formell alle Aufgaben zur Rechtsprechung, die das Grundgesetz gesondert den Richtern überträgt; daneben lässt sich unter Art. 92 Hs. 1 GG ein traditionell geprägter materieller Kernbereich der Rechtsprechung subsumieren.[22] Als Rechtsprechung im Sinne dieser Vorschrift sei solches richterliche Handeln zu verstehen, dass sich nach bestimmten verfassungsrechtlichen und historisch gewachsenen Qualifizierungen judikativ darstellt.[23] So gehöre beispielsweise die Strafgerichtsbarkeit zum Kernbereich der Rechtsprechung.[24]

Gleichzeitig ergäbe sich hieraus auch, dass nicht jede richterliche Tätigkeit als Rechtsprechung im Sinne des Art. 92 Hs. 1 GG zu verstehen sei.[25] Dies träfe zudem gar nicht das staatsorganisatorische Ziel einer unabhängigen Justiz, nämlich die Durchsetzung der Gewaltenteilung und die damit einhergehende Machtbeschränkung und Balance der drei Gewalten.[26] Richter nähmen auch Verwaltungstätigkeiten wahr, die nicht allein schon deshalb Rechtsprechung sein könnten, weil sie von Richtern ausgeführt werden.[27]

Ein entscheidendes Abgrenzungskriterium an dieser Stelle sei, ob ein gerichtsförmiges Verfahren hoheitlicher Streitbeilegung erforderlich erscheint und die dort zu treffende Entscheidung einer Rechtswirkung bedarf, die nur unabhängige Gerichte verleihen können.[28] Dies sei nicht zuletzt Teil der Entscheidungsprärogative des Gesetzgebers. Allerdings – und dies sei besonders betont – führe eine funktionelle Zuweisung an die Richterschaft nur dann zur Zuordnung zur Judikative, wenn der Gesetzgeber für die Entscheidung ein gerichtsförmiges Verfahren vorsieht, das zu der erwähnten qualifizierten Rechtswirkung führen soll.[29]

---

[22] BVerfGE 22, 49 (76 ff.); 27, 18 (28); 76, 100 (106); 103, 111 (136 f.); *Kment* in: *Jarass/Pieroth*, GG, Art. 92 Rn. 2 f.; *Haratsch* in: *Sodan*, GG, Art. 92 Rn. 4; *Hopfauf* in: S-B/H/H, GG, Art. 92 Rn. 7 f.

[23] BVerfGE 22, 49 (73 ff.); 64, 175 (179); 76, 100 (106); 103, 111 (136 f.); 138, 33 (39); *Detterbeck* in: *Sachs*, GG, Art. 92 Rn. 9.

[24] BVerfGE 8, 197 (207); 12, 264 (274); 22, 49 (73 ff.); 27, 18 (28); *Haratsch* in: *Sodan*, GG, Art. 92 Rn. 4; *Hopfauf* in: S-B/H/H, GG, Art. 92 Rn. 16.

[25] BVerfGE 76, 100 (106); 103, 111 (136); *Haratsch* in: *Sodan*, GG, Art. 92 Rn. 3.

[26] BVerfGE 7, 183 (188); *Haratsch* in: *Sodan*, GG, Art. 92, Rn. 3 *Hopfauf*, in: S-B/H/H, GG, Art. 92 Rn. 10.

[27] statt vieler: *Detterbeck* in: *Sachs*, GG, Art. 92 Rn. 14.

[28] BVerfGE 103, 111 (137); *Haratsch* in: *Sodan*, GG, Art. 92 Rn. 4.

[29] *Haratsch* in: *Sodan*, GG, Art. 92 Rn. 4.

Der Begriff der rechtsprechenden Gewalt sei von der konkreten sachlichen Tätigkeit her zu bestimmen.[30] Eine Tätigkeit stelle nur dann judikatives Handeln dar, wenn sie sich auch judikativ auswirkt. Folglich geht das Bundesverfassungsgericht von einem materiell-funktionellen Verständnis des Rechtsprechungsbegriffs aus.[31]

2.1.2.1.2 Kritik

Die Umschreibung durch das Bundesverfassungsgericht umgeht bewusst eine klare Definition. Dies ist vor dem Hintergrund der weit verästelteten Zuständigkeiten zwischen Exekutive und Judikative nur praxisgerecht. Eine klassische rechtsdogmatische Definition, die den gesamten Bereich des Rechtsprechungsbegriffs umfassen soll, scheint kaum möglich.

So erkannte bereits Gossrau[32] 1958 völlig richtig, dass es nicht gelingen wird, anhand einer Definition des Begriffs rechtsprechende Gewalt im Sinne des Art. 92 Hs. 1 GG den Gehalt der Judikative zu bestimmen. Soweit übereinstimmend mit dem Bundesverfassungsgericht von einem gemischt formell–materiellen Verständnis des Begriffs Rechtsprechung ausgegangen wird – und diese Erkenntnis darf inzwischen als unstreitig anerkannt werden[33] –, kann kein umfassender Rechtsprechungsbegriff anhand einer Definition gefunden werden.[34]

Eine Definition hat schließlich stets reinen materiellen Charakter; mit den dargelegten Grundsätzen lässt sich der Begriff der rechtsprechenden Gewalt aber nicht rein materiell bestimmen.[35] Einem gemischt formell-materiellen Verständnis des Rechtsprechungsbegriffs liegt der Gedanke zugrunde, dass auch solche Tätigkeiten der Judikative zugehörig sind, die ihr nicht zwingend definitionsweise zugeordnet werden können. Unter Zugrundelegung von jeweils feststehenden Definitionen für die drei Staatsgewalten ergäben sich nämlich inhaltliche Überschneidungen und Ungereimtheiten.[36]

Methodisch zutreffend sucht das Bundesverfassungsgericht daher nach einer Umschreibung des Kernbereichs der Rechtsprechung. Hierbei sollte bewusst nicht

---

[30] BVerfGE 103, 111 (137).

[31] *Haratsch*, in: *Sodan*, GG, Art. 92 Rn. 3; *Hopfauf* in: S-B/H/H, GG, Art. 92 Rn. 7; vgl. *Kment* in: *Jarass/Pieroth*, GG, Art. 92 Rn. 2 ff.

[32] *Gossrau*, NJW 1958, 929 (930).

[33] Vgl. zum rein formellen Verständnisses in der Weimarer Republik RGZ 107, 320 (323 f.); zur Kritik zusammenfassend *Voßkuhle*, Rechtsschutz gegen den Richter, S. 75.

[34] A.A.: *Rabe von Kühlewein*, Der Richtervorbehalt im Polizei- und Strafprozessrecht, S. 140 ff.

[35] *Gossrau*, NJW 1958, 929 (930).

[36] *Zimmer*, Funktion-Kompetenz-Legitimation, S. 204.

von einer Definition gesprochen werden. Eine Definition beinhaltet den dogmatischen Anspruch, einen Begriff vollumfänglich zu erfassen. Dies verdeutlicht Röhl[37] exemplarisch an der Definition, dass ein Schimmel ein weißes Pferd ist: Nach dieser Definition ist ein weißes Pferd immer ein Schimmel und andersherum kann es kein Pferd anderer Farbe geben, dass ebenfalls ein Schimmel ist.

Eine derart klare Abgrenzung ist beim Gewaltengefüge des Grundgesetzes schlechterdings nicht möglich. Eine Art definitionsweise zu findende „gerade Linie" lässt sich nicht feststellen. Vielmehr muss eine möglichst präzise Abgrenzung zwischen Judikative und Exekutive auf eine beschreibende Weise versucht werden.

Bei der begrifflichen Umschreibung des Bundesverfassungsgerichts fehlt es allerdings an griffigen Abgrenzungskriterien, um im Randbereich zwischen Exekutive und Judikative eine klare Trennung zu ermöglichen.[38] Insbesondere ist fraglich, ob sich aus einer traditionellen beziehungsweise historischen Betrachtung weitere Schlüsse für den Rechtsprechungsbegriff ziehen lassen. Voßkuhle[39] verneint dies unter Bezugnahme auf die wechselhafte deutsche Geschichte, die einer rechtsdogmatisch notwendigen Präzision entgegenstünde. Es ließe sich rechtsdogmatisch nicht erklären, weshalb bestimmte Teile der deutschen Geschichte zu berücksichtigen seien und andere nicht.[40] Der Bezug zum vorkonstitutionellen Gesamtbild vermag daher aus dogmatischer Sicht nicht zu weiteren Erkenntnissen führen.[41] Vielmehr war und ist die wechselhafte deutsche Geschichte Bestandteil rechtspolitischer und rechtshistorischer Überlegungen, ohne dass aus ihr rechtsdogmatische Ableitungen gezogen werden könnten.

Des Weiteren scheinen diese Erwägungen in einem Zirkelschluss zu münden.[42] Sofern das Bundesverfassungsgericht davon ausgeht, dass es sich um ein wesentliches Abgrenzungskriterium handle, ob ein gerichtliches Verfahren erforderlich erscheint, so zieht es die Rechtsfolge in den Tatbestand. Die Erforderlichkeit eines gerichtlichen Verfahrens ist nämlich die Folge der Zuordnung einer Tätigkeit zur Rechtsprechung. Weshalb ein gerichtliches Verfahren erforderlich sein soll, ist damit gerade noch nicht beantwortet.

Methodisch schlüssig könnte die Umschreibung des Bundesverfassungsgerichts allerdings dann werden, wenn es gelänge, unter Einbeziehung anderer

[37] *Röhl/Röhl*, Allgemeine Rechtslehre, S. 38 f.

[38] *Bernhard*, DRiZ 1981, 361 (364).

[39] *Voßkuhle*, Rechtsschutz gegen den Richter, S. 83 f.

[40] *Voßkuhle*, Rechtsschutz gegen den Richter, S. 84.

[41] Vgl. *Gramlich*, DVBl. 1980 (95), 531 (538).

[42] So auch *Bernhard*, DRiZ 1981, 361 (364).

Auffassungen aus der Literatur greifbarere Abgrenzungskriterien zu formulieren und einen Zirkelschluss zu vermeiden.

2.1.2.2 Der Definitionsversuch Voßkuhles

2.1.2.2.1 Überblick

Nach dem Verständnis Voßkuhles[43] „gehören zur Rechtsprechung des Grundgesetzes alle Aufgaben, die aufgrund ihres speziellen Leistungsprofils offensichtlich nur in dem von der Verfassung vorgegebenen neutralen Verfahren als stark selektivem Verfahren bewältigt werden können, wobei die von der Verfassung selbst in Form von konkreten Richtervorbehalten getroffenen Zweckmäßigkeitsentscheidungen zu berücksichtigen sind."

Anknüpfungspunkt ist also auch bei Voßkuhle die Gewaltenteilung. Der Definition liegt die Erkenntnis zugrunde, dass es sich bei den drei Gewalten um aktionistische Begriffe handelt: Ein Gesetz wird gegeben, eine Sache verwaltet und Recht wird gesprochen.[44]

Bei einer solchen tätigkeitsorientierten Sichtweise der Funktionenzuordnung biete sich für den Rechtsprechungsbegriff der Begriff des Gerichtsverfahrens an.[45] Rechtsprechung sei demnach diejenige Tätigkeit, die der Richter funktionell im Rahmen eines gerichtlichen Verfahrens ausübt. Folglich geht Voßkuhle ähnlich wie das Bundesverfassungsgericht von einem materiell-funktionellen Rechtsprechungsbegriff aus.

Diesen funktionsspezifischen Ansatz ergänzt Voßkuhle um die Neutralität, die die besondere Stellung des Richters betont.[46] Die Prozessbeteiligten müssen auf die Objektivität des Richters vertrauen dürfen. Es geht bei jedem Gerichtsverfahren um die glaubhafte Vermittlung des Eindrucks, dass der Richter neutral und kompetent ist und den Fall im Einklang mit dem Gesetz entscheiden wird.[47] Er soll seine Entscheidung nur aus der Sache selbst, unbeeinflusst von anderen Einwirkungen, schöpfen.[48]

Im Grunde nähert sich Voßkuhle mit seiner Definition bereits weitgehend der Umschreibung des Bundesverfassungsgerichts an. Nach seiner Auffassung kann

---

[43] *Voßkuhle*, Rechtsschutz gegen den Richter, S. 141.

[44] *Voßkuhle*, Rechtsschutz gegen den Richter, S. 94.

[45] *Voßkuhle*, Rechtsschutz gegen den Richter, S. 95.

[46] *Voßkuhle*, Rechtsschutz gegen den Richter, S. 100 f.

[47] *Arzt*, Der befangene Richter, S. 4.

[48] *Tumeltshammer*, Die Ablehnung des Strafrichters wegen der Besorgnis der Befangenheit, S. 1.

zur Bestimmung des Rechtsprechungsbegriffs auf eine Vielzahl von im Grundgesetz niedergeschriebenen konkreten Richtervorbehalten zurückgegriffen werden, die einen Mindeststandard bilden.[49] Im Übrigen stelle sich die Frage, ob die spezifische Leistungsfähigkeit eines neutralen Gerichtsverfahrens den spezifischen Leistungsanforderungen der jeweiligen Aufgabe wirklich entspricht.[50] Insoweit fordert Voßkuhle eine Kompatibilität von Staatsfunktion und Leistungsanforderung: Ein Gerichtsverfahren müsse die richtige Lösung für die konkrete Aufgabe sein.

2.1.2.2.2 Kritik

Den von Voßkuhle getroffenen Überlegungen sollen ihrem Inhalt nach voll zugestimmt werden. Die Zuordnung zu einer bestimmten Staatsgewalt kann nur mit Hilfe einer aktionistischen Betrachtung erfolgen. Schon Kant hat die Dreigliederung der Staatsgewalt anhand ihrer unterschiedlichen Tätigkeiten beschrieben.[51] Daraus folgt, dass auch die Zuordnung einzelner Tätigkeiten zu einer der drei Gewalten seinen Bezugspunkt zur jeweiligen Staatsfunktion hat: Entspricht eine Tätigkeit staatsfunktional einer bestimmten Gewalt, so ist sie ihr zuzuordnen.

Aber der Definitionsversuch Voßkuhles als solcher vermag keine Trennschärfe im Grenzbereich zwischen Judikative und Exekutive bilden. So lässt sich mit der vorliegenden Definition kaum erklären, weshalb die Verhängung einer Geldstrafe zur Rechtsprechung gehören soll, das Erteilen eines Bußgeldbescheides jedoch nicht.[52] Jedenfalls bieten diesbezüglich die grundgesetzlichen Richtervorbehalte keine Hilfe. Auch die übrigen Definitionselemente ermöglichen keine klare Abgrenzung. Inwieweit ein Gerichtsverfahren im Einzelfall die richtige Lösung und damit die Zuordnung zur Judikative die kompatible Staatsfunktion sein soll, bleibt im Grenzbereich eine rechtspolitische Frage.

Vielmehr handelt es sich bei den Ausführungen Voßkuhles um eine Auslegungshilfe, die im Rahmen der Bestimmung des materiellen Kernbereichs nach der Lehre des Bundesverfassungsgerichts Anwendung finden kann, was Voßkuhle

---

[49] *Voßkuhle*, Rechtsschutz gegen den Richter, S. 141.

[50] *Voßkuhle*, Rechtsschutz gegen den Richter, S. 141.

[51] *Kant*, Die Metaphysik der Sitten, Teil 1, 1. Abschnitt, § 45.

[52] Vgl. zur Abgrenzung von Strafverfahren und Ahndungsbefugnis der Verwaltungsbehörden: *Gossrau*, NJW 1958, 929 (930).

nunmehr auch selbst zu vertreten scheint.[53] So hält er weiterhin an seiner Definition fest,[54] nimmt diese aber als methodischen Ansatz, um die begriffliche Umschreibung des Bundesverfassungsgerichts zu begründen.[55]

Der wissenschaftliche Gewinn seines Definitionsversuchs ist hingegen subtiler, aber unbedingt notwendig, um die Zuordnung von bestimmten Tätigkeiten im Grenzbereich zwischen Judikative und Exekutive zu bestimmen: So gelingt ihm methodologisch, das Augenmerk auf die Umschreibung der Judikative als Staatsfunktion zu lenken, was den funktional-materiellen Ansatz des Bundesverfassungsgerichts stützt. Für die weitere Untersuchung kommt es daher darauf an, die Judikative staatsfunktional zu umschreiben, ohne dabei die Rechtsfolge in den Tatbestand zu ziehen, mithin ohne zirkulär zu argumentieren. Mit Voßkuhle ist nunmehr der methodische Ansatz bekannt, mit dem eine klarere Abgrenzung gelingen kann.

2.1.2.3 Der Definitionsversuch Meyers

2.1.2.3.1 Überblick

Im Wege einer solchen staatsfunktionalen Betrachtung formuliert Meyer[56] folgende Definition: „Rechtsprechung im Sinne von Art. 92 1 Hs. GG bedeutet die nur dem Staat zustehende antragsabhängige, funktional letztverbindliche Entscheidung durch einen unbeteiligten Dritten darüber, welche Rechtsfolge für die Verfahrensbeteiligten allein nach Maßgabe des positiven staatlichen Rechts gilt.“

Danach unterscheide sich die Rechtsprechungsfunktion von den beiden anderen Gewalten vornehmlich durch ihre strikte Bindung an das geltende Recht.[57] Nach Art. 97 Abs. 1 GG sind Richter unabhängig und nur dem Gesetz unterworfen. Daher müsse der Richter bei seiner Entscheidung das Recht zum alleinigen Maßstab nehmen.[58] Zweckmäßigkeitserwägungen dürfe er bei seiner Entscheidung nicht berücksichtigen.

Eine weitere Besonderheit der Rechtsprechung bestehe darin, dass sie nur auf Antrag hin durch einen unbeteiligten Dritten tätig wird.[59] Des Weiteren stelle eine judikative Entscheidung im Verhältnis zu den anderen Staatsgewalten immer

---

[53] Vgl. *Voßkuhle/Kaufhold*, JuS 2012, 314 (315 f.).
[54] *Voßkuhle/Kaufhold*, JuS 2012, 314 (315).
[55] Vgl. *Voßkuhle/Kaufhold*, JuS 2012, 314 (316).
[56] *Meyer* in: *von Münch/Kunig*, GG, Art. 92 Rn. 19.
[57] *Meyer* in: *von Münch/Kunig*, GG, Art. 92 Rn. 19.
[58] *Meyer* in: *von Münch/Kunig*, GG, Art. 92 Rn. 19.
[59] *Meyer* in: *von Münch/Kunig*, GG, Art. 92 Rn. 19.

eine letztverbindliche Entscheidung dar.[60] Andersherum können legislative oder exekutive Entscheidungen durch die Gerichte aufgehoben werden.

2.1.2.3.2 Kritik

Meyer[61] selbst räumt ein, dass seine Definition nicht die gesamte Bandbreite judikativer Entscheidungen erfasst. Er beschränkt die Anwendbarkeit seiner Definition vielmehr selbst auf den funktionell–materiellen Kernbereich der Rechtsprechung. Insoweit handelt es sich nicht um eine Definition des Rechtsprechungsbegriffs, sondern nur um die Formulierung von insgesamt vier Abgrenzungskriterien, nämlich

- Entscheidung nur nach Maßgabe des Rechts ohne Zweckmäßigkeitsprüfung,
- Antragsabhängigkeit,
- Entscheidung durch einen unbeteiligten, neutralen Dritten und
- Letztverbindlichkeit gegenüber den anderen beiden Gewalten,

mit denen der materielle Kernbereich der Rechtsprechung dargestellt werden kann.

Hinsichtlich der einfachgesetzlichen Richtervorbehalte können diese Kriterien herangezogen werden, um eine Abgrenzung im Randbereich zwischen Exekutive und Judikative vorzunehmen.[62] Des Weiteren ist sie methodisch richtig, da sie – wie Voßkuhle – an eine staatsfunktionelle Betrachtung ansetzt und gleichzeitig einen Zirkelschluss vermeidet.

2.1.2.4 Zusammenfassung

Nunmehr lassen sich im Wege des durch Voßkuhle entwickelteten Gedankens einer staatsfunktionalen Betrachtungsweise mit Meyer vier Abgrenzungskriterien formulieren, mit deren Hilfe die Umschreibung des Begriffs Rechtsprechung für den Randbereich zwischen Exekutive und Judikative konkretisiert werden kann. Auf diese Weise kann eine klare Zuordnung erfolgen.

Des Weiteren wird die noch von Voßkuhle geforderte Kompatibilität von Staatsfunktion und Leistungsanforderung bei Meyer nicht mehr benötigt. Der Zirkelschluss dahin, die Frage der Tauglichkeit der Rechtsfolge als richtige Lösung für die konkrete Aufgabe auf Tatbestandsebene vorweg zu beantworten, wird dadurch vermieden.

---

[60] *Meyer* in: *von Münch/Kunig*, GG, Art. 92 Rn. 19.

[61] *Meyer* in: *von Münch/Kunig*, GG, Art. 92 Rn. 21.

[62] So auch *Meyer* in: *von Münch/Kunig*, GG, Art. 92 Rn. 21.

Vielmehr bleibt diese rechtspolitische Frage dem Gesetzgeber vorbehalten. Daraus muss der weitergehende Schluss gezogen werden, dass die Wirkbefugnisse der Judikative im Grenzbereich zwischen Judikative und Exekutive bisweilen von den konkreten Entscheidungen der Legislative abhängen.[63]

Folglich steht die staatsfunktionale Zuordnung einzelner Tätigkeiten im Randbereich zwischen Judikative und Exekutive unter einfachem Gesetzesvorbehalt.[64] Es handelt sich um eine dem Gesetzgeber zugewiesene Konkretisierungskompetenz.[65] Insoweit umfasst Rechtsprechung auch dasjenige, was der Gesetzgeber im Randbereich dem Richter zur Erledigung im staatsfunktional judikativen Verfahren einfachgesetzlich zugewiesen hat.[66]

2.1.3 Bedeutung für das Akkusationsprinzip

2.1.3.1 Subsumtion

Diesem Randbereich ist die Tätigkeit des Ermittlungsrichters zuzuordnen. Die Einordnung seiner Tätigkeit in die Dreigliederung der Staatsgewalt erfolgt daher nach der staatsfunktionalen Zuordnung der ermittlungsrichterlichen Tätigkeit. Dies lässt sich anhand der soeben ausgearbeiteten vier Abgrenzungskriterien klären.

Soweit evident kann der Ermittlungsrichter seine Genehmigung zu der unter Vorbehalt stehenden Ermittlungsmaßnahme nur auf Antrag erteilen.[67] Er wird für die Staatsanwaltschaft lediglich unterstützend tätig,[68] sodass die Staatsanwaltschaft dem Grunde nach „Herrin des Ermittlungsverfahrens“[69] bleibt. Der Richter darf nicht aus eigenem Antrieb in das Verfahren eingreifen, unabhängig von Notwendigkeit, Inhalt oder Art bestimmter Ermittlungshandlungen.[70] Ihm obliegt nur die Entscheidung über die Anordnung einer beantragten Maßnahme.

---

[63] *Zimmer*, Funktion-Kompetenz-Legitimation, S. 232.

[64] Ebenso *Voßkuhle*, Rechtsschutz gegen den Richter, S. 85; kritisch dagegen *Bernhard*, DRiZ 1981, 361 (364).

[65] *Voßkuhle*, Rechtsschutz gegen den Richter, S. 84.

[66] Vgl. auch *Achterberg*, BK-GG, Art. 92 Rn. 106 ff.

[67] *Prechtel*, Das Verhältnis der Staatsanwaltschaft zum Ermittlungsrichter, S. 198.

[68] KG, JR 1965, 268 (268).

[69] Zur Erklärung dieser Begrifflichkeit siehe *Carsten/Rautenberg*, Die Geschichte der StA in Deutschland bis zur Gegenwart, S. 428.

[70] *Nelles*, Kompetenzen und Ausnahmekompetenzen in der StPO, S. 33.

Dabei tritt er als unabhängiger Dritter auf, da er im Übrigen nicht in das konkrete Ermittlungsverfahren involviert ist.

Im Rahmen seiner Entscheidung hat er ausschließlich die gesetzlichen Anforderungen zu prüfen, ohne dass ihm für das weitere Vorgehen ein Entschließungs- oder Auswahlermessen zukommt. Der Richter prüft zunächst alle tatbestandlichen Voraussetzungen für die Zulässigkeit der Ermittlungsmaßnahme.[71] Zudem hat er bei seiner Entscheidung die Interessen des Beschuldigten umfassend zu berücksichtigen.[72] Folglich prüft er nicht nur, ob der Tatbestand der jeweiligen Norm erfüllt ist, sondern muss auch dem verfassungsrechtlichen Gebot einer verhältnismäßigen Anordnung von Zwangsmaßnahmen entsprechen.[73] Dies erfolgt anhand einer Abwägung der Rechte des Betroffenen mit der Bedeutung der öffentlichen Belange, welche die Staatsanwaltschaft zur Beantragung der Maßnahme veranlasst hat.[74]

In diesem Rahmen ist der Richter verpflichtet und ermächtigt, den Antrag der Staatsanwaltschaft auf Ermessensfehler hin zu untersuchen.[75] Exemplarisch muss der Ermittlungsrichter die Anordnung der Ermittlungsmaßnahme verweigern, wenn die Staatsanwaltschaft sachfremde Zwecke verfolgt und darin ein Ermessensfehlgebrauch zu sehen ist. So hat der Bundesgerichtshof[76] in einem Fall entschieden, in dem die Staatsanwaltschaft durch die zur Anordnung stehende Maßnahme die Verjährung einer Straftat nach § 78c Abs. 1 StGB unterbrechen wollte und es ihr gar nicht auf die Erlangung neuer Erkenntnisse durch die Maßnahme ankam.

Zusammenfassend erstreckt sich das Prüfungsrecht des Ermittlungsrichters auf das Vorliegen der gesetzlichen Anordnungsvoraussetzungen und auf die Prüfung nach evidenten Ermessensfehlern. Eine weitergehende Kontrolle würde die

---

[71] BVerfGE 57, 346 (356); BGHSt 15, 234 (238); KG, JR 1965, 268 (268); OLG Stuttgart, MDR 1983, 955 (955); LG Düsseldorf, NStZ 1985, 377 (377); LG Zweibrücken, VRS Bd. 90, 126 (127); *Nelles*, Kompetenzen und Ausnahmekompetenzen in der StPO, S. 54; *Rieß*, NStZ 1991, 513 (514); *Geppert*, DRiZ 1992, 405 (409).

[72] BVerfGE 9, 89 (97).

[73] BVerfGE 57, 346 (356); OLG Düsseldorf, NStZ 1990, 144 (144); OLG Zweibrücken, NJW 1981, 534 (Leitsatz); LG Düsseldorf, NStZ 1985, 377 (377); *Nelles*, Kompetenzen und Ausnahmekompetenzen in der StPO, S. 56; *Rieß*, NStZ 1991, 514 (515); a.A.: LG Zweibrücken, VRS Bd. 90, 126 (127).

[74] OLG Zweibrücken, NJW 1981, 534 (535).

[75] Vgl. OLG Düsseldorf, NStZ 1990, 144 (145).

[76] BGHSt 15, 234 (238).

Beschränkung des Prüfungsumfangs aus § 162 Abs. 3 StPO unterlaufen.[77] Demnach steht dem Ermittlungsrichter ein darüber hinaus gehendes Prüfungsrecht, insbesondere über die Notwendigkeit und Zweckmäßigkeit der Maßnahme, nicht zu.[78]

Auch das vierte Abgrenzungskriterium ist erfüllt. Die richterliche Entscheidung ist insofern letztverbindlich, dass die anderen beiden Gewalten nicht selbst diese wieder beseitigen können.

Demnach werden durch die gesetzliche Schaffung eines Richtervorbehalts vormals exekutive Ermittlungsaufgaben zur Rechtsprechung erhoben.[79] Dies ist Ausdruck der Konkretisierungskompetenz des Gesetzgebers.

Die aufgrund eines Richtervorbehalts ergehenden Anordnungen des Ermittlungsrichters sind somit Akte der Judikative.[80] Folglich hat der Gesetzgeber durch die Festsetzung eines Richtervorbehalts zugunsten der Judikative Aufgaben aus dem Bereich der Exekutive herausgenommen. Der Ermittlungsrichter handelt demnach in eigener Kompetenz als Organ der Rechtspflege.[81]

2.1.4 Durchbrechung des Akkusationsprinzips

Gleichwohl bleibt es bei der Feststellung, dass der Richter grundsätzlich nicht im Rahmen der Ermittlungen tätig werden soll. Durch die Zuordnung der ermittlungsrichterlichen Tätigkeit zur Rechtsprechung ergibt sich eine Durchbrechung des im Übrigen streng beachteten Akkusationsprinzips.

Zur Durchsetzung der Gewaltenteilung im Strafverfahren gehört es, dass die Ermittlungstätigkeit der Staatsanwaltschaft und ihren Ermittlungspersonen vorbehalten bleibt. Sie ist die Herrin des Ermittlungsverfahrens. Demgemäß stellt sie

---

[77] So auch *Rieß*, NStZ 1991, 514 (515).

[78] KG, JR 1965, 268 (Leitsatz); OLG Düsseldorf, NStZ 1990, 144 (144); OLG Stuttgart, MDR 1983, 955 (955); LG Düsseldorf, NStZ 1985, 377 (377); LG Zweibrücken, VRS Bd. 90, 126 (127); *Wiesneth*, Handbuch für das ermittlungsrichterliche Verfahren, Rn. 37; *Rieß*, NStZ 1991, 514 (515).

[79] Vgl. *Herzog* in: *Maunz/Dürig*, GG, Art. 92 Rn. 57.

[80] *Griesbaum*, KK-StPO, § 162 Rn. 1a; *Köhler* in: *Meyer-Goßner/Schmitt*, StPO § 162 Rn. 1; *Brüning*, Der Richtervorbehalt im strafrechtlichen Ermittlungsverfahren, S. 107.

[81] *Griesbaum*, KK-StPO, § 162 Rn. 1a.

die alleinige Ermittlungs- und Anklagebehörde[82] dar und ist eine vom Gericht unabhängige Institution.[83]

Durch eine Trennung der Anklage- und Urteilsfunktion bilden die Staatsanwälte ein Gegengewicht zu den Gerichten.[84] Als objektive Untersuchungsbehörde ist die Staatsanwaltschaft ein dem Gericht gleichgeordnetes Organ der Rechtspflege, ohne selbst Rechtsprechung zu betreiben.[85] Im Ermittlungsverfahren hat sie als Justizbehörde den rechtlich einwandfreien Ablauf der Ermittlungen zu garantieren und die ständige rechtliche Kontrolle über die polizeiliche Ermittlungstätigkeit auszuüben; ihr obliegt im Ermittlungsverfahren die Leitungs- und Kontrollfunktion.[86]

Nach einhelliger Auffassung ist sie Teil der Exekutive.[87] Dies ergibt sich schon daraus, dass die rechtsprechende Gewalt gemäß Art. 92 1. Hs. GG allein den Richtern und nicht auch den Staatsanwälten anvertraut ist.[88] Die Staatsanwaltschaft ist gerade nicht wie die Richterschaft aus dem Kreis der übrigen Staatsbeamten herausgehoben. Vielmehr ist der Staatsanwalt als Beamter in eine hierarchisch strukturierte, staatliche Behörde eingebunden[89] und unterliegt sowohl einem gemäß § 147 Nr. 3 GVG behördeninternen als auch einem gemäß § 147 Nr. 1 und 2 GVG behördenexternen Weisungsrecht.[90]

Die Staatsanwaltschaft ist Justizbehörde, aber nicht Judikative.[91] Ihre Aufgabe ist die Verwaltung von Straftaten. In diesem Zusammenhang schafft sie

---

[82] *Mavany* in: *Löwe-Rosenberg*, StPO, § 151 Rn. 1; *Roxin/Schünemann*, Strafverfahrensrecht, § 13 Rn. 7; *Ambos*, JURA 2008, 586 (593).

[83] *Diemer*, KK-StPO, § 151 Rn. 1.

[84] *Brüning*, Der Richtervorbehalt im strafrechtlichen Ermittlungsverfahren, S. 26.

[85] BGHSt 24, 170 (171); *Franke* in: *Löwe-Rosenberg*, GVG, Vor § 141 Rn. 14 f.; *Schmitt* in: *Meyer-Goßner/Schmitt*, GVG, Vor § 141 Rn. 1; *Ulrich*, DRiZ 1988, 368 (369); *Roxin*, DRiZ 1997, 109 (113 f.); *Kretschmer*, JURA 2004, 452 (457).

[86] BGHSt 34, 215 (217); *Franke* in: *Löwe-Rosenberg*, GVG, Vor § 141 Rn. 16.

[87] *Franke* in: *Löwe-Rosenberg*, GVG, Vor § 141 Rn. 15; *Schnabl* in: S/S/W, GVG, Vor §§ 141 ff., Rn. 3; *Krey*, JA 1985, 61 (62); *ders*, NStZ 1985, 145 (146); für eine Art Sonderstellung zwischen der Exekutive und der Judikative: *Roxin/Schünemann*, Strafprozessrecht, § 9 Rn. 10.

[88] *Krey*, JA 1985, 61 (62); *ders*, NStZ 1985, 145 (146).

[89] Zum hierarchischen Aufbau siehe *Krey*, NStZ 1985, 145 (145 f.).

[90] *Kelker*, ZStW Bd. 118, 389 (397); *Kretschmer*, JURA 2004, 452 (457).

[91] *Kindhäuser/Schumann*, Strafprozessrecht, § 5 Rn. 1; *Krey*, NStZ 1985, 145 (146); *Ulrich*, DRiZ 1988, 368 (368 f.).

durch die Ermittlung und die Anklage die Voraussetzungen für die Ausübung der rechtsprechenden Gewalt.[92] Sie ist die Wegbereiterin der Justiz.

Diese Grundsätze werden durch die Richtervorbehalte im Ermittlungsverfahren durchbrochen. Zwar beschränkt sich die Tätigkeit des Ermittlungsrichters auf die Prüfung der Rechtmäßigkeit und Ermessensfehlerfreiheit der Maßnahme, ohne dass er eigene Ermessenserwägungen hinsichtlich ihrer ermittlungstaktischen Opportunität anstellen darf.[93] Das bedeutet auch, dass die auf Opportunitätserwägungen beruhende Entscheidung über das „Ob" einer bestimmten Maßnahme in der Kompetenz der Staatsanwaltschaft als Herrin des Ermittlungsverfahrens verbleibt.[94] Gleichwohl bleibt die Durchbrechung des Akkusationsprinzips mit Blick auf die im Übrigen geltende Trennung von Anklage und Richter systemwidrig.[95] Nach Nelles[96] ist der Ermittlungsrichter ein „Fremdkörper im Ermittlungsverfahren."

2.2 Verfassungsrechtliche Rechtfertigung

Die Rechtfertigung für diese Durchbrechung liegt wiederum ihrerseits in der besonderen staatsfunktionalen Rolle des Ermittlungsrichters. Er ist sowohl Garant für die Rechtmäßigkeit des Verfahrens als auch für den Schutz der Rechte Betroffener.

2.2.1 Rechtmäßigkeit des Verfahrens

Nach Rabe von Kühlewein[97] wird durch die Übertragung der Anordnungskompetenz eine Gesamtverantwortung von Justiz und Exekutive für den Vollzug der Ermittlungsmaßnahme geschaffen. Als Grund benennt er die besondere Gesetzestreue der Richter und deren Unabhängigkeit gegenüber der Exekutive. Der Richter sei von jeher eine besonders vertrauenswürdige Person, die sich zugleich durch ein hohes Maß an fachlicher und persönlicher Kompetenz auszeichne.

---

[92] *Schmitt* in: *Meyer-Goßner/Schmitt*, GVG, Vor § 141 Rn. 3.

[93] *Nelles*, Kompetenzen und Ausnahmekompetenzen in der StPO, S. 57.

[94] KG, JR 1965, 268 (268); *Nelles*, Kompetenzen und Ausnahmekompetenzen in der StPO, S. 61; vgl. auch LG Düsseldorf, NStZ 1985, 377 (377).

[95] *Prechtel*, Das Verhältnis der Staatsanwaltschaft zum Ermittlungsrichter, S. 127.

[96] *Nelles*, Kompetenzen und Ausnahmekompetenzen in der Strafprozessordnung, S. 246.

[97] *Rabe von Kühlewein*, Der Richtervorbehalt im Polizei- und Strafprozessrecht, S. 420.

Dem ist grundsätzlich zuzustimmen. Andererseits wäre es aber verfehlt, sich vom Richter per se eine gerechte Lösung zu erhoffen.[98] Dies ist auch nicht von Rabe von Kühlewein gewollt. Schließlich spricht er von einer Gesamtverantwortung von Justiz und Exekutive. Diese werden gemeinschaftlich zu Garanten für die Rechtmäßigkeit des Verfahrens, was sich im Grunde schon aus der Bindungswirkung der Art. 1 Abs. 3, 20 Abs. 3 GG ergibt. Immerhin sind nicht nur die Richter, sondern auch die Exekutive und Legislative an Recht und Gesetz gebunden.

Der Vorteil für die Wahrung der Rechtmäßigkeit des Verfahrens durch die Beteiligung des Ermittlungsrichters sieht Rabe von Kühlewein richtigerweise in der richterlichen Unabhängigkeit und dessen Stellung als unbeteiligten Dritten:[99] Zum einen ist der Richter nicht weisungsgebunden und kann deshalb von politischen oder behördeninternen Entscheidungsstrukturen nicht betroffen werden.[100] Zum anderen wird er nicht weiter in die ermittelnden Tätigkeiten von Polizei und Staatsanwaltschaft eingebunden, sodass eine weitgehend neutrale Prüfung eines relativ außenstehenden Organs ermöglicht wird.[101] Demgegenüber besteht bei Polizeibeamten und der Staatsanwaltschaft aufgrund des psychischen Drucks, einen Täter präsentieren zu müssen, die Neigung, eher die Voraussetzungen zur Anordnung einer Ermittlungsmaßnahme anzunehmen.[102]

Des Weiteren darf angenommen werden, dass der Staatsanwalt in Ansehung der richterlichen Prüfung die Rechtmäßigkeit der beabsichtigten Maßnahme aus quasi richterlicher Sicht vorprüfen wird.[103] Das Wissen darüber, dass die eigene Entscheidung richterlich geprüft wird, kann zu einer psychologisch bedingten Selbstkontrolle führen.[104]

Unabhängig von diesen Erwägungen findet eine Vorprüfung durch den Staatsanwalt aber auch deshalb statt, weil es in der Praxis üblich ist, dass er den entsprechenden richterlichen Beschluss vorformuliert, sodass der Ermittlungsrichter, sofern er dem Ersuchen stattgeben will, diesen nur noch unterschreiben muss. Dieser Beschlussentwurf und die dahinterstehenden rechtlichen Wertungen

---

[98] Siehe auch *Paeffgen*, JZ 1997, 178 (186): Es wäre verfehlt, „sich alles Heil vom Richter zu versprechen."

[99] *Rabe von Kühlewein*, Der Richtervorbehalt im Polizei- und Strafprozessrecht, S. 420.

[100] *Rabe von Kühlewein*, Der Richtervorbehalt im Polizei- und Strafprozessrecht, S. 420.

[101] *Rabe von Kühlewein*, Der Richtervorbehalt im Polizei- und Strafprozessrecht, S. 420.

[102] *Brüning*, Der Richtervorbehalt im strafrechtlichen Ermittlungsverfahren, S. 113.

[103] *Nelles*, Kompetenzen und Ausnahmekompetenzen in der StPO, S. 39.

[104] *Rengier*, NStZ 1981, 372 (373).

des Staatsanwalts werden vom Ermittlungsrichter entsprechend dem Vier-Augen-Prinzip geprüft.[105]

Richtervorbehalte stellen somit eine Sicherung für die Rechtmäßigkeit des Verfahrens dar.[106] Sie gewährleisten eine im Wesentlichen unabhängige und neutrale Überprüfung der Zulässigkeit und Verhältnismäßigkeit einer Ermittlungsmaßnahme im Vorfeld ihrer Anordnung und Durchführung.[107]

Der Ermittlungsrichter versteht sich als Garant für die Rechtmäßigkeit des Verfahrens aufgrund seiner Unabhängigkeit und Neutralität einerseits sowie seiner besonderen fachlichen und persönlichen Kompetenz andererseits.[108]

2.2.2 Schutz der Rechte Betroffener

Daneben besteht die Funktion des Ermittlungsrichters bei Erlass von Anordnungen in einer präventiven Gewährung von Rechtsschutz zugunsten des Betroffenen der beantragten Ermittlungsmaßnahme.[109] Richtervorbehalte dienen auch dem Schutz der Rechte Betroffener.[110]

Gerade bei strafprozessualen Eingriffsmaßnahmen besteht für den Betroffenen kaum eine Möglichkeit, die tatsächliche Durchführung der Ermittlungsmaßnahme zu verhindern, weil diese oftmals unverzüglich und ohne vorherige Anhörung durchgeführt werden muss.[111] Um diesen Mangel an rechtlichem Gehör aufzuwiegen, bedarf es bei eingriffsintensiveren Ermittlungsmaßnahmen der richterlichen Anordnung.

---

[105] *Brüning*, Der Richtervorbehalt im strafrechtlichen Ermittlungsverfahren, S. 113.

[106] *Rabe von Kühlewein*, Der Richtervorbehalt im Polizei- und Strafprozessrecht, S. 422.

[107] Vgl. BVerfGE 57, 346 (355); ferner *Lisken*, DRiZ 1979, 277 (277); *Amelung*, NJW 1991, 2533 (2536).

[108] Im Ergebnis ähnlich bei *Rabe von Kühlewein*, Der Richtervorbehalt im Polizei- und Strafprozessrecht, S. 421.

[109] *Hölscher*, Der Rechtsschutz und die Mitteilungspflichten bei heimlichen strafprozessualen Zwangsmaßnahmen, S. 19; *Nelles*, Kompetenzen und Ausnahmekompetenzen in der StPO, S. 48; *Prechtel*, Das Verhältnis der Staatsanwaltschaft zum Ermittlungsrichter, S. 133.

[110] BVerfGE 9, 89 (97); BVerfG, NJW 1976, 1735 (1735); StV 1992, 49 (50); NJW 2001, 1121 (1122); *Gercke*, HK-StPO, Vor §§ 94 ff. Rn. 21 f.; *Wohlers/Greco*, SK-StPO, § 98, Rn. 6; *Rabe von Kühlewein*, Der Richtervorbehalt im Polizei- und Strafprozessrecht, S. 421; *Fezer*, JURA 1982, 126 (129); *Lisken*, ZRP 1980, 145 (145 f.); *Niese*, ZStW, 63 (1951), 199 (215 f.); *Schnarr*, NStZ 1991, 209 (210); *Kühne*, Strafprozessrecht, § 24 Rn. 409.

[111] *Prechtel*, Das Verhältnis der Staatsanwaltschaft zum Ermittlungsrichter, S. 132.

Eine repressive Überprüfung vermag nicht immer der entstandenen Rechtsverletzung abhelfen. Das Grundgesetz geht in Art. 13 Abs. 2, 19 Abs. 4, 104 Abs. 2 GG davon aus, dass Richter aufgrund ihrer persönlichen und sachlichen Unabhängigkeit und ihrer nur dem Gesetz unterworfenen Stellung die Wahrung der Rechte Betroffener im Einzelfall am besten und am sichersten gewährleisten können.[112] Der Ermittlungsrichter ist also Garant für den Schutz dieser Rechte.[113]

Streit besteht jedoch in der Literatur dahingehend, ob sich diese Schutzfunktion aus dem Gebot des effektiven Rechtsschutzes aus Art. 19 Abs. 4 GG herleitet oder ein selbstständiges Rechtsschutzinstitut neben Art. 19 Abs. 4 GG darstellt.

Das Bundesverfassungsgericht geht mit Teilen der Lehre davon aus, dass es sich um eine Ausprägung des Gebots des effektiven Rechtsschutzes handelt.[114] Ein Richtervorbehalt sei aus verfassungsrechtlichen Gründen und staatsrechtlichen Überlegungen nur dann erforderlich, wenn es um die rechtliche Kontrolle der anderen Staatsgewalten gehe.[115] Aus Art. 19 Abs. 4 GG lasse sich Umfang, Art und Weise des Rechtsschutzes und der richterlichen Kontrollaufgaben entnehmen.[116] Dies umfasse auch den präventiven Rechtsschutz, der im Ermittlungsverfahren durch die strafprozessualen Richtervorbehalte verwirklicht würde.[117]

Die Anordnungsbefugnis des Richters diene demnach der Kontrolle der Staatsanwaltschaft im Sinne des Art. 19 Abs. 4 GG.[118] Daran könne auch der Umstand nichts ändern, dass dem Gesetzgeber von 1877 die Rechtsschutzgarantie, wie sie Art. 19 Abs. 4 GG vorsieht, unbekannt war und damals andere Motive zur

---

[112] BVerfGE 77, 1 (51); BVerfG, StV 1992, 49 (50); BVerfG, NJW 2001, 1121 (1122); *Rabe von Kühlewein*, Der Richtervorbehalt im Polizei- und Strafprozessrecht, S. 164 f.; vgl. auch BVerfGE 16, 194 (201); vgl. ferner *Böckenförde*, Verfassungsfragen der Richterwahl, S. 98 f.

[113] Vgl. *Gropp*, JZ 1998, 501 (502), welcher vom Ermittlungsrichter als „Hüter der Bürgerrechte" spricht.

[114] BVerfGE 51, 97 (111); 107, 395 (406); BVerfG, NJW 1997, 2166 (2166); 2001, 1121 (1121 f.); *Jarass* in: *Jarass/Pieroth*, GG, Art. 19 Rn. 45; *Schulze-Fielitz* in: *Dreier*, GG, Art. 19 IV Rn. 108; *Schmidt-Aßmann* in: *Maunz/Dürig*, GG, Art. 19 Abs. 4 Rn. 100; *Amelung*, Rechtsschutz gegen strafprozessuale Grundrechtseingriffe, S. 32; *Hölscher*, Der Rechtsschutz und die Mitteilungspflicht bei heimlichen strafprozessualen Zwangsmaßnahmen, S. 18 ff.; *Prechtel*, Das Verhältnis der Staatsanwaltschaft zum Ermittlungsrichter, S. 108, 134 f.; *Talaska*, Der Richtervorbehalt, S. 65; *Schnarr*, NStZ 1991, 209 (210); vgl. auch BVerfGE 96, 27 (39 ff.), dort aber für den Richtervorbehalt im Ergebnis offengelassen, BVerfGE 96, 27 (43).

[115] *Prechtel*, Das Verhältnis der Staatsanwaltschaft zum Ermittlungsrichter, S. 108.

[116] *Prechtel*, Das Verhältnis der Staatsanwaltschaft zum Ermittlungsrichter, S. 108.

[117] *Prechtel*, Das Verhältnis der Staatsanwaltschaft zum Ermittlungsrichter, S. 108; *Talaska*, Der Richtervorbehalt, S. 65; vgl. *Schnarr*, NStZ 1991, 209 (210).

[118] *Amelung*, Rechtsschutz gegen strafprozessuale Grundrechtseingriffe, S. 32.

Einführung der Richtervorbehalte führten.[119] Insoweit könne jede herkömmliche Auslegung eines vorkonstitutionellen Gesetzes durch die Notwendigkeit einer verfassungskonformen Auslegung überlagert werden.[120]

Die vorzugswürdigere Ansicht sieht in der Schaffung von Richtervorbehalten ein selbstständiges Rechtsschutzinstitut.[121] Es wird nämlich nicht gegen eine Maßnahme der Exekutive Rechtsschutz gewährt, sondern vielmehr wird die Anordnungskompetenz auf den Richter übertragen.[122] Im Rahmen seiner eigenen Kompetenz überprüft der Ermittlungsrichter die beantragte Ermittlungsmaßnahme auf ihre Recht- und Verhältnismäßigkeit. Er achtet hierbei ausschließlich darauf, dass der von der antragsstellenden „Partei" zusammengetragene Stoff sachlich und rechtlich das Antragsbegehren trägt.[123] Der Rechtsschutzaspekt wird bei den Richtervorbehalten allein über diese Prüfungsfunktion vermittelt, die eine Art Anordnungsrechtsschutz darstellt.[124]

Einen vollwertigen Rechtsschutz im Sinne des Art. 19 Abs. 4 GG braucht und kann der Ermittlungsrichter gar nicht leisten.[125] Er ist bei seiner Entscheidung auf die Informationen der Staatsanwaltschaft angewiesen, er führt selbst keine Beweisaufnahme durch. Des Weiteren wird dem Betroffenen der Maßnahme in aller Regel kein rechtliches Gehör gewährt. Der Richter ist somit nicht selten den subjektiven Wertungen der beantragenden Ermittlungsbehörde ausgesetzt.[126]

---

[119] *Hölscher*, Der Rechtsschutz und die Mitteilungspflichten bei heimlichen strafprozessualen Zwangsmaßnahmen, S. 19.

[120] *Rieß/Thiem*, GA 1981, 189 (191).

[121] *Wohlers/Greco*, SK-StPO, § 98, Rn. 3 ff.; *Hofmann*, in: S-B/H/H, GG, Art. 19 Rn. 38; *Huber* in: vM/K/S, GG, Art. 19 Abs. 4 Rn. 468; *Schenke*, BK-GG, Art. 19 Abs. 4 Rn. 658; *Fezer*, JURA 1982, 126 (129); *Gusy*, JZ 1998, 167 (170 f.); *Gropp*, JZ 1998, 501 (501 f.); *Roxin*, StV 1997, 654 (655); *Lisken*, DRiZ, 1979, 277 (277); *ders*, NJW 1979, 1992 (1992); *ders*, ZRP 1980, 145 (145); *Rabe von Kühlewein*, Der Richtervorbehalt im Polizei- und Strafprozessrecht, S. 421 f.; *Nelles*, Kompetenzen und Ausnahmekompetenzen in der StPO, S. 48 ff.; *Paeffgen*, Vorüberlegungen zu einer Dogmatik des Untersuchungshaftrechts, S. 271; *ders*, JZ 1997, 178 (186); *Welp*, Die strafprozessuale Überwachung des Post- und Fernmeldeverkehrs, S. 92.

[122] *Wohlers/Greco*, SK-StPO, § 98, Rn. 3; *Fezer*, JURA 1982, 126 (129); *Lisken*, DRiZ 1979, 277 (277); *ders*, NJW 1979, 1992 (1992); *ders*, ZRP 1980, 145 (145 f.); *Welp*, Die strafprozessuale Überwachung des Post- und Fernmeldeverkehrs, S. 92.

[123] *Paeffgen*, JZ 1997, 178 (186).

[124] *Rabe von Kühlewein*, Der Richtervorbehalt im Polizei- und Strafprozessrecht, S. 421; vgl. auch *Paeffgen*, Vorüberlegungen zu einer Dogmatik des Untersuchungshaftrechts, S. 271; *ders*, JZ 1997, 178 (186), welcher aufgrund der beschränkten Prüfungskompetenz beim Richtervorbehalt den Richter „mehr als ein[en] Notar denn als Entscheider" sieht.

[125] vgl. *Roxin*, StV 1997, 654 (655); vgl. ferner *Schenke*, BK-GG, Art. 19 Abs. 4, Rn. 658.

[126] *Gropp*, JZ 1998, 501 (502).

Seine Entscheidung ist aus diesen Gründen von einer einseitigen Sicht auf die Sachlage geprägt.[127] Insofern ist der Ermittlungsrichter nicht mit dem in Art. 19 Abs. 4 GG gemeinten Richter vergleichbar.[128]

Von einem präventiven Rechtsschutz im Sinne des Art. 19 Abs. 4 GG kann deshalb bei der Einschaltung eines Ermittlungsrichters nicht gesprochen werden. Vielmehr erklärt sich die Notwendigkeit eines Richtervorbehalts aus dem Schutzinteresse des Betroffenen, denn nur der so gewährleistete Anordnungsrechtsschutz vermag das Defizit präventiven Grundrechtsschutzes – jedenfalls im Sinne eines grundlegenden Schutzes durch eine unabhängige Stelle – ausgleichen.[129] Folglich liegt der Rechtsschutz durch einen Richtervorbehalt zeitlich vor dem Gewährleistungsbereich der Rechtsschutzgarantie.[130]

Aufgrund der zeitlichen Vorverlagerung stellt die richterliche Anordnung einer Ermittlungsmaßnahme ihrerseits einen Akt der öffentlichen Gewalt dar, gegen den gemäß Art. 19 Abs. 4 GG der Rechtsweg offenstehen muss.[131] So dienen sowohl die Rechtsweggarantie des Art. 19 Abs. 4 GG als auch die Richtervorbehalte dem Rechtsschutz des Einzelnen, jeweils auf ihre Weise.[132]

Dies führt auch nicht zu einer Beschränkung des verfassungsrechtlich vorgeschriebenen Rechtsschutzes, denn die spätere uneingeschränkte Anwendung des Art. 19 Abs. 4 GG bleibt weiterhin möglich.[133] Dies meint, dass einerseits durch den Ermittlungsrichter präventiver Anordnungsrechtsschutz gewährt wird und andererseits es im weiteren Verlauf des Verfahrens zur Gewährleistung uneingeschränkten Rechtsschutzes im Sinne des Art. 19 Abs. 4 GG kommt.[134]

---

[127] *Roxin*, StV 1997, 654 (655).

[128] *Gusy*, JZ 1998, 167 (171); *Rabe von Kühlewein*, Der Richtervorbehalt im Polizei- und Strafprozessrecht, S. 421.

[129] *Wohlers/Greco*, SK-StPO, § 98, Rn. 6; *Nelles*, Kompetenzen und Ausnahmekompetenzen in der StPO, S. 53 f.; vgl. auch *Kühne*, Strafprozessrecht, § 24 Rn. 409, welcher vom Richtervorbehalt „als Königsweg für den Schutz von Grundrechten im Strafverfahren" spricht; so ferner auch *Amelung*, ZZP 88 (1975), 74 (80), welcher dann aber dennoch die Prüfung durch den Ermittlungsrichter als Ausfluss des Art. 19 Abs. 4 GG verstanden wissen will.

[130] *Huber* in: vM/K/S, GG, Art. 19 Abs. 4, Rn. 468.

[131] *Huber* in: vM/K/S, GG, Art. 19 Abs. 4, Rn. 468; *Schenke*, BK-GG, Art. 19 Abs. 4, Rn. 658.

[132] *Rabe von Kühlewein*, Der Richtervorbehalt im Polizei- und Strafprozessrecht, S. 421 f.; anders bei *Schulze-Fielitz* in: *Dreier*, GG, Art. 19 IV, Rn. 116, der diese Unterscheidung nach präventivem und repressivem Rechtsschutz aus Art. 19 Abs. 4 GG führt.

[133] *Gusy*, JZ 1998, 167 (171).

[134] vgl. *Roxin*, StV 1997, 654 (655); vgl. ferner *Schnarr*, NStZ 1991, 209 (211 f.); vgl. auch *Hofmann* in: S-B/H/H, GG, Art. 19, Rn. 38; zur Systematik vgl. *Rieß/Thiem*, GA 1981, 189 (192 ff.).

Zusammenfassend ist somit festzustellen, dass durch einen Richtervorbehalt im Ermittlungsverfahren zwar in die Kompetenzen der Staatsanwaltschaft eingegriffen wird, dass sich dies aber mit der besonderen Stellung des Ermittlungsrichters als Garant für die Rechtmäßigkeit des Verfahrens und für den Schutz der Rechte Betroffener begründen lässt.

Die Lehre von den Beweisverwertungsverboten

3

Offengeblieben ist aber bisher, welche Konsequenzen aus einer Verletzung dieser verfassungsrechtlich besonders begründeten Anordnungskompetenz des Ermittlungsrichters erwachsen. Dies ist nicht nur im Bezug auf diese Fallgruppe, sondern auch allgemein umstritten. Es muss eine überzeugende Theorie gefunden werden, die nicht nur auf die Fallgruppe der Verletzung der Anordnungskompetenz des Ermittlungsrichters anwendbar ist, sondern eine allgemeingültige Systematik aufweist. Mit dieser könnten sodann exemplarisch Fragen zur Beweisverwertung bei der Verletzung von Richtervorbehalten beantwortet werden.

Als Konsens in der Lehre von den Beweisverwertungsverboten kann allerdings nur genannt werden, dass eine rechtsfehlerhafte Beweiserhebung nicht notwendigerweise zu einem Beweisverwertungsverbot führt.[1] Andererseits lässt sich § 136a StPO entnehmen, dass eine Strafverfolgung um jeden Preis nicht stattfinden soll.[2]

In der Strafrechtspflege geht es nicht nur um die materielle Richtigkeit von Urteilen, sondern ebenso sehr um deren Gewinnung auf keinem anderen als dem justizförmigen Weg; denn das Verlassen dieses Weges involviert Gefahren für die Wahrheit und Gerechtigkeit des Verfahrens im Einzelfall.[3] Andererseits

---

[1]BGHSt 11, 213 (214 f.); 19, 325 (329); 31, 304 (307); 38, 214 (219); 38, 372 (373); 42, 15 (19); 44, 243 (249); *Meyer-Goßner* in: *Meyer-Goßner/Schmitt*, StPO, Einl. Rn. 55; *Beulke/Swoboda*, Strafprozessrecht, § 23 Rn. 454; *Eisenberg*, Das Beweisrecht der StPO, Rn. 362 ff.; *Grünwald*, Das Beweisrecht der StPO, S. 142; *Krey*, Deutsches Strafverfahrensrecht, Rn. 1099; *Lesch*, Strafprozessrecht, Rn. 155; *Ostendorf*, Strafprozessrecht, § 16 Rn. 375; *Finger*, JA 2006, 529 (531); *Ranft*, Strafprozessrecht, § 60 Rn. 1608; *Rudolphi*, MDR 1970, 93 (97); *Senge*, KK-StPO, Vor § 48 Rn. 27.

[2]BVerfG, NJW 1984, 428 (428); BGHSt 14, 358 (365); 31, 304 (309).

[3]*Schmidt*, JZ 1958 596 (601); *Rudolphi*, MDR 1970, 93 (97).

D. Decker, *Systematik der Beweisverwertung*,
https://doi.org/10.1007/978-3-658-34684-3_3

darf die Strafverfolgung nicht derart eingeschränkt werden, dass jeder Fehler im Ermittlungsverfahren zu einem Beweisverwertungsverbot führt.

Es gilt, das Spannungsverhältnis zwischen der Pflicht zur effektiven Strafverfolgung und der Rücksichtnahme auf die Rechte der Prozessbeteiligten sowie Dritter aufzulösen.[4] Hierzu wird neben der rechtswidrigen Beweisgewinnung als solche eine weitere Tatbestandsvoraussetzung benötigt, bei deren Einschlägigkeit auf Rechtsfolgenseite ein Beweisverwertungsverbot entsteht. Welche zusätzlichen Bedingungen beziehungsweise Voraussetzungen dazu zu fordern sind, ist in der Rechtsprechung und Literatur unterschiedlich beantwortet worden.

3.1 Rechtskreistheorie

3.1.1 Überblick

Nach der 1958 vom Großen Senat für Strafsachen[5] entwickelten Rechtskreistheorie komme es für die Entstehung eines Beweisverwertungsverbots als Folge einer fehlerhaften Beweiserhebung darauf an, ob die verletzte Norm den Rechtskreis des Betroffenen wesentlich berührt. § 337 StPO wolle die Revision dahingehend beschränken, dass nicht alle Verfahrensbeteiligten schlechthin alle Verfahrensverstöße mit der Revision rügen können.[6]

Gegen eine unbeschränkte Anfechtbarkeit spräche schon die natürliche Abstufung der Verfahrensvorschriften: Neben immer zu berücksichtigenden, übergeordneten Normen und für die Entstehung eines Beweisverwertungsverbots unerheblichen reinen Ordnungsvorschriften enthalte das Strafprozessrecht zahlreiche Vorschriften, deren Bedeutung und Tragweite für die Rechte der Verfahrensbeteiligten sehr verschieden seien.[7] Eine Rechtsverletzung im Sinne des § 337 StPO stellt für die Rechtskreistheorie somit einen Verfahrensverstoß dar, der die Rechte des Betroffenen wesentlich verletzt.

Um eine Rechtsverletzung als wesentlich zu klassifizieren, komme es auf den Sinn und Zweck der verletzten Norm und darauf an, in wessen Interesse sie

[4] Ähnlich bei *Rudolphi*, MDR 1970, 93 (96 f.) und auch bei *Hauf*, NStZ 1993, 457 (457).

[5] BGHSt 11, 213 (214 ff.).

[6] BGHSt 11, 213 (214).

[7] BGHSt 11, 213 (214).

geschaffen wurde.[8] Des Weiteren biete die Protokollfähigkeit des Verfahrensverstoßes einen wichtigen Anhaltspunkt.[9] Die Strafprozessordnung sehe vor, dass der Gang der Hauptverhandlung im Wesentlichen wiederzugeben und die Beachtung der wesentlichen Verfahrensvorschriften aufzunehmen sei.[10] Die Rechtskreistheorie versteht diese beiden Aspekte der Wesentlichkeit – einerseits für die Rechte des Betroffenen und andererseits bezüglich der Protokollfähigkeit von Prozessrechtsverletzungen – weitestgehenden synonym beziehungsweise als proportional zueinander wachsend: Ist ein Rechtsfehler für den Verfahrensgang derart wesentlich, dass er zu protokollieren ist, so sei in der Regel auch der Rechtskreis des Betroffenen wesentlich berührt.

3.1.2 Kritik

Die Rechtskreistheorie ist in der Literatur[11] stark kritisiert worden. Sie ist bereits methodisch zu hinterfragen, soweit sie eine Verfahrensvorschrift ihrem Sinn nach dem Rechtskreis einer konkreten Person zuordnen will. Denknotwendig führt dies dazu, dass gemeinsame Schutzerwägungen verkannt werden.[12] Die meisten Normen dienen nämlich mehr als einem Ziel oder Rechtskreis. Wird hingegen eine allgemeinere Betrachtung der Norm vorgenommen, so zwingt dies zu dem Schluss, dass der Rechtskreis des Beschuldigten in aller Regel zumindest auch betroffen sein wird. Denn der Betroffene hat das Recht auf ein in jeder Hinsicht prozessordnungsgemäßes Verfahren.[13]

Die Feststellung, dass es für das Entstehen eines Beweisverwertungsverbots auf eine wesentliche Verletzung der Rechte des Betroffenen ankommt,

---

[8]BGHSt 11, 213 (215).

[9]BGHSt 11, 213 (215).

[10]BGHSt 11, 213 (215).

[11]*Ambos*, Beweisverwertungsverbote, S. 41; *Eisenberg*, Das Beweisrecht der StPO, Rn. 365; *Jäger*, Beweisverwertung und Beweisverwertungsverbote im Strafprozess, S. 140 ff.; *Volk/Engländer*, Grundkurs StPO, § 28 Rn. 9; *Fezer*, JuS 1978, 325 (327 ff.); *Geppert*, JURA 1988, 305 (313); *Gossrau*, MDR 1958, 468 (468); *Grünwald*, JZ 1966, 489 (490 ff.); *ders*, Das Beweisrecht der StPO, S. 157; *Hanack*, JZ 1971, 168; *Hauf*, NStZ 1993, 457; *ders*, wistra 1995, 53; *Rogall*, ZStW 91 (1979), 1 (25 f.); *Roxin*, JZ 1992, 918 (923 f.); *Roxin/Schünemann*, Strafverfahrensrecht, § 24 Rn. 24; *Rudolphi*, MDR 1970, 93; *Schmidt*, JZ 1958, 596; vgl. *Niese*, JZ 1953, 219 (223) vgl. ferner *Busch*, JZ 1953, 702 (703 f.).

[12]Vgl. Niese, JZ 1953, 219 (223).

[13]*Roxin/Schünemann*, Strafverfahrensrecht, § 24 Rn. 24; *Niese*, JZ 1953, 219 (223); *Fezer*, JuS 1978, 325 (327); *Geppert*, JURA 1988, 305 (313); *Hauf*, NStZ 1993, 457 (458); vgl. auch *Busch*, JZ 1953, 702 (704).

stellt jedoch eine wichtige neue Erkenntnis für die Lehre von den Beweisverwertungsverboten dar. Der Bundesgerichtshof teilt in seiner Entscheidung zur Rechtskreistheorie die Verfahrensvorschriften nach ihrer natürlichen Wichtigkeit in drei Stufen auf, nämlich

- zwingend zu berücksichtigende, übergeordnete Normen,
- differenziert zu betrachtende, einfache Normen und
- bloße Ordnungsvorschriften.

Auf der mittleren Stufe komme es darauf an, wie intensiv die Rechtsverletzung im konkreten Fall für den Betroffenen gewesen ist. Die Verletzung übergeordneter Normen soll hingegen immer zu einem Beweisverwertungsverbot führen, während Verstöße gegen bloße Ordnungsvorschriften die Revision nie begründen können.

Im Ergebnis stellt der Bundesgerichtshof dann aber nicht auf eine Gewichtung des Rechtsverstoßes im Einzelfall ab,[14] sondern benennt die Protokollfähigkeit des Verstoßes als wichtigen Anhaltspunkt für die Feststellung der Wesentlichkeit. Die Protokollfähigkeit eines Verstoßes und die Frage, ob dieser den Rechtskreis des Betroffenen wesentlich berührt, sind jedoch zwei unterschiedliche Gesichtspunkte, die miteinander wenig zu tun haben.[15] So können Schwierigkeiten bei der Feststellung von Verstößen nicht dadurch umgangen werden, dass nicht protokollierte Verfahrensfehler als stets unwesentliche Eingriffe in die Rechte des Betroffenen bewertet werden.

Vielmehr dürften Feststellungsschwierigkeiten, die daraus resultieren, dass der konkrete Verfahrensverstoß grundsätzlich nicht protokolliert wird, für die Frage der Beweisverwertung keine Rolle spielen. Dies verdeutlicht Schmidt[16] exemplarisch, indem er einen Fall konstruiert, in dem der Verfahrensverstoß ausnahmsweise zu beweisen war. Nach seiner Auffassung ließe sich in einem solchen Fall eine wesentliche Berührung des Rechtskreises nicht mit dem Argument verneinen, der Verstoß müsse nicht protokolliert werden.[17]

Aber auch generell erscheint das Abstellen auf den Rechtskreis der Norm ungeeignet, um ein Beweisverwertungsverbot im Einzelfall festzustellen.[18] Nach

---

[14] In Ansätzen zu jener Zeit aber schon vertreten von *Busch*, JZ 1953, 702 (704).

[15] *Gossrau*, MDR 1958, 468 (469).

[16] *Schmidt*, JZ 1958, 596 (601).

[17] *Schmidt*, JZ 1958, 596 (601).

[18] *Roxin/Schünemann*, Strafverfahrensrecht, § 24 Rn. 24; *Gossrau*, MDR 1958, 468 (469); *Rogall*, ZStW 91 (1979), 1 (26); *Schmidt*, JZ 1958, 596 (600); vgl. unter Darstellung von Beispielen *Grünwald*, JZ 1966, 489 (490 f.).

Gossrau[19] könne es auf den Rechtskreis nicht mehr ankommen, wenn der Betroffene aufgrund des Verfahrensverstoßes verurteilt worden ist. Vielmehr ist der Rechtskreis des Betroffenen immer wesentlich berührt, wenn er aufgrund eines Verfahrensverstoßes beziehungsweise eines rechtswidrig erlangten Beweises überführt und abgeurteilt wird. Die Verletzung seines Rechtskreises ergibt sich schon daraus, dass sein Recht auf ein prozessordnungsgemäßes Verfahren mit der Konsequenz verletzt wurde, dass er für die ihm vorgeworfene Tat bestraft worden ist.[20]

Das Abstellen auf den Rechtskreis stellt sich laut Jäger[21] im Ergebnis als zirkulär dar: Soweit eine Verfahrensvorschrift einen Beweis aus dem Strafverfahren heraushalten soll, schütze sie damit stets den Rechtskreis des Betroffenen; andererseits solle nach der Rechtskreistheorie, wenn der Rechtskreis des Betroffenen berührt wird, der Beweis aus dem Verfahren herausgehalten werden.

Diesem Vorwurf kann nicht uneingeschränkt zugestimmt werden. Richtig ist, dass es nicht allein auf die Zuordnung zu einem Rechtskreis ankommen kann, sondern vielmehr sämtliche konkreten Umstände des Einzelfalls zu beachten sind.[22] Andererseits benennt der Bundesgerichtshof als weiteres Kriterium die Wesentlichkeit der Rechtskreisberührung. Dies mag zwar ebenfalls nicht vorbehaltlos überzeugen, lässt aber erkennen, dass der Bundesgerichtshof nicht zirkulär argumentiert, sondern im Grunde bereits den Schutzzweck der Norm in das Zentrum der Überlegung stellen möchte.

Dieser Aspekt kann allerdings nur eines von mehreren Kriterien darstellen, die im Rahmen einer umfassenden Beachtung der Umstände des Einzelfalls zu berücksichtigen sind.[23] So nahm auch der Bundesgerichtshof im Jahr 1974 von seiner Rechtskreistheorie Abstand und sprach nunmehr von einer Einzelfallbetrachtung, die sich in Richtung einer Schutzzweckbetrachtung mit einer Einzelfallabwägung entwickelte.[24] Gleichwohl ist mit der Rechtskreistheorie ein

[19] *Gossrau*, NDR 1958, 468 (469).

[20] So auch *Fezer*, JuS 1978, 325 (327) und *Geppert*, JURA 1988, 305 (313).

[21] *Jäger*, Beweisverwertungs und Beweisverwertungsverbote im Strafprozess, S. 140.

[22] Vgl. *Schmidt*, JZ 1958, 596 (600 f.).

[23] Also als Kriterium im Rahmen der heute herrschenden Abwägungslehre: vgl. dazu *Roxin*, JZ 1992, 918 (924) und *Hauf*, wistra 1995, 53 (53).

[24] BGHSt 25, 325 (331 ff.); letzter Vertreter der Rechtskreistheorie in der Lehre war war *Bauer*, NJW 1994, 2530 (2530 ff.); *ders*, wistra 1996, 46 (46 ff.).

wichtiger rechtsdogmatischer Schritt gegangen worden: Sie stellt für die Begründung eines Beweisverwertungsverbots dem Grunde nach auf die ratio legis ab.[25]

3.2 Schutzzwecktheorie

3.2.1 Überblick

Die von der Literatur[26] entwickelte Schutzzwecktheorie versucht das Spannungsverhältnis zwischen der staatlichen Pflicht zur effektiven Strafverfolgung und der Rücksichtnahme auf die Rechte der Prozessbeteiligten sowie Dritter durch eine Schutzzweckbetrachtung zu lösen.[27] Entscheidend dafür, ob eine Verfahrensnorm im Falle ihrer Verletzung ein Beweisverwertungsverbot nach sich zieht, sind nach dieser Theorie nur der Sinn und Zweck der jeweils verletzten Norm.[28] Es gehe darum, ob der Gesetzgeber mit der Aufstellung der verletzten Norm überhaupt die Absicht verfolgte, Urteile zu verhindern, die auf einer Verletzung dieser Norm beruhen.[29]

Die Vorschrift müsse gerade bezwecken, dass der rechtswidrig erlangte Beweisgegenstand der Beweiswürdigung entzogen werden soll.[30] Ist Sinn und Zweck der Norm ein anderer, so sei es nicht möglich, die Revision mit einem solchen Verfahrensverstoß zu begründen.[31] Andernfalls erhielte die verletzte Verfahrensvorschrift eine Aufgabe, die ihr nach dem Willen des Gesetzgebers gar nicht zustehen sollte.[32]

---

[25] *Grünwald*, Das Beweisrecht der StPO, S. 157; *Krey*, Deutsches Strafverfahrensrecht, Rn. 1103.

[26] *Amelung*, NJW 1991, 2533 (2533 f.); *Beulke/Swoboda*, Strafprozessrecht, § 23 Rn. 458; *ders*, ZStW 103 (1991), 657 (671 f.); *Grünwald*, JZ 1966, 489 (493 ff.); *ders*, Das Beweisrecht der StPO, S. 143 ff.; *Jäger*, Beweisverwertung und Beweisverwertungsverbote im Strafprozess, S. 139 ff.; *Müssig*, GA 1999, 119 (131 ff.); *Rudolphi*, MDR 1970, 93 (97 ff.).

[27] Vertiefend *Grünwald*, JZ 1966, 489 (497 ff.).

[28] *Jäger*, Beweisverwertung und Beweisverwertungsverbote im Strafprozess, S. 139; *Rudolphi*, MDR 1970, 93 (97).

[29] *Rudolphi*, MDR 1970, 93 (97).

[30] *Jäger*, Beweisverwertung und Beweisverwertungsverbote im Strafprozess, S. 139.

[31] *Rudolphi*, MDR 1970, 93 (97).

[32] *Rudolphi*, MDR 1970, 93 (97).

Abzustellen sei dabei nicht darauf, wem die Norm ein Recht einräumt – wie es bei der Rechtskreistheorie versucht worden ist –, sondern welchen gegenständlichen Schutzbereich sie absteckt.[33] Nach der Schutzzwecktheorie ist also ebenfalls nach der ratio legis zu fragen,[34] wobei ihr allerdings nicht vorgeworfen werden kann, sachfremde Bezüge herzustellen – wie etwa die Protokollfähigkeit eines Verfahrensverstoßes.

Allein im Wege einer sorgfältigen Analyse des Schutzzwecks soll sich ermitteln lassen, ob aus dem Verfahrensverstoß ein Beweisverwertungsverbot zu folgern ist.[35] So lasse sich ein Beweisverwertungsverbot damit rechtfertigen, dass die verletzte Verfahrensnorm den Schutz individueller Rechte zum Gegenstand hat.[36]

Des Weiteren sei für die verletzte Norm zu klären, ob der Schutzzweck durch den Verfahrensverstoß bereits endgültig vereitelt worden ist – dann würde sich der Schaden durch eine Verwertung nicht vergrößern – oder aber die Verwertung des so erlangten Beweises erst zur Vollendung beziehungsweise Vertiefung des Schadens führt – dann wäre die Verwertung ausgeschlossen.[37] Daraus folge auch, dass der Staat nicht auf einen bereits vollendeten Schaden aufbauend dem Verletzten weitere Nachteile zufügen darf.[38] Im Ergebnis sei dasjenige Beweismittel nicht zu verwerten, das durch die Verletzung von Beschuldigtenrechten gewonnen wurde.[39]

Die Schutzzwecktheorie will das Spannungsverhältnis der widerstreitenden Interessen dadurch lösen, dass aus einem Beweiserhebungsverbot nur dann ein Verwertungsverbot folgt, wenn dem Verfahrensverstoß seinem Sinn nach ein „Doppelmangel“ dergestalt zukommt, dass zum Mangel im Ermittlungsverfahren durch den Verfahrensverstoß ein hierauf beruhender weiterer Mangel oder eine Vertiefung des Mangels in der Hauptverhandlung tritt.[40]

[33] *Jäger*, Beweisverwertung und Beweisverwertungsverbote im Strafprozess, S. 140.

[34] *Grünwald*, JZ, 1966, 489 (492); *ders*, Das Beweisrecht der StPO, S. 155; *Rudolphi*, MDR 1970, 93 (98).

[35] *Rudolphi*, MDR 1970, 93 (98).

[36] *Amelung*, NJW 1991, 2533 (2534); *Müssig*, GA 1999, 119 (132).

[37] *Grünwald*, JZ 1966, 489 (492 f.); *ders*, Das Beweisrecht der StPO, S. 154.

[38] *Grünwald*, JZ 1966, 489 (495).

[39] *Grünwald*, JZ 1966, 489 (495).

[40] *Jäger*, Beweisverwertung und Beweisverwertungsverbot im Strafprozess, S. 139.

3.2.2 Kritik

Die Schwäche der Schutzzwecktheorie liegt darin, dass über den Schutzzweck nicht immer Klarheit besteht.[41] Bisweilen ergeben sich Schwierigkeiten, aus einer Verfahrensvorschrift spezifische Schutzzweckerwägungen herauszulesen. Denn der Schutzzweck ist seinerseits erst im Wege der Auslegung zu ermitteln.

Problematische Abgrenzungsschwierigkeiten ergeben sich bei dieser Auffassung nämlich dann, wenn Uneinigkeit über die Bestimmung des Schutzzwecks aufkommt.[42] Dies führt dazu, dass verschiedene Vertreter der Schutzzwecktheorie bei deren Anwendung zu unterschiedlichen Ergebnissen gelangen können.[43]

Dies zeigt Haffke[44] exemplarisch an Rudolphi und Grünwald auf, die als wesentliche Gestalter der Schutzzwecklehre genannt werden können:[45] Der Beispielsfall sei, dass dem Zeugen ein Auskunftsverweigerungsrecht nach § 55 StPO zusteht, er hierüber nicht belehrt wird und sodann gegen den Angeklagten belastend aussagt.

Nach Rudolphi[46] dient der § 55 StPO dem Schutz der Wahrheitsfindung. Der Zweck des Auskunftsverweigerungsrechts sei nicht nur der Schutz des Zeugen vor einer Selbstbelastung, sondern auch die Vermeidung der Aussage eines sich in einer Zwangslage befindlichen Zeugen, der wohlmöglich falsch aussagen würde, um eine Selbstbelastung zu vermeiden.[47] Daher läge nach dem Schutzzweck der Norm ein Beweisverwertungsverbot vor.[48]

Hingegen vertritt Grünwald,[49] § 55 StPO schütze nur die Interessen des Zeugen. Für das Verfahren gegen den Angeklagten sei die Schutzfunktion des § 55 StPO irreparabel vereitelt, sobald der Zeuge aussagt.[50] Daher könne zugunsten des Angeklagten aus dem Schutzzweck der Norm kein Beweisverwertungsverbot hervorgehen.[51] Lediglich in einem sich gegebenenfalls anschließenden

---

[41] *Volk/Engländer*, Grundkurs StPO, § 28 Rn. 10.

[42] *Eisenberg*, Das Beweisrecht der StPO, Rn. 366; *Ostendorf*, Strafprozessrecht, § 16 Rn. 377; *Rogall*, ZStW 91 (1979), 1 (27).

[43] *Rogall*, ZStW 91 (1979), 1 (27).

[44] *Haffke*, GA 1973, 65 (77).

[45] Vgl. *Grünwald*, JZ 1966, 489 (497 ff.); *Rudolphi*, MDR 1970, 93 (97 ff.).

[46] *Rudolphi*, MDR 1970, 93 (98).

[47] *Rudolphi*, MDR 1970, 93 (98).

[48] *Rudolphi*, MDR 1970, 93 (98).

[49] *Grünwald*, JZ 1966, 486 (499).

[50] *Grünwald*, JZ 1966, 486 (499).

[51] *Grünwald*, JZ 1966, 486 (498 f.).

Strafverfahren gegen den Zeugen erwüchse aus dem Verfahrensverstoß ein Beweisverwertungsverbot.[52]

Diese Uneinigkeit lässt an dem methodischen Ansatz der Schutzzwecklehre zweifeln.[53] Die Ermittlung des Schutzzwecks einer Norm ermöglicht nämlich noch keine Aussage über die Notwendigkeit eines Verwertungsverbots, denn der Sinn der Norm bestimmt noch nicht die Rechtsfolge.[54] Vielmehr ist die Rechtsfolgenentscheidung teleologisch aus dem Gesetz zu begründen.[55]

Genauso wenig kann die Irreparabilität des eingetretenen Schadens ein Argument gegen ein Beweisverwertungsverbot sein.[56] Entgegen der Schutzzwecklehre ist schon gar nicht gesagt, dass es, weil der Schaden bereits vollendet ist, nunmehr generell zulässig sein soll, jeden so erlangten Beweis zu verwerten.[57]

Im Ergebnis begründet die Vereitelung des Schutzzwecks der Norm per se noch kein Verwertungsverbot, die unverhältnismäßig schwerwiegende Verletzung von Rechten des Betroffenen aber schon.[58]

3.3 Abwägungslehre

3.3.1 Überblick

Dies ist nach der neueren Rechtsprechung[59] und Teilen der Lehre[60] durch eine Abwägung zu bestimmen. Der Zweck, Straftaten aufzuklären und zu ahnden, sei

[52] *Grünwald*, JZ 1966, 486 (FN. 97).

[53] So auch *Haffke*, GA 1973, 65 (77).

[54] *Rogall*, ZStW 91 (1979), 1 (28).

[55] *Haffke*, GA 1973, 65 (77).

[56] *Haffke*, GA 1973, 65 (77 f.); *Rogall*, ZStW 91 (1979), 1 (28).

[57] So auch *Rogall*, ZStW 91 (1979), 1 (28).

[58] *Rogall*, ZStW 91 (1979), 1 (28).

[59] BGHSt 14, 358, (364 f.); 19, 325 (329 ff.); 24, 125 (131 ff.); 27, 355 (357 ff.); 28, 122 (128 f.); 31, 304 (307 ff.); 35, 32 (34); 37, 30 (31 f.); 38, 214 (219 ff.); 38, 372 (373 ff.); 42, 15 (19 ff.); 42, 170 (171 ff.); 42, 372 (377 f.); 44, 243 (249 f.); 47, 172 (179 f.); BVerfGE 33, 367 (382 ff.); 34, 238 (247); 44, 353 (372 ff.); 46, 214 (222 ff.); 51, 324 (343 ff.); 77, 65, (75 f.); 80, 367 (374 ff.); 130, 1 (25 ff.); BVerfG, NStZ 2000, 489 (490); 2006, 46 (47).

[60] *Hauf*, wistra 1995, 53; *Kindhäuser/Schumann*, Strafprozessrecht, § 23 Rn. 16; *Krey*, Deutsches Strafverfahrensrecht, § 42 Rn. 1105; *Meyer-Goßner* in: *Meyer-Goßner/Schmitt*, StPO, Einl. Rn. 55a; *Rogall*, ZStW 91 (1979), 1 (31 ff.); *Roxin*, JZ 1992, 918 (924); *Senge*, KK-StPO, Vor § 48, Rn. 27; *Weidemann/Scherf*, Die Revision im Strafrecht, § 3 Rn. 497.

zwar von überaus großer Bedeutung, aber nicht stets und unter allen Umständen das überwiegende Interesse des Staates.[61] Vielmehr müsse sich auch das staatliche Strafverfolgungsinteresse in die zu berücksichtigen Gesamtinteressen einordnen.[62] Im Strafprozess gelte als besondere Ausgestaltung des Rechtsstaatsprinzips der Anspruch auf ein faires Verfahren, wie er darüber hinaus in Art. 6 EMRK seinen besonderen Ausdruck erlangt hat.[63]

Der Grundsatz zur gerichtlichen Erforschung der Wahrheit werde dergestalt eingeschränkt, dass sich die Beweisaufnahme nicht mehr auf alle Tatsachen und Beweismittel von Bedeutung erstrecken kann.[64] Dies müsse hingenommen werden, denn auch sonst sehe die StPO keine Wahrheitserforschung um jeden Preis vor.[65]

Es sei als Ausdruck der rechtsstaatlichen Grundhaltung der StPO nicht zulässig, den Betroffenen zum bloßen Objekt der Strafverfolgung zu machen.[66] Dazu gehöre exemplarisch der Schutz der Privatsphäre selbst auf die Gefahr hin, dass der Strafverfolgungszweck dadurch beeinträchtigt oder vereitelt wird.[67] Allgemein liege ein Verwertungsverbot dann nahe, wenn die verletzte Verfahrensvorschrift dazu bestimmt ist, die Verfahrensstellung des Betroffenen abzusichern.[68] Insofern spielen auch Schutzzweck- beziehungsweise Rechtskreiserwägungen eine Rolle, ohne aber alleiniger Maßstab der Beweisverwertung zu sein.[69]

Ein Beweisverwertungsverbot komme vor allem bei besonders schwerwiegenden Verfahrensverstößen in Betracht.[70] Andersherum spräche der Vorwurf besonders schwerwiegender Taten eher gegen ein Verwertungsverbot.[71] Denn

---

[61] BGHSt 19, 325 (329).

[62] BGHSt 19, 325 (329).

[63] BVerfGE 77, 65 (76); BGHSt 24, 125 (131); 31, 304 (308); vgl. BVerfGE 130, 1 (25 f.).

[64] BVerfGE 77, 65 (76); 130, 1 (28); BGHSt 27, 355 (357); 28, 122 (128); 31, 304 (309); 35, 32 (34); 37, 30 (32); 42, 243 (249); vgl. BVerfGE 33, 367 (383).

[65] BGHSt 14, 358 (365); 27, 355 (357); 31, 304 (309); 44, 243 (249); BGH, JZ 1992, 918 (919).

[66] Vgl. BGHSt 14, 358 (364).

[67] BGHSt 19, 325 (329); 27, 355 (357); 42, 372 (377 f.); vgl. BVerfGE 44, 353 (372 f.); vgl. ferner BVerfGE 80, 367 (374 f.).

[68] BGHSt 38, 215 (220); 38, 372 (374); 42, 15 (21); BGH, JZ 1992, 918 (920).

[69] *Kindhäuser/Schumann*, Strafprozessrecht, § 23 Rn. 16.

[70] BGHSt 31, 304 (308); 44, 243 (249); vgl. BGHSt 42, 372 (377); 47, 172 (179).

[71] BGHSt 44, 243, (250); BGHSt 47, 172 (179 f.); vgl. BVerfGE 29, 183 (194); 33, 367 (383); 34, 238 (249 f.).

die Funktionsfähigkeit der Strafrechtspflege sei ebenso von Verfassung wegen zu gewährleisten, weil ohne diese Gerechtigkeit nicht verwirklicht werden könne.[72]

Somit sei zur Beurteilung der Beweisverwertung eine umfassende Abwägung der einander widerstreitenden Interessen vorzunehmen.[73] Namentlich sei daher abzuwägen zwischen dem Gewicht des Verfahrensverstoßes sowie seiner Bedeutung für die rechtlich geschützte Sphäre des Betroffenen einerseits und dem verfassungsrechtlich garantierten Allgemeininteresse an einer effektiven Strafverfolgung andererseits.[74] Denn ein Verwertungsverbot könne nur dann bejaht werden, wenn die Betrachtung des konkreten Konfliktfalls ein Überwiegen des Individualinteresses ergibt, weil nach dem Rechtsstaatsprinzip die Bewahrung und Durchsetzung der Individualrechtsgüter gegenüber der staatlichen Strafverfolgungstätigkeit geboten erscheint.[75]

Im Ergebnis verbindet der Bundesgerichtshof seine Konzeption von der Notwendigkeit einer umfassenden Abwägung der beteiligten Interessen mit dem Rückgriff auf Sinn und Zweck der verletzten Verfahrensvorschrift.[76]

3.3.2 Kritik

Die Abwägungslehre wird von Teilen der Literatur[77] aus unterschiedlichen Gründen kritisiert. Im Wesentlichen werden nachfolgende Argumente vorgebracht:

---

[72] BVerfGE 19, 342 (347); 20, 45 (49); 20 144 (147); 33, 367 (383); 34, 238 (248 f.); 44, 353 (374); 46, 214 (222); 51, 324 (343); BGH, JZ 1992, 918 (919 f.); 77, 65 (76); 80, 367 (375); 130, 1 (26); vgl. BVerfGE 74, 257 (261 f.).

[73] BGHSt 19, 325 (329 ff.); 27, 355 (357); 31, 304 (307 ff.); 35, 32 (34 f.); 37, 30 (32); 38, 214 (219 f.); 38, 372 (373); 42, 170 (174); 44, 243 (249); 47, 172 (179); BGH, JZ 1992, 918 (919); *Kindhäuser/Schumann*, Strafprozessrecht, § 23 Rn. 16; vgl. BVerfGE 34, 238 (248 ff.); 44, 353 (373); 80, 367 (374).

[74] Erstmalig in dieser Deutlichkeit bei BGHSt 38, 214 (220) und sodann in ständiger Rechtsprechung: siehe nur BGHSt 38, 372 (373 f.); 42, 15 (21); 42, 170 (172); 44, 243 (249); BGH, JZ 1992, 918 (919); BVerfGE 130, 1 (26); vgl. auch die drei Jahre vor dem BGH ergangene Entscheidung des BVerfG, BVerfGE 80, 367 (374); zustimmend in der Literatur etwa *Kindhäuser/Schumann*, Strafprozessrecht, § 23 Rn. 16.

[75] *Rogall*, ZStW 91 (1979), 1 (31).

[76] *Krey*, Deutsches Strafverfahrensrecht, Rn. 1105.

[77] *Amelung*, NJW 1991, 2533 (2533 f.); *Beulke/Swoboda*, Strafprozessrecht, § 23 Rn. 458; *ders*, ZStW 103 (1991), 657 (671 ff.); *Eisenberg*, Das Beweisrecht der StPO, Rn. 367; *Fezer*, StV 1989, 289 (294); *ders*, JZ 1999, 524 (526 ff.); *Grünwald*, Das Beweisrecht der StPO, S. 155 ff.; *Jäger*, Beweisverwertung und Beweisverwertungsverbote, S. 21; *Lesch, Hartmut*, Strafprozessrecht, Kap. 3 Rn. 160; *Lesch, Heiko*, FS-Volk, S. 312 (312 ff.); *Müssig*, GA 1999,

3.3.2.1 Eigene Abwägung des Gesetzgebers

Der Gesetzgeber habe bereits eine eigene Abwägung bei der Fassung der Gesetze getroffen, sodass es für die Entstehung eines Beweisverwertungsverbots nicht auf eine erneute Abwägung durch den Rechtsanwender ankommen könne.[78] Die widerstreitenden Interessen seien durch die Bestimmung von unterschiedlichen Tatbestandsvoraussetzungen durch den Gesetzgeber bereits in Ausgleich gebracht worden, sodass im Weiteren nur der Schutzzweck der Norm herangezogen werden könne.[79]

Es ist zwar richtig, dass der Gesetzgeber eine solche Abwägung bereits getroffen hat. Gleichwohl hindert dies den Rechtsanwender nicht, seinerseits eine Abwägung vorzunehmen. Die Erwägungen des Gesetzgebers werden durch die Abwägungslehre nicht umgangen, sondern vielmehr inkorporiert. Die gesetzgeberischen Motive dienen dem Abwägungsprozess als wesentliche Vorüberlegung dahingehend, wie bestimmte Aspekte zu gewichten sind. Des Weiteren muss dem konkreten Einzelfall eine besondere Bedeutung zukommen. Die konkreten Umstände können aber nur durch den Richter gewürdigt und miteinander abgewogen werden. Mitnichten ist einzig auf den Schutzzweck der Norm abzustellen.

3.3.2.2 Ausweitung der Verwertbarkeit

Des Weiteren wird vorgetragen, dass sich die Abwägungslehre darüber hinwegsetze, dass ein Beweisverwertungsverbot nur aufgrund eines Gesetzes oder wegen des Schutzzwecks der Norm anzuerkennen sei.[80] Die Abwägungslehre lehne vielmehr den Schutzzweck der Norm als Ausgangspunkt für ein Beweisverwertungsverbot ab und sehe darin nur ein Abwägungskriterium unter vielen.[81] Dies führe im Ergebnis zu einer Ausweitung der Verwertbarkeit von rechtswidrig erlangten Beweisen über das positivistisch Normierte hinaus zum verfassungsrechtlich Möglichen.[82]

Der Vorwurf lautet, dass es unter Anwendung der Schutzzwecktheorie schon dann zu einem Beweisverwertungsverbot kommt, wenn die verletzte Norm dem

---

119 (139 ff.); *Neuhaus*, StV 2010, 45 (49 f.); *Pitsch*, Strafprozessuale Beweisverbote, S. 10; *Sternberg-Lieben*, JZ 1995, 841 (848).

[78] *Beulke/Swoboda*, Strafprozessrecht, § 23 Rn. 458; *ders*, ZStW 103 (1991), 657 (671); *Neuhaus*, StV 2010, 45 (49).

[79] *Beulke/Swoboda*, Strafprozesszecht, § 23 Rn. 458.

[80] *Müssig*, GA 1999, 119 (142).

[81] *Müssig*, GA 1999, 119 (142).

[82] Vgl. *Müssig*, GA 1999, 119 (140 f.); *Neuhaus*, StV 2010, 45 (49).

Schutz der Rechte Betroffener dient. Weitere Voraussetzungen für ein Beweisverwertungsverbot kennt die Schutzzwecktheorie nicht. Im Rahmen dieser Arbeit wurde bereits dargestellt, dass alle Richtervorbehalte dem Schutz der Rechte Betroffener dienen, sodass jeder Verstoß gegen einen Richtervorbehalt zu einem Beweisverwertungsverbot führen müsste. Die Abwägungslehre fordert allerdings eine weitergehende Prüfung, die letztlich dazu führt, dass in vielen Fällen ein rechtswidrig erlangter Beweis verwertbar bleibt.

Hierdurch mutiere die Abwägungslehre den Schutzgedanken, der klassischerweise hinter der Rechtslehre der Verhältnismäßigkeit beziehungsweise der Abwägung steht, in sein Gegenteil und wirke faktisch wie eine Erlaubnis, in die rechtlich geschützten Positionen des Bürgers einzugreifen.[83] Dabei sei der Richter gehalten, sich an den gesetzgeberischen Entscheidungen zu orientieren und ausschließlich nach dessen Maßstäben die nicht ausdrücklich normierten Probleme zu lösen.[84]

Einen derartigen Bruch mit der klassischen Lehre von der Verhältnismäßigkeit staatlichen Handelns kann in der Abwägungslehre richtigerweise nicht gesehen werden. Der Gesetzgeber hat kaum ein Beweisverwertungsverbot normiert. Dementsprechend ist ihm zwar bekannt, dass Beweisverwertungsverbote als Rechtsfolge erheblicher Verfahrensverstöße in Betracht kommen, gleichwohl sah er keinen Anlass zur Regelung. Demnach wäre überall dort, wo kein Beweisverwertungsverbot normiert ist, die Verwertung des Beweises zunächst einmal zulässig.

Die Abwägungslehre schränkt dagegen zugunsten des Bürgers die staatlichen Möglichkeiten der Beweisverwertung ein, sofern die schützenswerten Interessen des Bürgers überwiegen. Eben dies ist der klassische Anwendungsfall des Prinzips der Verhältnismäßigkeit staatlichen Handelns.

Im Einzelfall ist es nämlich möglich, dass die Regelungen der StPO aus verfassungsrechtlichen Gründen einschränkend auszulegen sind. Zugunsten des Betroffenen hat dies sodann eine Beschränkung der Verwertbarkeit zur Folge. Insofern ist es richtig, dass durch die Abwägungslehre Verwertungsverbote über das positivistisch Normierte hinaus angenommen werden, denn gerade das ist verfassungsrechtlich geboten.

[83] *Neuhaus*, StV 2010, 45 (49).

[84] *Beulke*, ZStW 103 (1991), 657 (671).

3.3.2.3 Mehrfachberücksichtigung von Abwägungskriterien

Nach Grünwald[85] weise die Abwägungslehre aber auch methodische Schwächen auf: Sie benenne die effektive Strafverfolgung als Interesse, das auf der anderen Seite mit den Interessen des Betroffenen abzuwägen sei. Je schwerer die Tat wiege, desto größer sei das Interesse an einer effektiven Strafverfolgung.[86] Allerdings sei die Schwere der Tat auch dahingehend zu berücksichtigen, dass je schwerer sie wiege, umso schwerer auch die Strafe wiege, mithin der Nachteil, der den Betroffenen zuteil werden soll.[87] Die Schwere der Tat würde demnach sowohl auf Seiten des Strafverfolgungsinteresses als auch auf Seiten der Interessen des Betroffenen in die Waagschale gelegt, sodass sich stets ein Gleichgewicht ergäben müsste.

Diese Problematik der Mehrfachberücksichtigung geht jedoch fehl. Die für den Betroffenen zu erwartende Strafe kann gar kein Abwägungskriterium sein. Auch der Bundesgerichtshof hat in keiner Entscheidung die zu erwartende Strafe in seinen Abwägungsprozess einbezogen.[88]

Insoweit hat Grünwald Recht, dass es sich um einen methodischen Fehler handeln würde, wenn die Abwägungslehre die Strafe des Betroffenen berücksichtigen würde. Dies wird von ihr aber schlechterdings nicht unternommen.

3.3.2.4 Unzulässiges Zwei–Klassen–Recht

Hingegen ist es zutreffend, dass im Rahmen der Abwägung die Schwere der Tat auf Seiten des Interesses an einer effektiven Strafverfolgung berücksichtigt wird. Deswegen führe die Abwägungslehre zu einem unzulässigen Zwei–Klassen–Recht, da die Verwertbarkeit bei leichteren Delikten eher verneint würde, während bei schwereren Delikten zu Ungunsten des Beschuldigten die Verwertbarkeit regelmäßig zu bejahen wäre.[89]

Von der Schwere der aufzuklärenden Straftat dürfe die Verwertbarkeit aber nicht abhängen, denn jeder Beschuldigte habe unabhängig von Art und Schwere des Tatvorwurfs einen Anspruch auf ein faires Verfahren.[90] Folglich sei es von vornherein undenkbar, dass derselbe Verfahrensverstoß bei der Beweisgewinnung

---

[85] *Grünwald*, Das Beweisrecht der StPO, S. 156.

[86] *Grünwald*, Das Beweisrecht der StPO, S. 156.

[87] *Grünwald*, Das Beweisrecht der StPO, S. 156.

[88] Vgl. zur Übersicht *Lesch*, Strafprozessrecht, Kap. 3 Rn. 158; *Pitsch*, Strafprozessuale Beweisverbote, S. 280 ff. jeweils m.w.N.

[89] *Beulke*, ZStW 103 (1991), 657 (672).

[90] *Fezer*, StV 1989, 289 (294).

etwa bei Betrugsverdacht zu einem Verwertungsverbot führen könne, während bei Mordverdacht eine Verwertung zulässig sein soll.[91]

Diese Wertung kann nicht in Abrede gestellt werden. Nach der Abwägungslehre wird ein Schwerkrimineller schlechter gestellt als der Täter eines Bagatelldelikts. Dies ist aber nicht unzulässig, sondern ergibt sich schon aus der Strafprozessordnung selbst. Einige Ermittlungsmaßnahmen stehen nur bei Verdacht einer besonders schweren Katalogtat für die Strafverfolgung zur Verfügung. Des Weiteren ergibt sich aus § 479 Abs. 2 i.V.m. § 161 Abs. 3 StPO originär eine entsprechende Abwägung. Für das Vorliegen eines Beweisverwertungsverbots kann nichts anderes gelten. Vielmehr ist es vertretbar, auch hinsichtlich dieser Frage nach der Schwere der Tat zu unterscheiden.

3.3.2.5 Präklusion der Beweisverwertung nach Lesch

Besonders weit gehen die Überlegungen Leschs:[92] Demnach sei das Spannungsverhältnis zwischen der Pflicht zur effektiven Strafverfolgung und der Rücksichtnahme auf die Rechte der Prozessbeteiligten sowie Dritter ein bloßer Schein, weil eine mit dem Postulat der materiellen Wahrheit verbundene Durchsetzung des staatlichen Strafanspruchs mit der formellen Funktion des Verfahrens nicht kompatibel sei, soweit der Beschuldigte dabei nicht seine faire Chance gehabt habe. Das kollektive Strafverfolgungsinteresse lasse sich per se nur befriedigen, wenn der Beschuldigte in das Verfahren nicht nur als Objekt, sondern darüber hinaus auch als Beteiligter mit effektiven verfahrensbezogenen Rechten involviert wäre.[93]

Wenn Lesch[94] im Weiteren die Funktion des Strafrechts – seiner Ansicht nach „Demonstration der Normgeltung bei normwidrigen Verhalten eines Individuums“ – in das Zentrum seiner Überlegung stellt, zwingt ihn das zu dem Schluss, dass jedes Beweismittel, das durch Rechtsbruch der Ermittlungsbehörden erlangt worden ist, in der Hauptverhandlung generell präkludiert sei.

Diese Auffassung Leschs kann aufgrund der unterschiedlichen funktionalen Begründungen der Beweisverbote nicht richtig sein.[95] Beweisverwertungsverbote dienen bisweilen dem Schutz des Betroffenen, der zuverlässigen Wahrheitsfindung, der Abwehr polizeistaatlicher Erwägungen, dem Schutz unbeteiligter Dritter oder verdeckt ermittelnder Polizeibeamter und zahlreichen weiteren funktionalen

[91] *Fezer*, StV 1989, 289 (294); *ders*; NStZ 2003, 625 (628).

[92] *Lesch*, FS-Volk, S. 311 (315).

[93] *Lesch*, FS-Volk, S. 311 (315).

[94] *Lesch*, FS-Volk, S. 311 (319).

[95] Ähnlich bei *Neuhaus*, StV 2010, 45 (48).

Überlegungen je nach konkreter Fallgruppe. Bei der hiesigen Fallgruppe geht es beispielsweise um die Rolle des Ermittlungsrichters als Garant für die Rechtmäßigkeit des Verfahrens und dem Schutz der Rechte Betroffener, mithin um die Durchführung eines ordnungsgemäßen Ermittlungsverfahrens, dem Respekt vor der richterlichen Anordnungskompetenz und seiner Rolle als judikative Staatsgewalt und der Wahrung der Grundrechte des Betroffenen.

Zur Begründung einer generellen Präklusion verfahrensfehlerhaft erhobener Beweise kann auch nicht die Maxime der Justizförmigkeit herangezogen werden. Zwar besteht der Anspruch des Betroffenen auf ein prozessordnungsgemäßes Verfahren; eine konkrete Rechtsfolge, was bei einem Verstoß geschehen soll, enthält der allgemeine Gedanke der Justizförmigkeit jedoch nicht.[96] Im Ergebnis behält der Staat grundsätzlich seine Legitimation zum Strafen, es sei denn, aus Gründen der Abwägung muss der Verfahrensverstoß zu einer Unverwertbarkeit des Beweises führen.

3.3.2.6 Unschärfe der Abwägungskriterien und fehlende Rechtsgrundlage

Das wohl schwerwiegendste Argument, das gegen die Abwägungslehre spricht, ist, dass die Abwägung zu schwierig oder gar nicht durchzuführen sei und es in der Folge zu Rechtsunsicherheit käme, wobei auch der Vorwurf einer willkürlichen Rechtsprechung erhoben wird.[97] Die Schwierigkeit bei der Handhabung der Abwägungslehre soll hier gar nicht bestritten werden. Allerdings darf einem Problem nicht nur deshalb ausgewichen werden, weil es schwierig ist.[98]

Des Weiteren wird vorgebracht, dass die Unschärfe der Abwägungskriterien und vor allem die individuellen Vorstellungen der Personen, die – mangels einheitlicher Bewertungsskala – eine solche Wertung im Einzelfall vorzunehmen haben, kaum zu einheitlichen, vorhersehbaren Ergebnissen führe.[99] Dieses Problem sitze

---

[96] *Neuhaus*, StV 2010, 45 (49).

[97] *Neuhaus* StV 2010 45 (49 f.): „Abwägung als Form der Rechtsfindung ist den Einwänden mangelnder Rationalität und richterlicher Dezision ausgesetzt, da sich rational nicht begründen lässt, warum die Abwägung im konkrenten Fall so und nicht anders ausgefallen ist"; *Jäger*, Beweisverwertung und Beweisverwertungsverbote im Strafprozess, S. 21: „Daraus wird deutlich, dass der BGH (…) nicht in der Lage ist, Rechtssicherheit in die Diskussion zu bringen oder auch nur einigermaßen vorhersehbare Ergebnisse zu gewährleisten"; *Sternberg-Lieben*, JZ 1995, 841 (848): „Gerade bei der im Bereich der Beweisverbote beklagten ‚Kadijustiz' handelt es sich weniger um die Materialisierung, sondern eher um eine Auflösung des die Rechtssicherheit garantierenden Rechtsstaates durch richterliche Interessenabwägung".

[98] In diesem Zusammenhang auch *Rogall*, ZStW 91 (1979), 1 (32).

[99] *Eisenberg*, Das Beweisrecht der StPO, Rn. 367; *Lesch*, Strafprozessrecht, Kap. 3 Rn. 160; *Pitsch*, Strafprozessuale Beweisverbote, S. 10.

insofern tief, als sich das Strafprozessrecht als angewandtes Verfassungsrecht und eben nur als angewandtes Verfassungsrecht zu verstehen glaube, weshalb in dieser Konsequenz konkret-funktionale Erklärungsansätze von vornherein ausgeblendet würden.[100]

Der Vorwurf lautet, dass die grundsätzlich strengen Prinzipien des Strafprozesses zunehmend durch originär verfassungsrechtliche Begrifflichkeiten und Methoden aufgeweicht würden. Stattdessen solle sich das Strafprozessrecht methodologisch näher am materiellen Strafrecht orientieren, um auf diese Weise für Rechtsklarheit zu sorgen. Die Abwägungslehre sei aber eine originär verfassungsrechtliche Methode, bei der die einfachgesetzliche Rechtsgrundlage für ein Beweisverwertungsverbot nach wie vor ungeklärt sei.[101]

Dieser Einwand und der damit einhergehende Vorwurf einer willkürlichen Kasuistik der Abwägungslehre ist ernst zu nehmen. Die Gefahr der Rechtsunsicherheit und der Aufweichung von Prozessmaximen könnte jedoch dann im erheblichen Maß schwinden, wenn es gelänge, die Interessenabwägung anhand bestimmter Maßstäbe zu konkretisieren und innerhalb dieser Lehre Unterfallgruppen zu bilden.[102] Eben dies soll am Beispiel der Verletzung der Anordnungskompetenz des Ermittlungsrichters durch diese Arbeit erreicht werden.

Auch der Einwand, dass es nicht Aufgabe des Richters sei, eine solche verfassungsrelevante Abwägung vorzunehmen,[103] kann nicht überzeugen.[104] Im Gegenteil ist der Gesetzgeber gerade nicht berufen, sich an einer derartigen Einzelfallgesetzgebung zu versuchen. Die Entwicklung und Präzisierung von Beweisverwertungsverboten kann und muss der Rechtsprechung und der rechtswissenschaftlichen Literatur überlassen bleiben.[105]

Völlig zutreffend hat Kohlhaas[106] dargelegt: „Es kann vom Gesetzgeber nicht erwartet werden, dass er dem § 136a StPO einen Katalog einverleibt, wonach Maßnahmen wie Narkoanalyse oder Lügendetektortest verboten werden und bei

---

[100] *Lesch*, Strafprozessrecht, Kap. 3 Rn. 160; siehe auch *Neuhaus*, StV 2010, 45 (49), der die Begriffe „soft law" und „hard law" hierfür verwendet; vgl. auch *Sternberg-Lieben*, JZ 1995, 841 (848), der vor einer Unterspülung der Schutzgarantien des Strafverfahrensrechts durch eine Expansion des Verfassungsrechts warnt.

[101] *Neuhaus*, StV 2010, 45 (49).

[102] *Rogall*, ZStW 91 (1979), 1 (32 f.); *Müssig*, GA 1999, 119 (139); vgl. *Hauf*, wistra 1995, 53 (54 f.).

[103] So etwa *Amelung*, NJW 1991, 2533 (2533 f.).

[104] So auch *Rogall*, ZStW 91 (1979), 1 (32).

[105] *Rogall*, ZStW 91 (1979), 1 (32).

[106] *Kohlhaas*, DRiZ 1966, 286 (287).

Übermüdung oder des Versprechens von Vorteilen eine Einzelfallabwägung vorzunehmen ist; es kann auch nicht verlangt werden, dass er den Grundsatz, dass und wann bestimmte Beweise aufgrund ihrer eigenen Unverwertbarkeit zur Unverwertbarkeit von Folgebeweisen führen, normiert; ebenso wenig kann er nicht die Grenze normieren, ab welcher das, was einer Ermittlungsperson verboten und daher unverwertbar ist, etwa aus privater Hand gewonnen, ebenfalls unverwertbar sein muss oder doch verwertbar sein darf."

Diese Aufzählung ließe sich beliebig fortsetzen. So hat sich doch längst gezeigt, dass eine derartige Einzelfallgesetzgebung unmöglich und es gerade vor dem Hintergrund der Gewaltenteilung Aufgabe der Gerichte ist, allgemeinere Regelungen in concreto anzuwenden.[107]

Nach alledem ist die Abwägungslehre der methodologisch richtige Ansatz, um in der Praxis eine Aussage darüber zu treffen, ob ein Beweisverwertungsverbot vorliegt oder nicht. Allerdings muss der gesamte Abwägungsvorgang im Weiteren analysiert und systematisiert werden, um der verbliebenden Kritik entgegenzutreten und die Abwägungslehre für die Praxis handhabbar zu gestalten. Dies erfordert zunächst eine Bestandsaufnahme der Rechtsprechung.

[107] Verbot der Einzelfallgesetze und Gebot der Einzelfallkasuistik.

4 Der Richtervorbehalt bei § 81a StPO als Grundlage verallgemeinerungsfähiger Abwägungsleitlinien

Hierbei scheint der Richtervorbehalt bei der körperlichen Untersuchung nach § 81a StPO besonders geeignet zu sein, um Argumentation und Struktur der verschiedenen Urteilsbegründungen zu untersuchen. Insbesondere in den Jahren 2008 bis 2010 war die Vorschrift Gegenstand zahlreicher obergerichtlicher Entscheidungen zur Abwägungslehre. Des Weiteren geriet der Richtervorbehalt bei der Blutentnahme im Zusammenhang mit Trunkenheitsfahrten und ähnlicher Delikte in die rechtspolitische Kritik und wurde 2017 für diesen Teilbereich aufgehoben. Daher bietet § 81a StPO eine verhältnismäßig große Menge an Material für eine Untersuchung und gibt darüber hinaus Anlass, Richtervorbehalte und die Rechtsfolge von Verstößen gegen diese kritisch zu beleuchten.

4.1 Die Ermittlungsmaßnahme

4.1.1 Überblick

§ 81a StPO ermöglicht die Vornahme von körperlichen Untersuchungen und benennt zu diesem Zweck die Möglichkeit der Entnahme von Blutproben und die Durchführung anderer körperlicher Eingriffe. Hierdurch kann der Körper eines Beschuldigten zum Augenscheinsobjekt im beweisrechtlichen Sinne gemacht werden.[1]

---

[1] *Beukelmann*, in: *Radtke/Hohmann*, StPO, § 81a Rn. 1; *Bosch* in: S/S/W, StPO, § 81a Rn. 1; *Brauer*, HK-StPO, § 81a Rn. 1; *Rogall*, SK-StPO, § 81a Rn. 2; *Senge*, KK-StPO, § 81a Rn. 1; *Volk/Engländer*, Grundkurs StPO, § 10 Rn. 22; *Rogall*, Der Beschuldigte als Beweismittel gegen sich selbst, S. 33.

D. Decker, *Systematik der Beweisverwertung*,
https://doi.org/10.1007/978-3-658-34684-3_4

Hauptanwendungsfall der Norm ist die Entnahme von Blutproben im Zusammenhang mit dem Verdacht des Alkoholkonsums im Straßenverkehr. Aber auch andere körperliche Untersuchungen sind nach dem Wortlaut der Vorschrift umfasst. Eine inhaltliche Schranke besteht nur dahingehend, dass der Zweck der Untersuchung ausschließlich die Feststellung von Tatsachen sein darf, die für das Verfahren von Bedeutung sind, § 81a Abs. 1 S. 1 StPO.

Die körperliche Untersuchung ist von der körperlichen Durchsuchung zu unterscheiden. Die körperliche Untersuchung dient der Feststellung der Beschaffenheit des Körpers des Beschuldigten, was auch das Vorhandensein von Fremdkörpern in den natürlichen Körperöffnungen umfasst.[2] Ebenfalls umfasst ist die Feststellung des psychischen Zustandes sowie der Funktionsweise des Gehirns.[3] Dieser Zweck unterscheidet die Untersuchung von der körperlichen Durchsuchung, bei der nach Gegenständen gesucht wird, die in oder unter der Kleidung, auch auf der Körperoberfläche und in den natürlichen Körperöffnungen, versteckt sind.[4] Zur Unterscheidung zwischen einer körperlichen Untersuchung und einer Durchsuchung kommt es somit allein auf die Zielrichtung der Maßnahme an.

4.1.2 Betroffene Rechtsgüter

Eine weitere Unterscheidung ist zwischen einer körperlichen Untersuchung und einem körperlichen Eingriff zu machen, wenn genauer auf die betroffenen Rechtsgüter eingegangen werden soll. Beide stehen zwar unter dem Richtervorbehalt des § 81a Abs. 2 StPO, sind in ihrer Eingriffsintensität jedoch verschieden.

Die einfache körperliche Untersuchung führt noch nicht zu einem Eingriff in die körperliche Unversehrtheit. Der Körper bleibt in seiner Integrität unberührt.[5] Daher kommt auf dieser Ebene nur die Verletzung der allgemeinen Handlungsfreiheit, soweit der Beschuldigte zur Duldung verpflichtet ist,[6] und

---

[2] *Bosch* in: S/S/W, StPO, § 81a Rn. 2; *Brauer*, HK-StPO, § 81a Rn. 6; *Krause* in: *Löwe-Rosenberg*, StPO, § 81a Rn. 18 f.; *Schmitt*, in: *Meyer-Goßner/Schmitt*, StPO, § 81a Rn. 9; *Volk/Engländer*, Grundkurs StPO, § 10 Rn. 22.

[3] *Bosch* in: S/S/W, StPO, § 81a Rn. 2; *Brauer*, HK-StPO, § 81a Rn. 6; *Krause* in: *Löwe-Rosenberg*, StPO, § 81a Rn. 18; *Schmitt*, in: *Meyer-Goßner/Schmitt*, StPO, § 81a Rn. 9.

[4] *Beukelmann*, in: *Radtke/Hohmann*, StPO, § 81a Rn. 5; *Bosch* in: S/S/W, StPO, § 81a Rn. 4; *Brauer*, HK-StPO, § 81a Rn. 6; *Krause* in: *Löwe-Rosenberg*, StPO, § 81a Rn. 19; *Rogall*, SK-StPO, § 81a Rn. 25; *Schmitt*, in: *Meyer-Goßner/Schmitt*, StPO, § 81a Rn. 9; *Trück*, MüKo-StPO, § 81a Rn. 7.

[5] Vgl. *Bosch* in: S/S/W, StPO, § 81a Rn. 2.

[6] Zur Duldungsverpflichtung des Beschuldigten siehe *Bosch* in: S/S/W, StPO, § 81a Rn. 5.

das allgemeine Persönlichkeitsrecht in Betracht, soweit die Maßnahme eine Entkleidung oder ähnliches zum Gegenstand hat oder in sonstiger Weise in die körperliche Intimsphäre des Beschuldigten eingedrungen werden soll.

Dies ist bei der Blutentnahme und den anderen körperlichen Eingriffen im Rahmen des § 81a Abs. 1 S. 2 StPO offenkundig anders. Der Begriff der körperlichen Eingriffe erschließt sich in der Abgrenzung zur einfachen körperlichen Untersuchung.[7] Der Unterschied zur einfachen Untersuchung liegt nämlich in der Beibringung von Verletzungen des Körpers, mögen diese auch nur ganz geringfügig sein.[8] Ein körperlicher Eingriff liegt vor, wenn natürliche Körperbestandteile, insbesondere auch Zellen und Proben von Körperflüssigkeiten, entnommen werden, andere Stoffe dem Körper zugeführt werden oder auf sonstige Weise in das hautumschlossene Innere des Körpers eingegriffen wird.[9] Dies gilt auch, wenn der gesundheitliche Eingriff in Form von Strahlung (Röntgenaufnahme, Kernspin- und Computertomographie etc.) erfolgt.[10] Folglich liegt bei diesen Maßnahmen ein Eingriff in die körperliche Unversehrtheit des Beschuldigten aus Art. 2 Abs. 2 S. 1 Alt. 2 GG vor.[11]

4.1.3 Effektive Strafverfolgung und Beschränkung des Richtervorbehalts

Die Bedeutung des § 81a StPO für eine effektive Strafverfolgung ist weitestgehend evident. Nur durch diese Maßnahme ist eine zuverlässige und medizinisch präzise Aussage über den körperlichen Zustand des Betroffenen möglich. Regelmäßig genügt eine bloße Beobachtung durch Zeugen nicht. Dies gilt im

[7] *Bosch* in: S/S/W, StPO, § 81a Rn. 6.

[8] *Beukelmann*, in: *Radtke/Hohmann*, StPO, § 81a Rn. 6; *Krause* in: *Löwe-Rosenberg*, StPO, § 81a Rn. 27; *Schmitt*, in: *Meyer-Goßner/Schmitt*, StPO, § 81a Rn. 15; *Senge*, KK-StPO, § 81a Rn. 6; *Trück*, MüKo-StPO, § 81a Rn. 11; *Kindhäuser/Schumann*, Strafprozessrecht, § 8 Rn. 40; *Volk/Engländer*, Grundkurs StPO, § 10 Rn. 23.

[9] *Bosch* in: S/S/W, StPO, § 81a Rn. 6; *Brauer*, HK-StPO, § 81a Rn. 9; *Krause* in: *Löwe-Rosenberg*, StPO, § 81a Rn. 27; *Rogall*, SK-StPO, § 81a Rn. 38 f.; *Schmitt*, in: *Meyer-Goßner/Schmitt*, StPO, § 81a Rn. 15; *Senge*, KK-StPO, § 81a Rn. 6; *Trück*, MüKo-StPO, § 81a Rn. 11.

[10] *Bosch* in. S/S/W, StPO, § 81a Rn. 9; *Beukelmann*, in: *Radtke/Hohmann*, StPO, § 81a Rn. 6; *Rogall*, SK-StPO. § 81a Rn. 39 *Trück*, MüKo-StPO, § 81a, Rn. 16.

[11] *Röger*, Die Verwertbarkeit des Beweismittels nach § 81a StPO bei rechtswidriger Beweisgewinnung, S. 11.

besonderen Maße für den gesamten Bereich der Trunkenheitsdelikte und anderem Missbrauch von Betäubungsmitteln. Es gibt keinen anderen Weg, die genaue Konzentration des Alkohols oder sonstiger Betäubungsmittel im Körper des Betroffenen zu bestimmen, als mittels einer Blutprobe.[12]

Daher gab es schon seit Längerem rechtspolitische Bestrebungen, den Richtervorbehalt des § 81a Abs. 2 StPO zu entschärfen.[13] Seit dem 24.08.2017 ist dieser entsprechend modifiziert worden.[14] Eine Ausnahme vom Richtervorbehalt ist nunmehr in § 81a Abs. 2 S. 2 StPO vorgesehen. Demnach bedarf es keiner richterlichen Anordnung mehr, wenn eine Blutprobe wegen des Verdachts eines betäubungsmittelspezifischen Verkehrsdelikts[15] entnommen werden soll. Hiermit wird bezweckt, die Beweissicherung bei derlei Trunkenheitsdelikten des täglichen Lebens zu beschleunigen und zu erleichtern.[16] Sofern der Eingriff in die Rechte des Betroffenen bei einer Blutentnahme als minimal angesehen wird,[17] begegnen dieser Gesetzesänderung keine verfassungsrechtlichen Bedenken.[18]

4.2 Die obergerichtliche Rechtsprechung

Den im folgenden zu untersuchenden Entscheidungen lag allerdings noch die alte Fassung des § 81a StPO zugrunde. Seinerzeit bestand ein Richtervorbehalt für die Anordnung einer Blutentnahme. Gleichwohl scheint dieser in Ansehung der aktuellen Entwicklung für die Wahrung der Rechte Betroffener schon damals eine eher geringe Bedeutung gehabt zu haben. Entsprechend differenzierend nach den weiteren Umständen des Einzelfalls erfolgte auch die Abwägung durch die Rechtsprechung.

[12] *Dzendzalowski*, Körperliche Untersuchung, S. 58 f.

[13] Beispielhaft siehe OLG Naumburg, StraFo 2016, 22 (23): „Zuzustimmen ist der GenStA zwar, dass eine Blutentnahme einen minimalen Eingriff in die Rechte des Betroffenen darstellt und es sinnvoll wäre, den Richtervorbehalt insoweit abzuschaffen. Solange der Gesetzgeber ihn indes vorsieht, haben sich Exekutive und Judikative daran zu halten, weil sie an das Gesetz gebunden sind."

[14] Kritisch zu dieser Gesetzesänderung: *Singelnstein/Derin*, NJW 2017, 2646 (2649).

[15] Die Norm verweist auf §§ 315a Abs. 1 Nr. 1, Abs. 2 und 3, 315c Abs. 1 Nr. 1 lit. a, Abs. 2 und 3, 316 StGB.

[16] *Volk/Engländer*, Grundkurs StPO, § 10 Rn. 24.

[17] Ständige Rechtsprechung, statt vieler etwa OLG Naumburg, StraFo 2016, 22 (23) m.w.N.

[18] Kritisch jedoch *Singelnstein/Derin*, NJW 2017, 2646 (2649).

4.2.1 Befund und Einordnung

Zur Anwendung der Abwägungslehre in der obergerichtlichen Rechtsprechung konnten insgesamt 31 Entscheidungen gefunden werden, die sich mit einer Verletzung der Anordnungskompetenz beim § 81a StPO beschäftigt haben. Bis auf eine Entscheidung ging es dabei immer um die Anordnung einer Blutentnahme im Zusammenhang mit einer Trunkenheitsfahrt. Hieraus ergibt sich folgender Befund:

4.2.1.1 Pro Beweisverwertungsverbot

In neun Fällen lag ein Beweisverwertungsverbot aufgrund der Verletzung des Richtervorbehalts vor, weil sich die Ermittlungsbeamten evident rechtsfehlerhaft verhielten.[19] Teilweise haben sie offenkundig fehlerhaft Gefahr im Verzug angenommen,[20] teilweise hielten sie sich sogar generell für anordnungsbefugt.[21] An anderer Stelle wurde der Richtervorbehalt absichtlich ignoriert und insoweit völlig willkürlich Gefahr im Verzug angenommen.[22] In manchen Polizeidienststellen gab es die Anweisung des Dienstvorgesetzten, den Richtervorbehalt beim § 81a StPO stets zu ignorieren.[23] Im Zuge dessen entwickelte sich bei manchen Polizeibeamten die fehlerhafte Annahme, bei Trunkenheitsfahrten generell zur Anordnung einer Blutentnahme berechtigt zu sein.[24] Sogar das Niedersächsische Landesministerium für Inneres und Sport sowie das Niedersächsische Justizministerium gingen noch 2009 übereinstimmend davon aus, dass bei Trunkenheitsfahrten generell Gefahr im Verzug vorliege und daher die Polizeibeamten immer zur Anordnung berechtigt seien, was sie gegenüber der niedersächsischen Landespolizei auch so verfügten.[25]

Im weiteren Verlauf des Abwägungsvorgangs enthalten daher sechs Entscheidungen Aspekte der Erziehungsfunktion von Beweisverwertungsverboten gegenüber den Ermittlungsbeamten. Die pauschale Annahme einer eigenen Anordnungskompetenz bei Trunkenheitsfahrten begründe die Besorgnis einer

---

[19] OLG Celle, NZV 2009, 463; NJW 2009, 3524; OLG Dresden, NJW 2009, 2149; OLG Hamm, BeckRS 2009, 10.370; OLG Köln, BeckRS 2011, 22.019; OLG Nürnberg, DAR 2010, 217; OLG Oldenburg, NJW 2009, 3591; OLG Schleswig, NStZ-RR 2010, 82; BeckRS 2010, 26.145.

[20] OLG Celle, NZV 2009, 463 (464); OLG Köln, BeckRS 2011, 22.019.

[21] OLG Celle, NJW 2009, 3524 (3526).

[22] OLG Dresden, NJW 2009, 2149 (2150); OLG Hamm, BeckRS 2009, 10.370.

[23] OLG Nürnberg, DAR 2010, 217 (218); OLG Oldenburg, NJW 2009, 3591 (3592).

[24] OLG Schleswig, NStZ-RR 2010, 82 (83); BeckRS 2010, 26.145.

[25] OLG Oldenburg, NJW 2009, 3591 (3592).

dauerhaften und ständigen Umgehung des Richtervorbehalts.[26] Es könne nicht hingenommen werden, dass sich die Polizei aufgrund einer bereits seit längerem anhaltenden Praxis eine eigene Anordnungskompetenz anmaßt.[27] Eine Beweisverwertung käme schon deshalb nicht in Betracht, weil eine Duldung eines derart schweren Verschuldens der Ermittlungsbeamten als Ansporn verstanden werden könne, entsprechend weiter zu verfahren.[28]

Auch die Dienstvorgesetzten, die durch entsprechende Weisungen eine systematische Umgehung des geltenden Rechts durch die ihnen nachgeordneten Beamten ermöglicht haben, sollen durch die Entstehung eines Beweisverwertungsverbots gemaßregelt werden.[29] Der Fehler bestünde im System, denn die Anordnung von Blutproben wurde in manchen Dienstbezirken ausnahmslos dem Ermittlungsrichter entzogen.[30]

Fünf Senaten genügten diese Feststellungen soweit, dass sie von einer weiteren Prüfung ganz absahen, da in diesen Fallkonstellationen immer ein Beweisverwertungsverbot vorliege.[31] Die übrigen vier nahmen eine weitere Prüfung vor. Hierbei stellten sie dann aber nur ganz allgemein fest, dass der Eingriff in die körperliche Unversehrtheit des Betroffenen bei einer Blutentnahme relativ gering sei und demgegenüber die Sicherheit des Straßenverkehrs und der Schutz von Leben und Gesundheit anderer Verkehrsteilnehmer stünden.[32] Diese Feststellungen wirken eher floskelhaft und können kaum als weitergehende Einzelfallprüfung verstanden werden.

Weiter führten die Senate aus, dass zwar ein richterlicher Beschluss mit an Sicherheit grenzender Wahrscheinlichkeit zu erlangen gewesen wäre, gleichwohl dies in Anbetracht des großen Verschuldens der Ermittlungsbeamten zu keinem anderen Ergebnis führen könne.[33]

---

[26] OLG Celle, NJW 2009, 3524 (3526); OLG Schleswig, NStZ-RR 2010, 82 (83).

[27] OLG Hamm, BeckRS 2009, 10.370.

[28] OLG Dresden, NJW 2009, 2149 (2151).

[29] OLG Köln, BeckRS 2011, 22.019; OLG Oldenburg, NJW 2009, 3591 (3592).

[30] OLG Oldenburg, NJW 2009, 3591 (3592).

[31] OLG Celle, NJW 2009, 3524 (3526); OLG Dresden, NJW 2009, 2149 (2151); OLG Nürnberg, DAR 2010, 217 (218); OLG Schleswig, NStZ-RR 2010, 82 (83); BeckRS 2010, 26.145.

[32] OLG Celle, NZV 2009, 463 (464); OLG Hamm, BeckRS 2009, 10.370.

[33] OLG Celle, NZV 2009, 463 (464); OLG Hamm, BeckRS 2009, 10.370; OLG Köln, BeckRS 2011, 22.019; OLG Oldenburg, NJW 2009, 3591 (3592).

4.2.1.2 Contra Beweisverwertungsverbot

In den übrigen 22 Entscheidungen wurde ein Beweisverwertungsverbot abgelehnt.[34] Die Begründungen sind jedoch unterschiedlich.

4.2.1.2.1 Güterabwägung

17 dieser Entscheidungen geben an, dass der jeweilige Eingriff in die Rechte des Betroffenen relativ gering sei, dem aber eine verhältnismäßig schwere Tat beziehungsweise hochrangige durch die Tat gefährdete Rechtsgüter gegenüberstünden.[35] Bei der Blutentnahme sei der Eingriff in die körperliche Unversehrtheit von relativ geringer Intensität und Tragweite.[36] Es handle sich um eine alltäglich vorkommende Maßnahme, die körperlich folgenlos und völlig ungefährlich sei.[37] Das hochrangige Interesse an der Sicherheit des Straßenverkehrs mache es erforderlich, Leib und Leben der am Straßenverkehr Beteiligten dadurch zu schützen, dass den von alkoholisierten Verkehrsteilnehmern ausgehenden erheblichen Gefährdungen möglichst wirksam begegnet werde.[38]

---

[34] OLG Bamberg, DAR 2009, 278; KG, NStZ-RR 2009, 243; NJW 2009, 3527; BeckRS 2010, 06.844; OLG Brandenburg, Beschl. v. 16.06.2010 – (1) 53 Ss 68/10 (34/10); OLG Celle, NZV 2010, 417; OLG Dresden, BeckRS 2009, 27.036; OLG Düsseldorf, NZV 2010, 306; OLG Frankfurt/M, DAR 2010, 145; NStZ-RR 2011, 46; OLG Hamburg, NJW 2008, 2597; OLG Hamm, NStZ-RR 2009, 195; Beschl. v. 28.04.2009 – 2 Ss 117/09; Beschl. v. 10.06.2010 – III-2 RVs 30/10; OLG Jena, DAR 2009, 283; BeckRS 2011, 2889; OLG Karlsruhe, NStZ 2005, 399; BeckRS 2009, 24.334; OLG München, Beschl. v. 21.02.2011 – 4 StRR 18/11; OLG Naumburg, Urt. v. 07.02.2011 – 1 Ss 38/10; OLG Schleswig, NStZ 2014, 55; OLG Stuttgart, NStZ 2008, 238; OLG Zweibrücken, zfs 2010, 589.

[35] OLG Bamberg, DAR 2009, 278 (279); OLG Celle, NZV 2010, 417 (418); OLG Dresden, BeckRS 2009, 27.036; OLG Düsseldorf, NZV 2010, 306 (306); OLG Frankfurt/M, DAR 2010, 145 (146); OLG Hamburg, NJW 2008, 2597 (2600); OLG Hamm, NStZ-RR 2009, 195 (196); Beschl. v. 28.04.2009 – 2 Ss 117/09; Beschl. v. 10.06.2010 – III-2 RVs 30/10; OLG Jena, DAR 2009, 283 (284); BeckRS 2011, 2889; OLG Karlsruhe, NStZ 2005, 399 (400); BeckRS 2009, 24.334; OLG München, Beschl. v. 21.02.2011 – 4 StRR 18/11; OLG Naumburg, Urt. v. 07.02.2011 – 1 Ss 38/10; OLG Stuttgart, NStZ 2008, 238 (239); OLG Zweibrücken, zfs 2010, 589 (591).

[36] OLG Celle, NZV 2010, 417 (418); OLG Dresden, BecksRS 2009, 27.036; OLG Hamburg, NJW 2008, 2597 (2600); OLG Hamm, NStZ-RR 2009, 195 (196); Beschl. v. 10.06.2010 – III-2 RVs 30/10; OLG Jena, DAR 2009, 283 (284); OLG München, Beschl. v. 21.02.2011 – 4 StRR 18/11; OLG Naumburg, Urt. v. 07.02.2011 – 1 Ss 38/10.

[37] OLG Düsseldorf, NZV 2010, 306 (306).

[38] OLG Bamberg, DAR 2009, 278 (279); OLG Frankfurt/M, DAR 2010, 145 (146); OLG Hamm, Beschl. v. 28.04.2009 – 2 Ss 117/09; Beschl. v. 10.06.2010 – III-2 RVs 30/10; OLG Jena, BeckRS 2011, 2889; OLG München, Beschl. v. 21.02.2011 – 4 StRR 18/11; OLG Naumburg, Urt. v. 07.02.2011 – 1 Ss 38/10; OLG Zweibrücken, zfs 2010, 589 (591).

4.2.1.2.2 Effektive Strafverfolgung

Die sonst allgemein in der Abwägungslehre stets genannte effektive Strafverfolgung findet hingegen keinen Wiederhall in der Einzelfallkasuistik. Das OLG Frankfurt am Main hatte einen Fall zu entscheiden, in dem es ausdrücklich auf die Unsicherheiten eines Atemalkoholtest hinwies und daher das besondere kriminalistische Erfordernis einer Blutentnahme betonte, um zu sicheren Ergebnissen zu gelangen.[39] Gleichwohl führte das OLG im Weiteren nicht aus, dass der Blutentnahme daher eine wesentliche Rolle als Instrument einer effektiven Strafverfolgung zukommt, sondern begnügte sich mit den üblichen Argumenten und stellte insbesondere auf die hypothetische Rechtmäßigkeit der Beweiserlangung[40] ab.[41] Hingegen wäre dieser Fall geradezu prädestiniert gewesen, unter dem Blickwinkel einer effektiven Strafverfolgung bei der Blutentnahme für eine Beweisverwertung zu argumentieren.

Im Übrigen zieht die Rechtsprechung diese Argumentation nur heran, um zu betonen, dass eine Blutentnahme möglichst zeitnah erfolgen solle, da eine längere Rückrechnung mit besonderen Schwierigkeiten verbunden sei.[42] Dies hilft allerdings nur, um Gefahr im Verzug zu begründen, und hat mit der Entstehung eines Beweisverwertungsverbots als Folge einer Verletzung der Anordnungskompetenz des Ermittlungsrichters nichts zu tun.

4.2.1.2.3 Hypothetisch rechtmäßige Beweiserlangung

In 17 Entscheidungen werden Erwägungen einer hypothetisch rechtmäßigen Beweiserlangung zur Begründung herangezogen: Ein richterlicher Beschluss wäre mit hoher Wahrscheinlichkeit zu erlangen gewesen, was eine Verwertbarkeit des rechtswidrig erlangten Beweises rechtfertige.[43] Damit komme dem Aspekt einer hypothetisch rechtmäßigen Beweiserlangung im Rahmen der Abwägungslehre

---

[39] OLG Frankfurt/M, NStZ-RR 2011, 46 (48).

[40] Diese Bezeichnung entstammt *Kindhäuser/Schumann*, Strafprozessrecht, § 23 Rn. 31. Geläufig ist ebenfalls der weniger treffende, aber dafür griffigere Begriff des hypothetischen Ersatzeingriffs oder des hypothetisch rechtmäßigen Kausalverlaufs.

[41] OLG Frankfurt/M, NStZ-RR 2011, 46 (48).

[42] OLG Jena, BeckRS 2011, 2889; OLG Naumburg, Urt. v. 07.02.2011 – 1 Ss 38/10; OLG Zweibrücken, zfs 2010, 589 (592).

[43] OLG Celle, NZV 2010, 417 (418); OLG Dresden, BeckRS 2009, 27.036; OLG Frankfurt/M, DAR 2010, 145 (146); NStZ-RR 2011, 46 (48); OLG Hamburg, NJW 2008, 2597 (2599); OLG Hamm, NStZ-RR 2009, 195 (196); Beschl. v. 28.04.2009 – 2 Ss 117/09; OLG Jena, DAR 2009, 283 (284); OLG Karlsruhe, NStZ 2005, 399 (400); BeckRS 2009, 24.334; OLG München, Beschl. v. 21.02.2011 – 4 StRR 18/11; OLG Naumburg, Urt. v. 07.02.2011 – 1 Ss 38/10; OLG Stuttgart, NStZ 2008, 238 (239); OLG Zweibrücken, zfs 2010, 589 (592).

eine wesentliche Bedeutung zu.[44] Dabei heißt es in fünf Entscheidungen sogar, dass eine richterliche Anordnung im konkreten Einzelfall zwingend hätte ergehen müssen,[45] der Richter also gar nicht anders hätte entscheiden dürfen, weshalb sich die Verletzung des Richtervorhaltes nicht auswirke.

4.2.1.2.4 Umkehrschluss aus den Feststellungen pro Beweisverwertungsverbot

Das Kammergericht in ständiger Rechtsprechung und das OLG Brandenburg sowie das OLG Schleswig in jeweils einer Entscheidung argumentieren hingegen mit einer Art Umkehrschluss aus den Feststellungen pro einem Beweisverwertungsverbot: Zunächst stellen sie fest, dass im konkreten Fall die Ermittlungsbeamten weder willkürlich Gefahr im Verzug angenommen hatten noch eine sonstige grobe Fehlbeurteilung vorgelegen hatte.[46]

Das Kammergericht zieht daraus unter Verweis auf die übrige Rechtsprechung[47] beziehungsweise daraus, dass das Allgemeininteresse an der Strafverfolgung stets überwiege und ohnehin eine richterliche Anordnung hypothetisch zu bekommen gewesen wäre,[48] den etwas zu pauschal begründeten Schluss, dass in diesen Konstellationen nie ein Beweisverwertungsverbot vorliegen könne.[49]

In einem obiter dictum geht das OLG Schleswig noch weiter und führt aus, dass ein Beweisverwertungsverbot beim § 81a StPO nur dann in Betracht komme, wenn entweder die Annahme von Gefahr im Verzug auf Willkür beruhe oder der Richtervorbehalt bewusst umgangen worden wäre.[50] Das OLG Brandenburg nimmt sogar gar keine weitere Abwägung vor, sondern verneint allein deswegen ein Beweisverwertungsverbot, weil die fehlerhafte Annahme von Gefahr im Verzug jedenfalls nicht willkürlich erfolgt sei.[51]

---

[44] OLG Hamm, Beschl. v. 10.06.2010 – III-2 RVs 30/10.

[45] OLG Bamberg, DAR 2009, 278 (279); OLG Hamm, Beschl. v. 28.04.2009 – 2 Ss 117/09; OLG Naumburg, Urt. v. 07.02.2011 – 1 Ss 38/10; OLG Zweibrücken, zfs 2010, 589 (592).

[46] KG, NStZ-RR 2009, 243 (243); NJW 2009, 3527 (3527); BeckRS 2010, 06.844.

[47] KG, NStZ-RR 2009, 243 (243).

[48] KG, NJW 2009, 3527 (3527); BeckRS 2010, 06.844.

[49] KG, NStZ-RR 2009, 243 (243); NJW 2009, 3527 (3527); BeckRS 2010, 06.844.

[50] OLG Schleswig, NStZ 2014, 55 (56).

[51] OLG Brandenburg, Beschl. v. 16.06.2010 – (1) 53 Ss 68/10 (34/10).

4.2.2 Ableitungen und weitere Hypothesen für eine Systematik der Abwägung

Die zuletzt dargestellte Vorgehensweise des Kammergerichts, des OLG Brandenburg und des OLG Schleswig stellen die absolute Minderheit in der Rechtsprechung dar. Das Kammergericht argumentiert zu sehr vom Ergebnis her unter Verweis auf die übrige Rechtsprechung, sodass hierin keine eigene Abwägung gesehen werden kann. Der Umkehrschluss des OLG Schleswig und des OLG Brandenburg, dass der Beweis verwertbar sei, wenn jedenfalls kein willkürliches Handeln der Ermittlungsbeamten vorläge, wird sich als methodisch falsch herausstellen, wobei die Entscheidungen jedoch im Ergebnis richtig sind. Rückschlüsse für die Anwendung der Abwägungslehre lassen sich daher nur aus den übrigen 27 Entscheidungen ableiten.

In der Gesamtschau dieser Kasuistik fällt auf, dass nicht alle Abwägungskriterien gemeinsam bewertet und ins Verhältnis gesetzt werden, wie es die abstrakte Begründung der Abwägungslehre in der Rechtsprechung zunächst vermuten lässt. Vielmehr kann aus den Einzelfallargumentationen der untersuchten Urteile ein Abwägungsvorgang in drei Phasen (I–III) abgeleitet werden.

Der Einstieg in diesen Prüfkanon erfordert als Vorfrage die Feststellung, dass durch den Verfahrensfehler überhaupt in die Rechte des Beschuldigten eingegriffen worden ist. Insoweit kommt es auf Schutzzweckerwägungen an. Dies ist bei der Verletzung des Richtervorbehalts – wie bereits ausgeführt – stets der Fall, da der Richtervorbehalt auch den Schutz der Rechte des Betroffenen dient. Sodann erfolgt die Prüfung anhand der drei Phasen.

In Phase I wird die Art und das Gewicht des Verfahrensverstoßes untersucht. Hierbei werden die Unterfallgruppen ausgesondert, bei denen es immer zu einem Beweisverwertungsverbot kommt, ohne dass es einer weiteren Prüfung bedarf. Aus der Rechtsprechung lässt sich als Unterfallgruppe dieser Phase entnehmen, dass ein Verfahrensverstoß immer dann zu einem Beweisverwertungsverbot führt, wenn er auf groben Fehlern, einer bewussten Rechtsverletzung oder Willkür der Ermittlungsbeamten beruht. Diese Unterfallgruppe lässt sich demnach als vorsätzliche oder grob fahrlässige Rechtsverletzung des handelnden Ermittlungsbeamten umschreiben.

Daneben könnte eine weitere Unterfallgruppe bestehen, bei der immer dann ein Beweisverwertungsverbot entstünde, wenn der Verfahrensverstoß zu einer nicht hinnehmbaren Verletzung der Rechte des Betroffenen führt, ohne dass es dabei auf den Grad des Verschuldens des Ermittlungsbeamten ankommt. Diese weitergehende Hypothese wird im folgenden zu beweisen sein.

Dabei soll die Unterfallgruppe I.1 eine aus dem Verfahrensverstoß folgende Rechtsverletzung im Sinne eines objektiven Erfolgsunwerts umschreiben und die Unterfallgruppe I.2 der von den objektiven Folgen des Verfahrensverstoßes losgelösten subjektiven Frage nachgehen, ob der Ermittlungsbeamte vorsätzlich oder grob fahrlässig die Rechte des Betroffenen verletzt hat. In der Phase I werden also diejenige Fälle ausgesondert, bei denen aufgrund eines besonderes Erfolgs– oder Handlungsunwerts immer ein Beweisverwertungsverbot entsteht.

Sobald die Rechtsprechung die Prüfung in Phase I beendet hat und keine Unterfallgruppe einschlägig gewesen ist, gelangt sie in die Phase II.

Als Unterfallgruppe II.1 wendet die Rechtsprechung die Figur der hypothetisch rechtmäßigen Beweiserlangung an. Dies wird im Weiteren kritisch danach untersucht werden müssen, ob diese Figur überhaupt generell anwendbar ist oder einen beschränkten Anwendungsbereich hat. Sofern sie aber anwendbar ist und der Beweis tatsächlich rechtmäßig hätte erlangt werden können, kann diese Unterfallgruppe in Phase II eine Beweisverwertung begründen.

Der Gesichtspunkt der effektiven Strafverfolgung wird von der Rechtsprechung jenseits der Figur der hypothetisch rechtmäßigen Beweiserlangung bisher völlig übergangen. Nach meiner Auffassung kann jedoch noch eine Unterfallgruppe II.2 formuliert werden, die eine Beweisverwertung begründet, sofern andernfalls eine Strafverfolgung absolut verhindert werden würde.

In keiner der untersuchten Entscheidungen war unter Anwendung der Abwägungslehre eine tatsächliche Abwägung durchzuführen. Es sind aber Fälle denkbar, die sich nicht in den Phasen I und II lösen lassen. Als Phase III verbleibt daher denknotwendig für die nicht den Unterfallgruppen zuzuordnenden Einzelfälle eine Abwägung. Hierbei hat die Untersuchung gezeigt, dass sich das Interesse an einer effektiven Strafverfolgung grundsätzlich auch danach richtet, wie schwer der Tatvowurf ist. Abzuwägen ist demnach zwischen den Rechten des Betroffen und die Rechte und Rechtsgüter, die durch die Tat verletzt oder gefährdet worden sind.

Hierbei wird sich zeigen, dass die Prüfung zweigliedrig erfolgt. Unter III.1 kann meines Erachtens zunächst nach einem absoluten Vorrang eines Rechtsgutes gefragt werden. Sofern ein solcher Vorrang nicht gegeben ist, kommt es auf eine Abwägung der widerstreitenden Interessen im Einzelfall an.

Für die Praxis dürfte bei konsequenter Anwendung der Abwägungslehre eine tatsächliche Einzelfallabwägung eine höchstseltene Kuriosität darstellen. In der Gesamtbetrachtung ergibt sich die umseitig dargestellte Systematik der Abwägungslehre:

Vorfrage: Sind vom Verfahrensverstoß Rechte des Beschuldigten betroffen?

Phase I

Prüfung der Unterfallgruppen pro Beweisverwertungsverbot

Unterfallgruppe I.1
Führt der Verfahrensverstoß zu einer nicht hinnehmbaren Verletzung der Rechte des Betroffenen?

oder

Unterfallgruppe I.2
Liegt ein vorsätzliches oder grob fahrlässiges Verhalten des Beamten vor?

Ist I.1 oder I.2 erfüllt, ist der Beweis unverwertbar.

Andernfalls folgt Phase II der Prüfung.

→ **Phase II**

Prüfung der Unterfallgruppen contra Beweisverwertungsverbot

Unterfallgruppe II.1
Ist die Figur der hypothetisch rechtmäßigen Beweiserlangung anwendbar und ist die Hypothesenbildung erfolgreich?

oder

Unterfallgruppe II.2
Würde im Falle eines Beweisverwertungsverbots die Strafverfolgung derartiger Straftaten absolut verhindert werden?

Ist II.1 oder II.2 erfüllt, ist der Beweis verwertbar.

Andernfalls folgt Phase III der Prüfung.

→ **Phase III**

Abwägung der Rechte des Betroffenen mit der Schwere der Tat

Absoluter Vorrang? Dann ist der Beweis verwertbar.
Andernfalls

→ **Abwägung im Einzelfall**

5 Die erste Phase der Prüfung

In Phase I der Prüfung werden Art und Gewicht des Verfahrensfehlers beleuchtet. Dieser kann zu einer besonders intensiven und daher nicht mehr hinnehmbaren Verletzung der Rechte des Betroffenen führen. Hierin ist in objektiver Hinsicht ein besonderer Erfolgsunwert zu sehen.

Des Weiteren kann dem Verfahrensfehler unabhängig von Art und Ausmaß seiner Auswirkung ein vom Grad des Verschuldens des handelnden Ermittlungsbeamten abhängiger Handlungsunwert anhaften, der ebenfalls eine Beweisverwertung ausschließt. Dies ist der Fall, wenn der Beamte grob fahrlässig oder vorsätzlich verfahrensfehlerhaft handelt.

Soweit eine dieser beiden in Phase I zu prüfenden Unterfallgruppen I.1 oder I.2 einschlägig ist, erübrigt sich eine weitergehende Prüfung. Derart schwerwiegenden Verfahrensfehlern kann nur mit einem Beweisverwertungsverbot begegnet werden. Durch eine weitergehende Abwägung kann ein solcher Fehler nicht aufgewogen werden.

Die Phase I beinhaltet somit eine Prüfung

- der Unterfallgruppe I.1: besonderer Erfolgsunwert des Verfahrensfehlers und
- der Unterfallgruppe I.2: besonderer Handlungsunwert des Verfahrensfehlers,

bei deren Einschlägigkeit stets von einem Beweisverwertungsverbot auszugehen ist.

D. Decker, *Systematik der Beweisverwertung*,
https://doi.org/10.1007/978-3-658-34684-3_5

5.1 Nicht hinnehmbare Verletzung der Rechte des Betroffenen

Die Unterfallgruppe I.1 definiert sich über den Erfolgsunwert des Verfahrensfehlers: Wurden Verfahrensgrundsätze verletzt, die die Fairness des Strafprozesses im Ganzen bedrohen, oder liegt ein Grundrechtseingriff mit besonderem Würdebezug vor, ergibt sich als Folge dieses Unwerturteils ein strenges Beweisverwertungsverbot.

5.1.1 Herleitung über BGHSt 38, 214

Der Rechtsprechung ist diese Unterfallgruppe ebenfalls bekannt. Der Bundesgerichtshof verwendet sie zur Begründung des Beweisverwertungsverbots bei dem Belehrungserfordernis des § 136 StPO und damit bei einer der Leitentscheidungen zur Abwägungslehre und ihrer Anwendung.[1]

Im zugrundeliegenden Fall ging es um eine Trunkenheitsfahrt nach § 316 StGB. Der Betroffene fuhr nachts ein Kraftfahrzeug mit einer BAK von 1,67 Promille, wobei er von der Fahrbahn abkam und verunfallte.

Von der Unfallstelle aus machte er sich zu Fuß auf dem Heimweg, wurde aber von einem Polizeibeamten angetroffen, der zuvor die Unfallstelle gesichert und im Fahrzeug den Führerschein des Betroffenen gefunden hatte. Nachdem der Betroffene zunächst einen falschen Namen gegenüber dem Beamten angegeben hatte, hielt ihm dieser den Führerschein vor, woraufhin der Betroffene einräumte, dass es sich um seinen Führerschein handelte.

Ohne Belehrung auf den Verkehrsunfall angesprochen gab der Betroffene an, nur Beifahrer gewesen zu sein und im Übrigen nur zwei Gläser Bier getrunken zu haben. Im späteren amtsgerichtlichen Prozess sah das Gericht hierin eine unwahre Schutzbehauptung und verurteilte den Betroffenen.

Der Sprungrevision zum OLG Celle folgte eine Vorlage an den Bundesgerichtshof. Das OLG wollte von BGHSt 31, 395[2] abweichen und das Urteil des Amtsgerichts aufheben und die Sache zurückverweisen. Der 5. Strafsenat des Bundesgerichtshofs stimmte dem OLG unter Aufgabe seiner noch in BGHSt 31, 395 vertretenen Rechtsauffassung zu.

---

[1] BGHSt 38, 214 (220 ff.).

[2] Hierbei handelt es sich ebenfalls um eine Entscheidung aufgrund einer Vorlage des OLG Celle an den 5. Strafsenat.

In den Entscheidungsgründen rekurriert der Bundesgerichtshof zunächst die allgemeinen Grundsätze der Abwägungslehre und erwähnt insbesondere, dass ein Beweisverwertungsverbot naheliege, wenn die verletzte Verfahrensvorschrift dazu bestimmt ist, die Grundlagen der verfahrensrechtlichen Stellung des Betroffenen zu sichern. Sodann stellt er fest, dass aus einer Verletzung des Belehrungserfordernisses ein Beweisverwertungsverbot folge.[3] Hierbei stellt der Bundesgerichtshof bewusst nicht auf den Einzelfall ab, sondern begründet das Beweisverwertungsverbot übergreifend dogmatisch:[4]

Die Maxime der Selbstbelastungsfreiheit gehöre zu den Verfahrensgrundsätzen der StPO.[5] Die Anerkennung des Schweigerechts entspräche der Achtung der Menschenwürde.[6] Sie schütze die Subjektstellung des Betroffenen eines Strafverfahrens und stelle daher einen notwendigen Bestandteil einer fairen Verfahrensgestaltung im Ganzen dar.[7]

Der Bundesgerichtshof sieht in dem Belehrungserfordernis die Kehrseite zur Selbstbelastungsfreiheit, sodass eine solche Belehrung zur Wahrung der Rechte des Betroffenen erforderlich sei.[8] Deshalb sichere die Belehrung über das Schweigerecht ein faires Verfahren.[9]

Der Bundesgerichtshof benennt demnach am Beispiel der Belehrungsfreiheit im Grunde zwei Gesichtspunkte, aus denen auf ein Beweisverwertungsverbot geschlossen werden muss. Einerseits bezeichnet er die Selbstbelastungsfreiheit und das damit einhergende Belehrungserfordernis als einen Verfahrensgrundsatz der StPO, der für ein faires Verfahren von großer Bedeutung ist. Andererseits sieht er hierin auch ein Individualrecht mit Würdebezug und betont die Subjektstellung des Betroffenen im Strafverfahren.

Inwieweit dem Schweigerecht eine derartige Doppelnatur als für die Gewährleistung eines fairen Verfahrens erforderliche Prozessmaxime und als Individualrecht mit Würdebezug tatsächlich zukommt, kann dahingestellt bleiben. Jedenfalls sieht die Rechtsprechung keinen Raum für eine Beweisverwertung, wenn der Verfahrensverstoß mindestens einen dieser Gesichtspunkte betrifft.

---

[3] BGHSt 38, 214 (220).

[4] Vgl. BGHSt 38, 214 (220 f.).

[5] BGHSt 14, 358 (364); 38, 214 (220); ferner BVerfGE 56, 37 (43).

[6] BGHSt 38, 214 (220); vgl. BVerfGE 38, 105 (113).

[7] BGHSt 25, 325 (330); 38, 214 (220 f.).

[8] BGHSt 38, 214 (221).

[9] BGHSt 38, 214 (221).

5.1.2 Verfahrensgrundsatz mit besonderem Bezug zum fairen Verfahren

Bisher unklar geblieben ist, wann ein Verfahrensgrundsatz einen besonderen Bezug zum fairen Verfahren hat. Hierbei spielt es eine wesentliche Rolle, welchen Bedeutungsgehalt dem Fairnessprinzip zukommt. Dass das Recht auf ein faires Verfahren über die EMRK hinaus auch auf nationaler Ebene einen Grundsatz des deutschen Strafprozesses darstellt, darf mittlerweile wohl in der Literatur als einhellig angesehen werden.[10] Allerdings lässt sich über die bloße Akzeptanz dieser Maxime noch keine Aussage über ihren Inhalt treffen.

Sicherlich muss Fairness im Strafprozess mehr als die bloße Summe aller Verfahrensgrundsätze sein.[11] Vielmehr umschreibt diese Maxime eine Gesamtheit aller Verfahrensrechte des Einzelnen und eine vollständige Betrachtung rechtsstaatlicher Grundsätze, die die verfassungsrechtlich gesicherte Freiheit und Würde des Betroffenen im Strafverfahren garantiert.[12] Damit erfasst Fairness neben dem positivistisch Normierten auch die rechtsethische Idee hinter den Regelungen.[13]

Nach Esser[14] ist das Recht auf ein faires Verfahren das fundamentale Rechtsprinzip der europäischen Menschenrechtskonvention. Die Mitglieder des Europarates seien verpflichtet, ihre Rechtssysteme nach den Anforderungen des Art. 6 Abs. 1 EMRK zu gestalten, wobei die Art und Weise der Ausgestaltung den Nationalstaaten überlassen bleibe.[15]

Es bleibt aber weiter offen, wie sich die Anforderungen des Art. 6 Abs. 1 EMRK darstellen. Der Grundsatz des fairen Verfahrens ist ein unbestimmter Rechtsbegriff. Des Weiteren ist das Konventionsrecht dem common law entlehnt

---

[10] Siehe *Beulke/Swoboda*, Strafprozessrecht, § 2 Rn. 28; *Kindhäuser/Schumann*, Strafprozessrecht, § 18 Rn. 11, § 18 Rn. 1; *Roxin/Schünemann*, Strafverfahrensrecht, § 11 Rn. 5; *Steiner*, Das Fairnessprinzip im Strafprozess, S. 140; *Volk/Engländer*, Grundkurs StPO, § 18 Rn. 1, 9; *Fischer*, KK-StPO, Einleitung Rn. 111; *Meyer-Goßner* in: *Meyer-Goßner/Schmitt*, StPO, Einl. Rn. 19; *Rogall*, SK-StPO, Vor § 133 Rn. 101; *Meyer*, JR 1984, 173 (173); *Geppert*, JURA 1992, 597 (599); *Beulke/Satzger*, JuS 1997, 1072 (1074); *Renzikowski*, JZ 1999, 605 (611); *ders*, FS-Lampe, S. 791; *Weigend*, StV 2000, 384 (389 f.); *Brunhöber*, ZIS 2010, 761 (761).

[11] So aber *Heubel*, Der „fair trial", S. 59 f.

[12] Ähnlich bei *Rzepka*, Zur Fairness im deutschen Strafverfahren, S. 321.

[13] So auch *Steiner*, Das Fairnessprinzip im Strafprozess, S. 321; vgl. ferner BVerfGE 46, 202 (210 ff.); BGHSt 53, 294 (304 ff.).

[14] *Esser*, Auf dem Weg zu einem europäischen Strafverfahrensrecht, S. 401.

[15] *Esser*, Auf dem Weg zu einem europäischen Strafverfahrensrecht, S. 402.

und versteht sich daher vornehmlich als case law.[16] Daher kommt der Einzelfallrechtsprechung des EGMR bei der Bestimmung des Fairnessgrundsatzes eine zentrale Bedeutung zu.[17]

Der EGMR nähert sich in seiner Rechtsprechung dem Fairnessbegriff dadurch an, dass er eine Gesamtbetrachtung eines Verfahrens vornimmt und anhand dieser eine Aussage darüber trifft, ob das Verfahren fair war.[18] Ableitungen dergestalt, dass immer eine Verletzung des Fairnessgrundsatzes vorliegt, wenn bestimmte definierbare Voraussetzungen gegeben sind, trifft der EGMR nicht.[19] Vielmehr nimmt er das Vorliegen einer Verfahrensverletzung zum Anlass, diese in Relation zum Verfahren als Ganzes zu bewerten.[20] Die Einhaltung des Fairnessgrundsatzes lässt sich nach dieser Rechtsprechung nicht anhand eines einzelnen Gesichtspunkts bestimmen, sondern bedarf eines Blickes auf die Gesamtentwicklung des Verfahrens.[21]

Diese Arbeitsmethode hat jedoch zur Folge, dass wegen der unübersichtlichen Einzelfallkasuistik die vor dem Hintergrund der Fairness relevanten Verfahrensverstöße im Vorfeld kaum extrapoliert werden können, was zu Widersprüchen führen kann.[22] Tatsächlich scheint die Kasuistik bei einer umfangreichen Extrapolation ihrerseits nicht immer kohärent zu sein.[23] Nach Rzepka[24] zeigt die Rechtsprechung des EGMR vielmehr ein „aus Einzelfallentscheidungen zusammengesetztes Mosaik", dass kein vollständiges oder einheitliches Bild vom fairen Strafverfahren ergibt.

[16] *Trechsel*, ZStW 101 (1989), 819 (832); *Schuska*, Die Rechtsfolgen von Verstößen gegen Art. 6 EMRK und ihre revisionsrechtliche Geltendmachung, S. 47.

[17] *Trechsel*, ZStW 101 (1989), 819 (832).

[18] *Trechsel*, ZStW 101 (1989), 819 (837); vgl. EGMR, StV 1997, 619 (619); NJW 1999, 3545 (3546).

[19] *Schuska*, Die Rechtsfolgen von Verstößen gegen Art. 6 EMRK und ihre revisionsrechtliche Geltendmachung, S. 45.

[20] *Schuska*, Die Rechtsfolgen von Verstößen gegen Art. 6 EMRK und ihre revisionsrechtliche Geltendmachung, S. 45 f.; *Rzepka*, Zur Fairness im deutschen Strafverfahren, S. 102; *Trechsel*, ZStW 101 (1989), 819 (837); vgl. EGMR, StV 1992, 499 (500); 1997, 619 (619); NJW 1999, 3545 (3546); 2009, 3707 (3707).

[21] *Rzepka*, Zur Fairness im deutschen Strafverfahren, S. 102.

[22] So auch *Gleß*, NJW 2001, 3606 (3607); siehe auch am Beispiel der Lockspitzelproblematik *Kinzig*, StV 1999, 288 (289 f.)

[23] *Schuska*, Die Rechtsfolgen von Verstößen gegen Art. 6 EMRK und ihre revisionsrechtliche Geltendmachung, S. 47.

[24] *Rzepka*, Zur Fairness im deutschen Strafverfahren, S. 97.

Trotz dieser methodischen Schwächen ist die Gesamtbetrachtung für den EGMR sachgerecht.[25] Er ist nicht in den nationalen Instanzenzug eingegliedert. Des Weiteren sollen seine Entscheidungen international bedeutsam sein. Daher kann und darf sich der EGMR nicht an einzelne Prozessordnungen der Mitgliedstaaten des Europarates richten. Die Gesamtbetrachtung ist vielmehr notwendiges Korrelat, um Aussagen zu vermeiden, die für einzelne nationale Prozessordnungen maßgeschneidert sind und damit faktisch nur das betroffene Mitglied angehen, statt für den gesamten räumlichen Wirkungskreis der EMRK eine Aussage treffen.[26]

Hierneben dient sie der Konfliktlösung zwischen dem Anspruch des EGMR auf Kontrolle der nationalen Verfahren einerseits und der Achtung der nationalstaatlichen Entscheidungsfreiheit andererseits.[27] Mit Schuska muss daher trotz der berechtigten Kritik an der Gesamtbetrachtung festgehalten werden, dass sie „als lobenswerter Versuch gesehen werden kann, trotz der großen Unterschiede zwischen den europäischen Strafprozessordnungen Standards aufzustellen, die allen Verfahrensordnungen gerecht werden."[28]

Auch die deutsche Rechtsprechung wendet in fortlaufender Rechtsprechung die Gesamtbetrachtungslehre des EMGR zur konventionstreuen Auslegung im Allgemeinen und zur Feststellung von Verstößen gegen den Fairnessgrundsatz im Besonderen an.[29] Dies ist vor dem Hintergrund, dass es jedenfalls auf Ebene der nationalen Rechtsprechung konkretere Aussagen über die Rechtsfolge von einzelnen Verfahrensverletzungen bedarf, nicht unproblematisch.[30]

---

[25] *Schuska,* Die Rechtsfolgen von Verstößen gegen Art. 6 EMRK und ihre revisionsrechtliche Geltendmachung, S. 48.

[26] So auch *Schuska,* Die Rechtsfolgen von Verstößen gegen Art. 6 EMRK und ihre revisionsrechtliche Geltendmachung, S. 48 f.

[27] *Rzepka,* Zur Fairness im deutschen Strafverfahren, S. 98 f.

[28] *Schuska,* Die Rechtsfolgen von Verstößen gegen Art. 6 EMRK und ihre revisionsrechtliche Geltendmachung, S. 49.

[29] Vgl. BVerfGE 26, 66 (21); 38, 105 (115); 39, 238 (243); 41, 246 (249); 46, 202 (209); 57, 250 (275); 63, 45 (60); 63, 380 (390); 64, 135 (145); 65, 171 (175); 66, 313 (318 f.); BGHSt); 68, 237 (255); 70, 297 (308); 74, 358 (371 f.); 86, 288 (317); 87, 48 (65); 122, 248 (270); 130, 1 (25); BVerfG, NStZ 1983, 273 (273); StV 1985, 177 (177); NJW 2001, 2245 (2246); BGHSt 24, 125 (131); 25, 325 (330); 29, 109 (111); 29, 274 (278); 31, 148 (154); 31, 290 (295); 32, 44 (47); 32, 221 (228 f.); 32, 345 (351); 36, 210 (211); 36, 305 (308); 37, 10 (12); 42, 191 (193); 43, 195 (203 f.); 44, 46 (47); 46, 93 (103 f.); 53, 294 (304); BGH, NJW 2000, 3505 (3509); NStZ 2001, 212 (216); 2004, 343 (344).

[30] Vgl. *Schuska,* Die Rechtsfolgen von Verstößen gegen Art. 6 EMRK und ihre revisionsrechtliche Geltendmachung, S. 53 m.w.N.

Andererseits ließen sich durchaus Verstöße gegen den Fairnessgrundsatz herausarbeiten, die insoweit absolut wirken, dass aus ihnen ein Beweisverwertungsverbot oder eine ähnlich starke Rechtsfolge folgen müsste.[31] Durch den Rückgriff auf die Fairness des Verfahrens im Ganzen lässt sich ein Regelungsauftrag an die Einzelfallkasuistik statuieren, derartig absolute Verstöße aufzuzeigen und eine entsprechende Rechtsfolge anzuknüpfen.[32]

Fairness versteht sich daher als ein Versprechen des Staates, dass er schwere Verfahrensverstöße gegen den Betroffenen nicht ohne Folge lassen will.[33] Der Ansatz für die nationale Rechtsprechung muss deshalb lauten: Wirkt die Verfahrensverletzung so schwer, dass daraus das Verfahren als Ganzes unfair wird? Dann liegt ein Beweisverwertungsverbot vor.

Wann dies im Einzelnen der Fall ist, lässt sich allerdings eher rechtsethisch als rechtsdogmatisch beantworten[34] und muss somit eine Frage der Auslegung im Einzelfall bleiben. Demnach bleibt es Aufgabe der Einzelfallrechtsprechung, die Einschlägigkeit dieser in Phase I zu prüfenden Unterfallgruppe – mithin die Verletzung der Maxime des fairen Verfahrens – für die konkreten Verfahrensverletzung einzelfallbezogen zu beantworten.

Die etwas subtile Erkenntnis aus der hiesigen Darstellung ist daher, dass die Gesamtbetrachtung des EGMR in die nationale Rechtsprechung übertragen werden kann und damit als Teil der Unterfallgruppe I.1 Konstellationen umschreibt, in denen der Verfahrensverstoß erhebliche Auswirkungen auf die Fairness des Verfahrens im Ganzen hat, woraus immer ein Beweisverwertungsverbot zu folgen hat. Als Beispiel für einen solchen Fall kann das Belehrungserfordernis des § 136 StPO genannt werden.

5.1.3 Schwere Individualrechtsverletzung mit besonderem Würdebezug

Neben der Fairness des Verfahrens ist als zweiter Gesichtspunkt, unter dem ein Beweisverwertungsverbot wegen des Erfolgsunwerts des Verfahrensverstoß immer entsteht, das Vorliegen einer schweren Individualrechtsverletzung mit Würdebezug zu bezeichnen.

---

[31] Vgl. *Schuska*, Die Rechtsfolgen von Verstößen gegen Art. 6 EMRK und ihre revisionsrechtliche Geltendmachung, S. 51.

[32] *Rzepka*, Zur Fairness im deutschen Strafverfahren, S. 101.

[33] *Rzepka*, Zur Fairness im deutschen Strafverfahren, S. 103.

[34] Vgl. *Rzepka*, Zur Fairness im deutschen Strafverfahren, S. 321 f.

Der Betroffene eines Strafverfahrens ist nicht Verfahrensgegenstand, sondern Prozesssubjekt.[35] Er darf nicht zum bloßen Objekt des Verfahrens gemacht werden.[36] Vielmehr bleibt er auch in einem gegen ihn gerichteten Strafprozess eine Persönlichkeit, die eigenverantwortlich über sich selbst und ihr Schicksal entscheiden kann[37] und entsprechend zu behandeln ist.[38]

Bei der Anwendung dieser Objekttheorie ist allerdings Zurückhaltung geboten: Nicht selten ist der Mensch bloßes Objekt der Verhältnisse, der Gesellschaft oder des Rechts, sofern er sich ohne Rücksicht auf seine Interessen fügen muss.[39] Im Rahmen eines Ermittlungsverfahrens wird er oftmals zumindest vorübergehend zum Objekt in diesem Sinne gemacht.[40] Dies führt aber nicht immer zur Relativierung seiner Würde.[41]

Die Menschenwürde wird nicht schon dadurch verletzt, dass jemand zum Adressaten von Maßnahmen der Strafverfolgung wird, die er dulden muss,[42] sondern erst dann, wenn durch die Art der ergriffenen Maßnahme seine Subjektqualität grundsätzlich in Frage gestellt wird.[43]

Dementsprechend ergibt sich als unmittelbare Ableitung aus der Menschenwürde für das Strafverfahren der Schutz vor verbotenen Vernehmungsmethoden nach § 136a StPO.[44] Insoweit hat diese Vorschrift nur deklaratorischen Charakter.[45] Denn die StPO ist nicht nach verbotenen Ermittlungsmethoden, sondern

---

[35] BGHSt 5, 332 (333); 14, 358 (364); *Diemer*, KK-StPO, § 136a Rn. 1; *Eschelbach* in: S/S/W, StPO, § 136a Rn. 4; *Gleß* in: *Löwe-Rosenberg*, StPO, § 136a Rn. 1; *Rogall*, SK-StPO, § 136a Rn. 1; *Baumann*, GA 1959, 33 (33); *Seiler*, FS-Peters, S. 447 (448).

[36] BVerfGE 30, 1 (25 f.); 45, 187 (228); 49, 286 (298); 72, 105 (116); 109, 279 (312); *Diemer*, KK-StPO, § 136a Rn. 1; *Monka* in: *Graf*, StPO, § 136a Rn. 1; *Gusy*, JuS 2004, *Nüse*, JR 1966, 281 (282); 457 (458); siehe auch LG Frankfurt/M, NJW 2005, 692 (692 ff.) – Fall Daschner.

[37] BVerfGE 49, 286 (298).

[38] Vgl. *Diemer*, KK-StPO, § 136a Rn. 1.

[39] BVerfGE 30, 1 (25 f.).

[40] *Denninger* StV 1998, 401 (402).

[41] BVerfGE 30, 1 (26).

[42] BVerfGE 30, 1 (26); 109, 279 (312 f.); *Denninger*, StV 1998, 401 (403).

[43] BVerfGE 30, 1 (26); 109, 279 (312 f.).

[44] BVerfG, NStZ 1984, 82 (82); BGHSt 5, 332 (333); *Ahlbrecht*, HK-StPO, § 136a Rn. 1; *Eschelbach* in: S/S/W, StPO, § 136a Rn. 4; *Gleß* in: *Löwe-Rosenberg*, StPO, § 136a Rn. 3; *Monka* in: *Graf*, StPO, § 136a Rn. 1; *Rogall*, SK-StPO, § 136a Rn. 3; *Schmitt* in: *Meyer-Goßner/Schmitt*, StPO, § 136a Rn. 1; *Nüse*, JR 1966, 281 (284).

[45] Vgl. etwas überspitzt hierzu *Bader*, JZ 1951, 123 (123): „[...] im Rechtsstaat [wäre] niemand, am wenigsten ein Richter, auf den Gedanken verfallen [...], sie [= Misshandlung und Quälerei] für Rechtens zu erklären [und] im autoritär regierten Machtstaat wäre er [= der Richter] gar nicht in die Lage gekommen, gefragt zu werden.“

nach Ermächtigungsgrundlagen für Ermittlungsmaßnahmen strukturiert. Der § 136a StPO will folglich das grundgesetzliche Verständnis von Menschenwürde und die Bindung der Ermittlungsbehörden hieran betonen,[46] ohne einen eigenen Regelungsinhalt zu haben. Im Übrigen braucht es für Zwangsmaßnahmen im Ermittlungsverfahren nämlich einer gesetzlichen Erlaubnis.

Des Weiteren enthält das Prozessrecht Ermittlungsmaßnahmen, die nicht schlechthin gegen die Menschenwürde verstoßen, die sich aber nach Denninger[47] in einer „roten Zone bewegen, in der schon eine geringe Verfehlung des gebotenen Maßes zur Verletzung des Menschenwürdeprinzips führen muss." Demnach führt noch nicht ihre bloße Anwendung zu einem Beweisverwertungsverbot – wie es beim § 136a StPO der Fall ist –, sondern erst ein Verfahrensverstoß im Rahmen ihrer Anwendung. Einen entsprechenden Würdebezug haben insbesondere

- der Kernbereichsschutz privater Lebensgestaltung als Wesensgehalt des allgemeinen Persönlichkeitsrechts[48] und
- die Unverletzlichkeit der Wohnung, die jedem Menschen einen räumlichen Rückzugsort gewährt, der grundsätzlich ohne jede staatliche Kontrolle und Überwachung bleiben soll.[49]

Hierbei handelt es sich um die in der Praxis relevantesten Konstellationen, in denen ein besonderer Würdebezug vorliegt. Im Grunde kann aber bei jedem Grundrecht ein entsprechender Würdebezug gegeben sein, der unantastbar und der Disposition des verfassungsändernden Gesetzgebers entzogen ist, was im Übrigen auch durch die Wesensgehaltsgarantie des Art. 19 Abs. 2 GG klargestellt wird.[50] Zu denken wäre etwa an eingriffsintensive medizinische Untersuchungen nach § 81a StPO.[51]

Bei Ermittlungsmaßnahmen mit einem derartigen Würdebezug gibt der Tatbestand der Ermächtigungsgrundlage den rechtsstaatlichen Rahmen, in dem die Subjektstellung des Betroffenen noch gewahrt bleiben soll. Nach Denninger[52]

---

[46] *Gleß* in: *Löwe-Rosenberg*, StPO, § 136a Rn. 1.

[47] *Denninger*, StV 1998, 401 (403).

[48] Erstmals zu dieser Begrifflichkeit BVerfGE 6, 32 (41); vgl. ferner BVerfGE 27, 1 (6); 32, 373 (378 f.); 109, 279 (313); *Eisenberg*, Beweisrecht der StPO, Rn. 386.

[49] BVerfGE 109, 279 (314); vgl. *Gercke*, GA 2015, 339 (350).

[50] *Rogall*, Der Beschuldigte als Beweismittel gegen sich selbst, S. 144.

[51] Vgl. BVerfGE 17, 108 (117 f.) – Hirnkammerluftfüllung.

[52] *Denninger*, StV 1998, 401 (402).

zeigt sich anhand der Ausgestaltung mit Zuständigkeiten und Kontrollmechanismen, welche Maßnahmen der Staat für die Wahrung der Subjektstellung des Bürgers für erforderlich hält. Hierzu können insbesondere Richtervorbehalte zählen.

Wird dieser rechtsstaatliche Rahmen durch einen Verfahrensfehler verlassen, stellt der Verfahrensverstoß die Subjektqualität des Betroffenen im Strafverfahren in Frage. Dies erfordert als Antwort ein strenges Beweisverwertungsverbot. Andernfalls lässt sich der Prozess als rechtsstaatliches Strafverfahren nicht mehr fortsetzen. Für eine weitergehende Abwägung im Einzelfall ist damit kein Raum. Die Unantastbarkeit der Menschenwürde ist zu wahren.

5.2 Vorsätzliche oder grob fahrlässige Rechtsverletzung

Neben diesen als Unterfallgruppe I.1 dargestellten Erfolgsunwert eines Verfahrensfehlers lässt sich als Unterfallgruppe I.2 die vorsätzliche oder grob fahrlässige Rechtsverletzung durch den handelnden Ermittlungsbeamten definieren. Hiermit sind die Fälle gemeint, in denen die Beamten bewusst entgegen dem geltenden Recht handeln, willkürlich Gefahr im Verzug annehmen oder sich in völliger Verkennung des Rechts oder der Sachlage verfahrenswidrig verhalten, ohne dass es auf das Ausmaß der damit verbunden Rechtsverletzung – also dem Erfolgsunwert – ankommt. Anknüpfungspunkt ist vielmehr ein besonderer Handlungsunwert: Immer dann, wenn dem Beamten subjektiv ein entsprechend schwerer Vorwurf zu machen ist, führt dies zu einem Beweisverwertungsverbot.

Dies entspricht – wie bereits dargestellt – der zum § 81a StPO entwickelten Rechtsprechung, ist aber auch darüber hinaus höchstrichterlich entschieden[53] und von der Literatur anerkannt.[54] Im Rahmen der Untersuchung zum § 81a StPO ist dabei aufgefallen, dass die entscheidenden Gerichte derart schwere Fehler der Ermittlungsbeamten nicht ohne Rechtsfolge belassen wollen, wobei es ihnen auf die Bindung der Beamten an Recht und Gesetz sowie einer gewissen erzieherischen Wirkung durch die Annahme eines Beweisverwertungsverbots anzukommen scheint.[55]

---

[53] BVerfGE 113, 29 (61); 130, 1 (30); BGHSt 24, 125 (131); 31, 304 (307 ff.); 34, 39 (52 f.); 35, 32 (33 f.), 36, 396 (398 ff.); 41, 30 (31); 47, 362 (365 f.); 48, 240 (248); 51, 1 (2 f.); 51, 285 (290).

[54] Vgl. *Grünwald*, Das Beweisrecht der StPO, Rn. 363; *Ranft*, Strafprozessrecht, § 60 Rn. 1611; *Weidemann/Scherf*, Die Revision im Strafrecht, § 3 Rn. 497.

[55] Vgl. OLG Celle, NZV 2009, 463; NJW 2009, 3524; OLG Dresden, NJW 2009, 2149; OLG Hamm, BeckRS 2009, 10.370; OLG Köln, BeckRS 2011, 22.019; OLG Nürnberg, DAR 2010,

5.2.1 Beamter als Garant der Rechte Betroffener

5.2.1.1 Herleitung nach Röger

Dies lässt sich mit Röger[56] dadurch begründen, dass nicht nur der Ermittlungsrichter, sondern auch der Ermittlungsbeamte ein Garant der Rechte des Betroffenen im Strafverfahren ist. Insoweit wurde bereits von einer Gesamtverantwortung von Richter und Ermittlungsbeamten gesprochen.[57]

Die Ermittlungsbeamten sind durch ihre Ausbildung und Befähigung qualifiziert, nicht nur Ermittlungen voran zu bringen, sondern auch die Rechte eines Tatverdächtigen bei ihrem Vorgehen zu beachten.[58] Sie werden entsprechend ihrer besonderen Qualifikation in der Strafverfolgung eingesetzt. Dadurch erhalten sie den öffentlichen Auftrag, den staatlichen Strafaufklärungsanspruch zu verwirklichen und dabei in angemessener Weise die Individualrechtsgüter Betroffener zu beachten.[59] Der Einsatz besonders qualifizierten Personals zur Strafaufklärung soll demnach auch dem Schutz der Rechte Betroffener dienen.

Nach Röger[60] ist aufgrund dieser Schutzfunktion in den Fällen, in denen nicht schon der Erfolgsunwert des Verfahrensverstoßes zwingend zu einer Unverwertbarkeit führt (Unterfallgruppe I.1), auf den Handlungsunwert abzustellen. Das Unwerturteil besteht in der Pflichtversäumnis des als Garanten der Rechte Betroffener fungierenden Ermittlungsbeamten.[61] Der Staat muss sich dieses subjektive Versagen seines Beamten zurechnen lassen, sodass als Konsequenz das Vorliegen eines Beweisverwertungsverbotes anzunehmen ist.[62] Wird der Beamte jedoch

217; OLG Oldenburg, NJW 2009, 3591; OLG Schleswig, NStZ-RR 2010, 82; BeckRS 2010, 26.145.

[56] *Röger*, Die Verwertbarkeit des Beweismittels nach § 81a StPO bei rechtswidriger Beweisgewinnung, S. 118 ff.

[57] Vgl. *Rabe von Kühlewein*, Der Richtervorbehalt im Polizei- und Strafprozessrecht, S. 420.

[58] *Röger*, Die Verwertbarkeit des Beweismittels nach § 81a StPO bei rechtswidriger Beweisgewinnung, S. 119; vgl. auch *Triffterer*, FS-Mallmann, S. 373 (394).

[59] Vgl. *Röger*, Die Verwertbarkeit des Beweismittels nach § 81a StPO bei rechtswidriger Beweisgewinnung, S. 119.

[60] *Röger*, Die Verwertbarkeit des Beweismittels nach § 81a StPO bei rechtswidriger Beweisgewinnung, S. 119.

[61] *Röger*, Die Verwertbarkeit des Beweismittels nach § 81a StPO bei rechtswidriger Beweisgewinnung, S. 119.

[62] *Röger*, Die Verwertbarkeit des Beweismittels nach § 81a StPO bei rechtswidriger Beweisgewinnung, S. 120.

seiner Sorgfaltspflicht gerecht, bleibt es grundsätzlich bei der Verwertbarkeit des Beweises.[63]

5.2.1.2 Vergleich mit BGHSt 24, 125

Zu dieser Unterfallgruppe nahm der Bundesgerichtshof in seiner Medizinalassistenten–Entscheidung[64] erstmals Stellung:

In dem Fall verbrachten die Polizeibeamten den Fahrzeugführer eines PKW nach einem Unfall in ein Krankenhaus, um ihm dort Blut abnehmen zu lassen. Aufgrund der Alkoholfahne des Fahrzeugführers bestand der Anfangsverdacht einer Trunkenheitsfahrt. Im Krankenhaus angekommen verlangten die Beamten einen approbierten Arzt, der dem Beschuldigten das Blut abnehmen sollte.

Ohne weitere Absprache oder Mitteilung erschien allerdings kein Arzt, sondern nur ein Medizinalassistent. Im System der damaligen Arztausbildung handelte es sich dabei um eine Person, die nach Abschluss des Studiums bis zur Approbation eine Art Referendariat absolvierte. Dies ist heute im Wesentlichen mit der Position eines Medizinstudenten im praktischen Jahr vergleichbar.

Die Beamten ordneten die Blutentnahme durch den Medizinalassistenten in dem guten Glauben an, man habe ihnen weisungsgemäß einen approbierten Arzt kommen lassen. Die gemessene Blutalkoholkonzentration betrug 1,70 Promille.

Der Fahrzeugführer wurde vom Amtsgericht verurteilt. Hiergegen legte er Sprungrevision zum OLG Düsseldorf ein. Das OLG hielt die Blutprobenentnahme entgegen einer Entscheidung des OLG Hamm für nicht verwertbar und legte die Sache dem Bundesgerichtshof zur Entscheidung vor.

Der Bundesgerichtshof hat im Ergebnis eine Verwertbarkeit bejaht, ließ dabei aber erkennen, dass der Beweis nicht schon immer dann zu verwerten sei, wenn ein Medizinalassistent beziehungsweise ein Medizinstudent im praktischen Jahr lege artis das Blut abnimmt. Streitentscheidend war vielmehr, dass den Beamten verborgen blieb, dass vor ihnen kein approbierter Arzt stand.[65]

Hierzu führt der Bundesgerichtshof aus, dass nach dem Rechtsstaatsprinzip von einem fairen Verfahren nicht mehr gesprochen werden könnte, wenn den Polizeibeamten bekannt gewesen wäre, dass die Person, die das Blut abnahm, kein Arzt war.[66] Dann hätten nämlich die handelnden Beamten bewusst den Tatbestand

[63] *Röger*, Die Verwertbarkeit des Beweismittels nach § 81a StPO bei rechtswidriger Beweisgewinnung, S. 120.

[64] BGHSt 24, 125 (125 ff.).

[65] BGHSt 24, 125 (129 ff.).

[66] BGHSt 24, 125 (131).

des § 81a StPO verletzt, was einen Missbrauch der staatlichen Zwangsbefugnis dargestellt hätte.[67]

Weil allerdings die Blutentnahme ohne schwere Individualrechtsverletzung mit Würdebezug erfolgte und der Verfahrensverstoß den Beamten vorliegend nicht vorzuwerfen war, ergab sich die Verwertbarkeit aufgrund der in Phase II des Abwägungsvorgangs anzuwendenden Figur der hypothetisch rechtmäßigen Beweiserlangung.[68]

In das Zentrum der Überlegung wird folglich das Rechtsstaatsprinzip aus Art. 20 Abs. 3 GG gerückt. Ein Missbrauch staatlicher Gewalt darf im Rechtsstaat des Grundgesetzes nicht geduldet werden. Die Bindung aller drei Staatsgewalten an das geltende Recht lässt eine dem Ermittlungsbeamten als Organ der Exekutive vorzuwerfende Rechtsverletzung nicht ohne Folgen verbleiben.

5.2.1.3 Sorgfaltsmaßstab

Hierbei ist aber noch ungeklärt, welcher Sorgfaltsmaßstab an das Handeln der Ermittlungsbeamten anzulegen ist. Dabei muss berücksichtigt werden, dass die Beamten durch ihre Ausbildung besonders qualifiziert sind und eine verantwortungsvolle Aufgabe im Rechtsstaat wahrnehmen. Grundsätzlich dürften und müssten Polizeibeamte in der Lage sein, Sachverhalte rasch richtig zu erfassen und rechtlich zutreffend einzuordnen, sodass Fehler weitgehend vermeidbar sein dürften.[69]

Dieses Idealbild darf aber nicht darüber hinwegtäuschen, dass Ermittlungsbeamte ihre Erkenntnisse regelmäßig aus einer subjektiven und oft lückenhaften Sicht unter Zeitdruck treffen müssen, was an sich praktisch notwendig aber auch fehleranfällig ist. Ihre Wahrnehmungsmöglichkeiten sind begrenzt und können durch Täuschungen verzerrt sein.[70] Des Weiteren sind zahlreiche Fallgestaltungen denkbar, in denen jedem anderen objektiven Dritten in der Situation des Beamten dieselbe Fehleinschätzung unterlaufen wäre.[71]

Der Sorgfaltsmaßstab muss daher ein objetiv–idealtypischer sein:[72] Er beschreibt sich danach, was von einem durchschnittlichen Ermittlungsbeamten in

---

[67] BGHSt 24, 125 (131).

[68] So jedenfalls nach der hier entwickelten Systematik, die sich aber in der Begründung des BGH widerspiegelt: BGHSt 24, 125 (131 f.).

[69] *Triffterer*, FS-Mallmann, S. 373 (394).

[70] *Triffterer*, FS-Mallmann, S. 373 (394).

[71] *Triffterer*, FS-Mallmann, S. 373 (394).

[72] Vgl. *Röger*, Die Verwertbarkeit des Beweismittels nach § 81a StPO bei rechtswidriger Beweisgewinnung, S. 130.

Ansehung seiner guten Ausbildung verlangt werden darf. Hierzu zählt sicherlich, dass er nicht vorsätzlich geltendes Recht verletzen darf.

Andererseits kann dem Ermittlungsbeamten auch nicht jede noch so geringe Fahrlässigkeit vorgeworfen werden. Vielmehr ist zu beachten, dass seine Entscheidungen aufgrund der oftmals gebotenen Eile in Verbindung mit einem lückenhaften und subjektiv geprägten Sachverhalt fehleranfällig sind. Ein überbordender Sorgfaltsmaßstab läuft Gefahr, die Einsatzbereitschaft und Handlungsfreude der Polizei zu reduzieren.[73] Des Weiteren kann eine extensive Annahme von Beweisverwertungsverboten aufgrund von subjektiven Verfehlungen der Ermittlungsbeamten die effektive Strafverfolgung als Ganzes gefährden. Vielmehr muss sich der zur Entstehung eines Beweisverwertungsverbotes erforderliche Handlungsunwert auf Vorsatz und grobe Fahrlässigkeit beschränken.

5.2.2 Erziehungsfunktion

Hierneben stellt die Rechtsprechung bisweilen auf eine besondere Erziehungsfunktion der Beweisverwertungsverbote ab. So könne durch eine folgenlose Duldung eines Fehlers des Beamten ein Ansporn enstehen, auch künftig sorglos mit den Rechten Betroffener umzugehen.[74] Durch ein Beweisverwertungsverbot solle daher nicht nur der unmittelbar handelnde Ermittlungsbeamte angesprochen werden, sondern auch der hierfür die Verantwortung tragende Dienstvorgesetzte.[75]

5.2.2.1 Begründung in der Literatur

Nach einer älteren Theorie in der Lehre, die anhand von § 136a StPO entwickelt wurde, sei der funktionelle Zweck eines Beweisverwertungsverbots, den Ermittlungsbeamten den Anreiz zu nehmen, ohne Achtung der gesetzlichen Voraussetzungen Ermittlungsmaßnahmen durchzuführen oder schlechthin verbotene Maßnahmen zu ergreifen.[76] Zugleich stelle ein Verwertungsverbot eine Garantie gegen richterliche Schrankenlosigkeit in der Tatsacheninstanz dar; denn die richterliche Wahrheitserforschung führe leicht zur Maßlosigkeit und damit zum Machtmissbrauch.[77]

---

[73] *Triffterer*, FS-Mallmann, S. 373 (395).

[74] OLG Dresden, NJW 2009, 2149 (2151).

[75] Vgl. OLG Köln, BeckRS 2011, 22.019; OLG Oldenburg, NJW 2009, 3591 (3592).

[76] *Baumann*, GA 1959, 33 (36); *Grünwald*, JZ 1966, 489 (499); vgl. auch *Nüse*, JR 1966, 281 (284).

[77] *Spendel*, NJW 1966, 1102 (1108).

Die Versuchung, sich ein Beweismittel zu verschaffen, sei erheblich größer, wenn es dazu nur einer weniger schwerwiegenden Überschreitung der gesetzlichen Grenzen bedürfe.[78] Ohne eine entsprechend schwere Rechtsfolge seien Ermittlungsbeamte sowie die Richter in den Tatsacheninstanzen nicht in der Lage, sich an das geltende Recht zu halten, sondern würden eine Strafverfolgung um jeden Preis betreiben. Beweisverwertungsverbote seien daher Selbstbeschränkungen des Staates und seiner Diener zur Wahrung rechtsstaatlicher Anforderungen an den Strafprozess.[79]

Nach Grünwald[80] können hieraus einzelne Verwertungsverbote abgeleitet werden. Zur Disziplinierung der Strafverfolgungsorgane liege demnach ein Beweisverwertungsverbot vor, wenn der handelnde Ermittlungsbeamte das Recht bewusst verletzt hat oder die Rechtsverletzung auf einer rechtsfehlerhaften allgemeinen Anweisung des Dienstvorgesetzten beruht.[81]

Ein solches rechtswidriges Verhalten der Ermittlungsbeamten könne nicht hingenommen werden. Dadurch umgehe der einzelne Ermittlungbeamte den Zweck bestimmter Anordnungsvoraussetzungen und ignoriere den Willen des Gesetzgebers.[82] Eine Interessenabwägung zwischen den Rechten des Betroffenen und dem Allgemeininteresse an einer effektiven Strafverfolgung bedürfe es dann nicht mehr.[83]

5.2.2.2 Kritik

Dieser Ansicht kann nicht gefolgt werden. Für die Prüfung, ob ein Beweisverwertungsverbot vorliegt, darf die erziehende Wirkung eines Verwertungsverbotes argumentativ nicht herangezogen werden. Hierin kann mit Dalakouras[84] lediglich ein erfreulicher Nebeneffekt gesehen werden. Dagegen lässt sich nicht begründen, weshalb die Revisionsrechtsprechung in schon fast floskelhafter Weise bis heute hieran festhält. Bedenklich ist zudem das dieser Auffassung zugrundeliegende abschätzige Bild gegenüber der erstinstanzlichen Justiz und der Ermittlungsbeamten.

---

[78] *Grünwald*, JZ 1966, 489 (499).

[79] *Spendel*, NJW 1966, 1102 (1108).

[80] *Grünwald*, JZ 1966, 489 (499).

[81] *Grünwald*, JZ 1966, 489 (499).

[82] Vgl. *Seiler*, FS-Peters, S. 447 (459 f.).

[83] *Seiler*, FS-Peters, S. 447 (461).

[84] *Dalakouras*, Beweisverbote bezüglich der Achtung der Intimsphäre, S. 115.

Darüber hinaus lässt sich die erziehende Wirkung in die im Rahmen dieser Arbeit entwickelten Systematik der Abwägungslehre weder eingliedern noch lassen sich aus ihr weitere Erkenntnisse ziehen, die sich nicht schon aus den beiden Unterfallgruppen der Phase I der Prüfung ergeben. Vielmehr ist die Heranziehung einer Erziehungsfunktion systemwidrig: Statt den rechtswidrig handelnden Beamten zu bestrafen, wird der Betroffene des Strafverfahrens mittels eines Beweisverwertungsverbots privilegiert, das sich allein wegen der Erziehungsfunktion im Verhältnis zum Betroffenen aufgrund der Inkonnexität dieser beiden Sachverhalte nicht erklären lässt.[85] Dass eine Disziplinierung des Ermittlungsbeamten auf diese Weise eine Bevorteilung des Straftäters notwendigerweise bedingen soll, erscheint befremdlich.[86]

Vielmehr kann es nicht die Funktion der Beweisverwertungsverbote sein, die Ermittlungsbeamten zu erziehen. Die gegenteilige Ansicht verkennt die Widersinnigkeit, eine Disziplinierung final über den Umweg der Verwertungsverbote zu erreichen.[87] Das geltende Recht kennt hingegen strafrechtliche,[88] haftungsrechtliche[89] und disziplinarrechtliche[90] Möglichkeiten, auf den vorsätzlich oder fahrlässig handelnden Ermittlungsbeamten einzuwirken.[91]

In diesem Zusammenhang weißt Dencker[92] zu Recht darauf hin, dass es dem Gesetzgeber freisteht, weitere Disziplinierungsmaßnahmen zu ergreifen,

[85] So auch *Dencker*, Verwertungsverbote im Strafprozess, S. 53; *Jäger*, Beweisverwertung und Beweisverwertungsverbote im Strafprozess, S. 70, 114 f.; *Rogall*, ZStW 91 (1979), 1 (15); *Röger*, Die Verwertbarkeit des Beweismittels nach § 81a StPO bei rechtswidriger Beweisgewinnung, S. 76.

[86] *Jäger*, Beweisverwertung und Beweisverwertungsverbote im Strafprozess, S. 70.

[87] So auch *Jäger*, Beweisverwertung und Beweisverwertungsverbote im Strafprozess, S. 114; *Röger*, Die Verwertbarkeit des Beweismittels nach § 81a StPO bei rechtswidriger Beweisgewinnung, S. 75.

[88] Exemplarisch: Körperverletzung in mittelbarer Täterschaft (Medizinalassistenten-Fall), Hausfriedensbruch (illegale Wohnraumdurchsuchung), Verletzung der Vertraulichkeit des Wortes (illegale Telefonüberwachung oder Lauschangriff) sowie der gesamte Bereich der Amtsdelikte und ergänzend Freiheitsberaubung und Nötigung.

[89] § 839 BGB i.V.m. Art. 34 GG.

[90] Siehe §§ 5 ff. BSG: Verweis, Geldbuße, Kürzung der Dienstbezüge, Zurückstufung und Entfernung aus dem Beamtenverhältnis. Des Weiteren wird die Versetzung aus disziplinarrechtlichen Gründen angewandt, ohne formal-rechtlich eine disziplinarische Maßnahme darzustellen.

[91] So auch *Jäger*, Beweisverwertung und Beweisverwertungsverbote im Strafprozess, S. 70; *Röger*, Die Verwertbarkeit des Beweismittels nach § 81a StPO bei rechtswidriger Beweisgewinnung, S. 75 f.

[92] *Dencker*, Verwertungsverbote im Strafprozes, S. 53.

wenn ihm die bestehenden Vorschriften rechtspolitisch nicht genügen sollten. Ein funktionaler Rückgriff auf die Beweisverwertungsverbote ist hingegen nicht erforderlich. Im Übrigen besteht schon nach dem geltenden Recht die Möglichkeit, einen Ermittlungsbeamten, der vermehrt schwerwiegende Verfahrensverstöße begeht, strafzuversetzen oder ganz aus dem Beamtenverhältnis zu entfernen.

Jäger[93] geht in seinen Ausführungen noch weiter und stellt die erziehende Wirkung von Beweisverwertungsverboten per se in Frage, da nicht einzusehen sei, weshalb sich Ermittlungsbeamte von einem Beweisverwertungsverbot disziplinieren lassen sollten, wenn der Beweis der Täterschaft des Beschuldigten bei einem prozessordnungsgemäßen Verfahren ohnehin nicht zu führen ist. Vielmehr hätten sie in Ansehung der Gefahr, dass ansonsten das Verfahren aus Mangeln an Beweisen einzustellen wäre, nichts mehr zu verlieren.[94]

Nach alledem lässt sich aus einer erziehenden Wirkung der Beweisverwertungsverbote selbst kein Verwertungsverbot begründen, aus der Garantenstellung der Ermittlungsbeamten für die Rechte des Betroffenen aber schon.

[93] *Jäger*, Beweisverwertung und Beweisverwertungsverbote im Strafprozess, S. 70.

[94] *Jäger*, Beweisverwertung und Beweisverwertungsverbote im Strafprozess, S. 70.

6 Die zweite Phase der Prüfung

War eine der soeben besprochenen Unterfallgruppen der Phase I nicht einschlägig, führt der Verfahrensverstoß nicht per se zu einem Beweisverwertungsverbot. Es folgt Phase II der Prüfung.

In dieser Phase werden Unterfallgruppen gebildet, in denen es zur Erhaltung einer effektiven Strafverfolgung geboten ist, den Beweis zu verwerten, sofern nicht ein Unterfall der Phase I einschlägig gewesen ist. Insoweit kommt der Prüfungsreihenfolge eine besondere Bedeutung zu. Zwingend muss zunächst die Phase I geprüft werden, da die Einschlägigkeit einer der dortigen Unterfallgruppen nicht durch die Einschlägigkeit einer Unterfallgruppe der Phase II geheilt werden kann.

Hierzu zählt die von der Rechtsprechung entwickelte Figur der hypothetisch rechtmäßigen Beweiserlangung und die bisher nur als Arbeitshypothese formulierte eigene Idee einer Verwertbarkeit aufgrund einer andernfalls zu befürchtenden absoluten Verhinderung einer Strafverfolgung.

Die Phase II beinhaltet somit eine Prüfung

- der Unterfallgruppe II.1: hypothetisch rechtmäßige Beweiserlangung
  und
- der Unterfallgruppe II.2: absolute Verhinderung der Strafverfolgung,

bei deren Einschlägigkeit stets von einer Verwertbarkeit des Beweises auszugehen ist.

D. Decker, *Systematik der Beweisverwertung*,
https://doi.org/10.1007/978-3-658-34684-3_6

6.1 Hypothetisch rechtmäßige Beweiserlangung

Mit der Figur der hypothetisch rechtmäßigen Beweiserlangung wird die Situation erfasst, in der der Beweis zwar rechtswidrig erlangt worden ist, aber hypothetisch auch rechtmäßig hätte erlangt werden können. Nach dieser Figur soll ein Beweis trotz des Verfahrensfehlers verwertbar bleiben, wenn eine entsprechende Hypothesenbildung gelingt.

6.1.1 Herleitung

6.1.1.1 Auffassung der BGH–Rechtsprechung

In der Rechtsprechung des Bundesgerichtshof ist diese Hypothesenbildung weit überwiegend anerkannt.

In der bereits genannten Medizinalassistenten–Entscheidung oblag es dem 3. Strafsenat, erstmals zur Figur der hypothetisch rechtmäßigen Beweiserlangung für den Bundesgerichtshof Stellung zu nehmen. Nachdem er festgestellt hat, dass den Polizeibeamten nicht vorgeworfen werden könne, dass die Blutentnahme tatsächlich nicht von einem Arzt vorgenommen worden ist, erwähnt der Senat ergänzend, dass die Blutprobe auch auf gesetzlichem Wege hätte erlangt werden können.[1] In einer anderen Entscheidungen verwendet der 3. Senat diese Hypothese auch für die Fallgruppe der Verletzung der Anordnungskompentenz des Ermittlungsrichters.[2]

Der 4. Strafsenat stellt die Figur der hypothetischen Beweiserlangung nicht per se in Abrede, sofern jedoch ein Richtervorbehalt verletzt worden ist, komme diese Figur nicht zur Anwendung.[3] Es bleibe selbst dann bei der Unverwertbarkeit des Beweises, wenn die materiellen Anordnungsvoraussetzungen sämtlichst vorlägen und vernünftigerweise mit einer richterlichen Anordnung zu rechnen gewesen wäre.[4] Damit stellt sich der 4. Strafsenat gegen die Auffassung der übrigen Strafsenate.

So misst auch der 5. Strafsenat der Hypothesenbildung besondere Bedeutung zu, wenn ein richterlicher Durchsuchungsbeschluss höchstwahrscheinlich zu erlangen gewesen wäre, sodass daraus eine Verwertbarkeit des Beweises folge.[5]

---

[1] BGHSt 24, 125 (131 f.).

[2] BGHSt 44, 243 (250); 54, 69 (95).

[3] BGHSt 31, 304 (306).

[4] BGHSt 31, 304 (306).

[5] BGHSt 51, 285 (291).

Ebenso ist der 2. Strafsenat in einem obiter dictum der Auffassung, dass ein Beweisverwertungsverbot ausscheide, wenn einer hypothetischen richterlichen Anordnung keine rechtlichen Hindernisse entgegenstünden, diese also zu bekommen gewesen wäre und damit der Beweis rechtmäßig hätte erlangt werden können.[6] Diese Rechtsprechung hat er in einer jüngeren Entscheidung ausdrücklich bestätigt.[7]

Entsprechend hat sich der 1. Strafsenat positioniert. Die Beweisverwertung sei zulässig, da einer richterlichen Anordnung keine materiell–rechtlichen Hindernisse entgegenstünden und der Beweis somit rechtlich zugänglich gewesen sei.[8]

6.1.1.2 Herleitungen in der Literatur

Auch in der Literatur finden sich mehrere Vertreter, die in der Figur der hypothetisch rechtmäßigen Beweiserlangung eine zulässige Methode zur Begründung der Verwertbarkeit eines Beweises trotz Vorliegen eines Verfahrensverstoßes sehen.

Zur Begründung führt Grünwald[9] aus, dass ein Beweis trotz eines Verfahrensverstoßes zu verwerten sei, wenn er auch bei einem ordnungsgemäßen Vorgehen gewonnen worden wäre. Dabei gehe es nicht darum, dass bei der Bejahung der Rechtsfigur der Beweisverlust durch das Festhalten am Beweisverwertungsverbot nicht mehr hinzunehmen sei.[10] Grünwald stellt demnach nicht darauf ab, aus Gründen der effektiven Strafverfolgung einen Beweis für verwertbar zu halten. Vielmehr geht es ihm darum, dass ein rechtswidrig erlangter Beweis jedenfalls dann unverwertbar bleiben müsse, wenn er bei einem ordnungsgemäßen Verfahren ebensowenig zu erlangen gewesen wäre.[11] Grünwald setzt für die Hypothesenbildung folglich andersherum als die Rechtsprechung an: Nach der Figur der hypothetisch rechtmäßigen Beweiserlangung seien diejenigen rechtswidrig erlangten Beweise unverwertbar, die hypothetisch rechtmäßig nicht zu erlangen gewesen wären.

Dies begründet Welp[12] aus revisionrechtlicher Sicht damit, dass der rechtswidrig erlangte Beweis insoweit auf den Verfahrensverstoß beruhe, dass er nur

---

[6] BGH, StV 1989, 289 (290) m. abl. Anm. *Fezer*.

[7] BGH, NStZ 2016, 551 (552) m. Anm. *Schneider*.

[8] BGH, NStZ 2004, 449 (450).

[9] *Grünwald*, JZ 1966, 489 (495).

[10] *Grünwald*, JZ 1966, 489 (495).

[11] *Grünwald*, JZ 1966, 489 (495).

[12] *Welp*, Die strafprozessuale Überwachung des Post- und Fernmeldeverkehrs, S. 216 ff.

rechtswidrig erlangt werden konnte. Wäre hingegen der Beweis auch hypothetisch rechtmäßig zu erlangen gewesen, könne der Beweis nicht mehr auf den Verfahrensfehler beruhen.[13] Vielmehr führe die Hypothese zu einer prozessualen Überholung.[14]

Aus einer revisionsrechtlichen Betrachtung sei danach zu fragen, ob dem Betroffenen die Verfahrensrüge offenstehen soll, obwohl dasselbe Beweisergebnis auch bei ordnungsgemäßen Vorgehen gewonnen worden wäre.[15] Die Rüge beträfe dann nur noch die Form, aber nicht die sachliche Schutzrichtung der verletzten Norm.[16]

6.1.2 Kritik

Dieses Verständnis der Hypothesenbildung als eine Art Beruhensfrage wirkt zunächst befremdlich. Systematisch sind Beruhensfragen als gesonderter Prüfungspunkt nach der Feststellung eines Fehlers im Urteil zu erörtern. Beruhen im eigentlichen Sinne meint in der Revision die Kausalität zwischen einem Fehler in den Entscheidungsgründen und dem Schuldspruch. Dies ergibt es sich aus § 337 Abs. 1 StPO.

6.1.2.1 Kritik in der Literatur

Diese Systemkritik wird von Teilen der Lehre zum Anlass genommen, die Hypothesenbildung grundsätzlich abzulehnen: Den Wertungen des Gesetzgebers, die sich im Katalog des § 338 StPO zeigten, widersprächen einer derartigen Hypothesenbildung, da diese absoluten Revisionsgründe ein Beruhen gerade nicht vorsähen.[17]

Nach Haffke[18] ließe es sich nicht erklären, dass die absoluten Revisionsgründe einer Hypothesenbildung unzugänglich seien, dies aber nicht für die relativen Revisionsgründe nach § 337 StPO gelten solle. Vielmehr würden beide Vorschriften hypothetische Kausalverläufe nicht vorsehen.[19] Auch sonst ließe sich

[13] *Welp*, Die strafprozessuale Überwachung des Post- und Fernmeldeverkehrs, S. 216.

[14] *Welp*, Die strafprozessuale Überwachung des Post- und Fernmeldeverkehrs, S. 216.

[15] *Haffke*, GA 1973, 65 (81).

[16] Vgl, *Haffke*, GA 1973, 65 (81).

[17] *Haffke*, GA 1973, 65 (81 f.).

[18] *Haffke*, GA 1973, 65 (82).

[19] *Haffke*, GA 1973, 65 (FN 136).

der StPO an keiner Stelle entnehmen, dass sie eine derartige Hypothesenbildung zulasse.[20] Insbesondere sehe das geschriebene Beweisverwertungsverbot in § 136a Abs. 3 StPO eine solche Rechtsfigur nicht vor.[21]

Des Weiteren umgehe die Rechtsfigur den Vorbehalt des Gesetzes, der für jeden nicht nur unwesentlichen Eingriff in die Rechte Betroffener eine Ermächtigungsgrundlage verlange.[22] Die konkreten Anordnungsvoraussetzungen würden daher für die Ermittlungsbeamten zwingendes Recht bilden, die keiner Relativierung durch eine Hypothesenbildung zugänglich seien.[23] Jede Hypothesenbildung liefe darauf hinaus, den Schutzzweck der jeweiligen Verfahrensvorschrift zu umgehen.[24]

6.1.2.2 Eigene Kritik

Nach hiesigem Verständnis ist die Figur der hypothetisch rechtmäßigen Beweiserlangung zur Ablehnung eines Verwertungsverbots methodisch schlüssig und daher grundsätzlich anzuwenden.[25]

Eine Systemfremdheit zur StPO in der von der Gegenansicht dargestellten Weise lässt sich nicht erblicken. Die absoluten Revisionsgründe unterscheiden sich von den relativen schon dadurch, dass sie ein Beruhen des Urteils auf den Fehler vermuten. Vor diesem Hintergrund ist es konsequent, dass die Gründe des § 338 StPO keiner Hypothesenbildung zugänglich sein sollen. Für den hier relevanten § 337 StPO lassen sich daraus keine Rückschlüsse ziehen.

Nichts anderes gilt im Verhältnis zum § 136a StPO, der schon dadurch eine Sonderstellung einnimmt, dass der Beweis selbst dann nicht verwertbar sein soll, wenn der Betroffene einer Verwertung ausdrücklich zustimmt. Im Übrigen stellt § 136a StPO nach hiesigem Verständnis den positivistischen Teil der Prüfungsphase I dar, weshalb diese Norm für die Phase II denknotwendig unbeachtlich ist. Denn in Phase I der Prüfung werden diejenigen Verfahrensverstöße festgestellt und ausgesondert, die wegen ihres Erfolgs– oder Handlungsunwerts immer zu einem Beweisverwertungsverbot führen. Eine weitergehende Prüfung – insbesondere in

---

[20] *Burhoff*, StraFo 2005, 140 (146).

[21] *Dalakouras*, Beweisverwertungsverbote bezüglich der Achtung der Intimsphäre, S. 135 f.

[22] *Jahn/Dallmeyer*, NStZ 2005, 297 (304).

[23] *Jahn/Dallmeyer*, NStZ 2005, 297 (304).

[24] *Beulke*, ZStW 103 (1991), 657 (674).

[25] So auch *Volk/Engländer*, Grundkurs StPO, § 28 Rn. 14; *Mosbacher*, NJW 2007, 3686 (3687); *Rogall*, NStZ 1988, 385 (392); *Roßmüller/Scheinfeld*, wistra 2004, 52 (54); a.A.: *Kühne*, Strafprozessrecht, § 54 Rn. 909.1; *Burhoff*, StraFo 2005, 140 (146); *Jahn/Dallmeyer*, NStZ 2005, 297 (304); *Haffke*, GA 1973, 65 (81 f.); *Münchhalffen*, FS-Mehle, S. 445 (448); *Wohlers*, FS-Fezer, S. 311 (326 ff.):

Phase II – findet nicht mehr statt. Ein solcher Verfahrensfehler kann nicht geheilt werden. Insoweit kann § 136a StPO nicht als Argument gegen die Rechtsfigur der hypothetisch rechtmäßigen Beweiserlangung herangezogen werden.

Allerdings kann die Herleitung der Figur der hypothetisch rechtmäßigen Beweiserlangung nicht darüber erfolgen, dass sie eine Art prozessuale Überholung darstellen soll.

Die Beruhensfrage wird in der Revision außerhalb des Vorliegens eines Beweisverwertungsverbots beantwortet. Sie schließt sich nach der Feststellung jedweder Rechtsverletzung im Sinne des § 337 StPO an. Wenn aber die Hypothesenbildung im Grunde nur die Beruhensprüfung darstellen würde, könnte sie nicht zur Verneinung eines Beweisverwertungsverbots herangezogen werden, sondern bliebe der Feststellung eines Beweisverwertungsverbots nachgeordnet.

Von Interesse ist hingegen die Bemerkung Haffkes, dass die Rechtsfigur darauf abstelle, ob dem Betroffenen die Verfahrensrüge offenstehen soll.[26] Der Ausgangspunkt für die Herleitung der Figur wird nämlich nach hiesigem Verständnis darin bestehen, ob für den Betroffenen das schützenswerte Bedürfnis besteht, die Verwertung eines aufgrund einer Rechtsverletzung erlangten Beweises erfolgreich zu rügen, wenn der Beweis auch rechtmäßig hätte erlangt werden können. Dies ist eine Frage des Rechtsschutzbedürfnisses.

6.1.3 Einordnung in die Abwägungssystematik

6.1.3.1 Systemkritik

Unter der soeben genannten Prämisse lässt sich die Figur der hypothetisch rechtmäßigen Beweiserlangung in die Systematik der Abwägungslehre als Unterfallgruppe der Phase II einordnen. Sie ist kein – wie Grünwald meint – zweiter, von der Feststellung eines Beweisverwertungsverbots losgelöster Schritt.[27] Insbesondere begründet sie keine prozessuale Überholung, wie es von Welp[28] behauptet wurde. Andernfalls könnten selbst schwerste Individualrechtsverletzungen und gröbste Verstöße gegen den Grundsatz des fairen Verfahrens ohne Folgen bleiben, wenn der Schuldspruch auf der Verwertung eines derart rechtsfehlerhaft erlangten Beweises beruht. Dies ist aus den in Phase I genannten Erwägungen rechtsstaatlich nicht zulässig.

---

[26] *Haffke*, GA 1973, 65 (81).

[27] *Grünwald*, JZ 1966, 489 (495).

[28] *Welp*, Die strafprozessuale Überwachung des Post- und Fernmeldeverkehrs, S. 216.

Es macht einen Unterschied, ob die Beweiserlangung auf einem Verfahrensverstoß beruht oder ob ein Urteil auf einem Rechtsfehler beruht. Ersteres vermag nach Ausschluss der Unterfallgruppen aus Phase I wegen fehlenden Rechtsschutzbedürfnisses soweit relativiert werden, dass aus dem Verfahrensverstoß kein Verwertungsverbot folgt. Dann liegt in der Verwertung des Beweises schon gar kein Rechtsfehler des Gerichts.

Letzteres schützt Urteile vor einer Aufhebung des Urteils wegen eines Fehlers in der Begründung, der sich auf das Ergebnis der Entscheidung nicht ausgewirkt hat. Die Verortung der Figur zur Begründung einer prozessualen Überholung im Sinne eines Beruhens ist daher nicht nur system-, sondern auch rechtsstaatswidrig. Verletzungen übergeordneter Interessen mit Bezug zum fairen Verfahren als Ganzes oder mit Menschenwürdebezug können nicht durch eine Hypothesenbildung geheilt werden.[29]

Vielmehr handelt es sich bei der Figur der hypothetisch rechtmäßigen Beweiserlangung um ein Kriterium im Rahmen des Abwägungsprozesses.[30] Nachdem eine Ausklammerung schwerer Verstöße in Phase I erfolgt ist, ermöglicht die Hypothesenbildung eine genauere Beurteilung von Schutzwürdigkeit und Schutzbedürftigkeit der verletzten Interessen.[31] Wäre der Beweis auch rechtmäßig zu erlangen gewesen, würde dadurch die Bedeutung des Verfahrensverstoßes weitestgehend relativiert. Dann würde der Revisionsführer keinen Rechtschutz mehr für eine materielle Verletzung seiner Rechte begehren. Denn der Beweis wäre schließlich auch unter Wahrung der Verfahrensvorschriften zu bekommen gewesen. Vielmehr würde er nur noch die Verletzung einer Verfahrensvorschrift als solche rügen, die weder sein Recht auf einen fairen Prozess noch seine Subjektstellung im Strafverfahren in Frage stellt. Für eine derartige Rüge einfachen Verfahrenrechts fehlt dem Betroffenen aber ein dem Interesse an einer effektiven Strafverfolgung überwiegenden Rechtschutzbedürfnis.

Das Allgemeininteresse an einer möglichst effektiven Strafverfolgung bleibt bestehen. Ein Beweisverwertungsverbot bildet die Ausnahme von der Regel, dass grundsätzlich die Ermittlungen und die spätere Beweisaufnahme auf alle verfügbaren Beweismittel zu erstrecken sind. Ist ein Beweis nicht schon wegen einer Unterfallgruppe der Phase I unverwertbar, bedingt es das Interesse an einer effektiven Strafverfolgung, dass ein Beweis immer dann verwertbar bleiben muss, wenn die Hypothesenbildung gelingt.

---

[29] *Rogall*, NStZ 1988, 385 (391).

[30] *Meyer*, NStZ 1983, 566 (567); *Rogall*, NStZ 1988, 385 (391); *Sommermeyer*, NStZ 1991, 257 (262); *Wolter*, NStZ 1984, 276 (277 f.).

[31] *Rogall*, NStZ 1988, 385 (391).

6.1.3.2 Allgemein zur Anwendbarkeit der Hypothesenbildung

Dieser Satz ist durchaus verallgemeinerungsfähig. Schon Kleinknecht[32] erklärte 1966 die Figur der hypothetisch rechtmäßigen Beweiserlagung im gesamten Bereich des formellen Tatbestands einer Ermittlungsmaßnahme für anwendbar. Dementsprechend sei nach dieser Figur ein Verstoß gegen eine formelle Anordnungsvoraussetzung ohne Belang, wenn die materiellen Voraussetzungen vorliegen und der Beweis auch unter Achtung der Formvorschriften zu erlangen gewesen wäre.[33] Hierbei benennt er exemplarisch den Medizinalassistenten–Fall und den Richtervorbehalt bei der Blutentnahme.[34]

Dem kann grundsätzlich zugestimmt werden. Soweit die besonders schwerwiegenden Verstöße in Phase I ausgefiltert wurden, kann in Phase II des Abwägungsvorgangs die Rechtsfigur weit überwiegende Anwendung finden. Eine Ausnahme von ihrer Anwendbarkeit ergibt sich allerdings dann, wenn die Hypothesenbildung ihrerseits gegen Verfahrensgrundsätze der StPO verstößt und dadurch die Fairness des Verfahrens als Ganzes bedroht. Denn auch bei der Hypothesenbildung ist das Gericht an Recht und Gesetz gebunden und muss die Rechte Betroffener berücksichtigen.

6.1.3.3 Anwendbarkeit bei Verletzungen des Richtervorbehalts

Die Anwendung der Figur der hypothetisch rechtmäßigen Beweiserlangung auf die hier gewählte Fallgruppe der Verletzung der Anordnungskompetenz des Ermittlungsrichters würde einen solchen Verstoß von Grundsätzen des StPO darstellen.[35]

Besteht der Verfahrensverstoß allein in der Verletzung des Richtervorbehalts und liegen die übrigen Voraussetzungen sämtlichst vor, wäre unter Anwendung

---

[32] *Kleinknecht*, NJW 1966, 1537 (1538).

[33] *Kleinknecht*, NJW 1966, 1537 (1538).

[34] *Kleinknecht*, NJW 1966, 1537 (1538).

[35] So wohl auch *Hauschild*, MüKo-StPO, § 98 Rn. 13; *Wohlers/Jäger*, SK-StPO, § 102 Rn. 39; § 105 Rn. 79; *Beulke/Swoboda*, Strafprozessrecht, § 12 Rn. 258b; *Volk/Engländer*, Grundkurs StPO, § 28 Rn. 14; *Fezer*, FS-Rieß, S. 93 (104); *ders*, NStZ 2003, 625 (630); *Harms*, StV 2006, 215 (219); *Jäger*, FS-Wolter, S. 947 (959); *Krehl*, NStZ 2003, 461 (463 f.); *Krekeler*, NStZ 1993, 263 (264); *Mosbacher*, NJW 2007, 3686 (3687); *ders*, JuS 2008, 125 (126); *Münchhalffen*, FS-Mehle, S. 445 (448); *Rogall*, NStZ 1988, 385 (391); *Roßmüller/Scheinfeld*, wistra 2004, 52 (55); vgl. *Burhoff*, StraFo 2005, 140 (146 f.); *Müller/Trunit*, StraFo 2008, 144 (150); ferner auch BVerfGE 57, 346 (355); a.A.: *Kleinknecht*, NJW 1966, 1537 (1538); *Bruns*, KK-StPO, § 105 Rn. 21; differenzierend nach der Frage, ob den Ermittlungsbehörden eine Eilkompetenz zusteht oder nicht: *Landau/Sander*, StraFo 1998, 397 (402); siehe ferner *Amelung/Mittag*, NStZ 2005, 614 (616), die als Lösung statt eines Beweisverwertungsverbots eine Beweislastumkehr vorschlagen.

der Hypothese eine richterliche Anordnung hypothetisch stets zu bekommen gewesen.[36]

Lässt man dieses Argument aber bei der Verletzung von Richtervorbehalten zu, wäre deren Missachtung folgenlos.[37] Die richterliche Zuständigkeit ließe sich jederzeit mühelos durch den Hinweis, dass ein richterlicher Beschluss zwar nicht vorgelegen habe, aber mutmaßlich zu erlangen gewesen wäre, umgehen.[38] Im Ergebnis würden die Richtervorbehalte vollständig leerlaufen.[39]

Wenn danach gefragt wird, ob die Anordnung durch den Ermittlungsrichter bei rechtmäßigem Vorgehen der Ermittlungsbehörden erlassen worden wäre, werden lediglich die materiellen Voraussetzungen für die Durchführung der Ermittlungsmaßnahme geprüft.[40] Denn der Ermittlungsrichter hätte idealtypisch die Maßnahme angeordnet, wenn dies der Fall gewesen wäre.

Wird die Hypothesenbildung jedoch beim Richtervorbehalt angewandt, liefe dies darauf hinaus, dass es ausreichen würde, wenn ein Richter lediglich nachträglich prüft, ob zur Zeit des Eingriffs die materiellen Voraussetzungen vorgelegen haben.[41] Folglich würde durch die Anwendung der Hypothesenbildung eine Verletzung des Richtervorbehalts zum schlichten Formfehler im Sinne der Verletzung einer bloßen Ordnungsvorschrift degradiert.[42] Die präventive Begrenzung des Handelns der Ermittlungspersonen und die Gewährung von Anordnungsrechtsschutz durch die Übertragung der Kompetenz auf den Ermittlungsrichter fände weitgehend nicht mehr statt.[43] Die verfassungsrechtlichen Funktionen eines Richtervorbehalts, Justizförmigkeit und Grundrechtsschutz bereits im Ermittlungsverfahren richterlich zu garantieren, fielen damit überwiegend aus.

Eine derartige Hypothesenbildung führt bei der Anordnungskompetenz des Ermittlungsrichters zu einer unzulässigen Perspektivenverschiebung.[44] Letztlich wäre durch die Ermittlungsbehörden eine Prognose über die Entscheidung der

---

[36] *Mosbacher*, NJW 2007, 3686 (3687).

[37] *Volk/Engländer*, Grundkurs StPO, § 28, Rn. 14; *Jäger*, FS-Wolter, S. 947 (959); *Mosbacher*, JuS 2008, 125 (126); *Münchhalffen*, FS-Mehle, S. 445 (447).

[38] *Roxin*, NStZ 1989, 375 (379).

[39] So auch *Münchhalffen*, FS-Mehle, S. 445; vgl. *Müller/Trunit*, StraFo 2008, 144 (150).

[40] *Wohlers/Jäger*, SK-StPO, § 102 Rn. 39.

[41] *Fezer*, FS-Rieß, S. 93 (104); ferner vgl. *Harms* StV 2006, 215 (219).

[42] BVerfGE 139, 245 (266); *Krehl*, NStZ 2003, 461 (463); *Müller/Trunit*, StraFo 2008, 144 (150).

[43] *Harms*, StV 2006, 215 (219); *Krehl*, NStZ 2003, 461 (463 f.); vgl. ferner *Krekeler*, NStZ 1993, 263 (264).

[44] *Wohlers/Jäger*, SK-StPO, § 102 Rn. 39.

Judikative zulässig. Die Exekutive würde somit selbst über das Ergebnis judikativer Entscheidungen bestimmen, statt eine Kontrolle ihrer Handlungen durch die Judikative zu ermöglichen, was mit dem Grundsatz der Gewaltenteilung nicht vereinbar ist.[45] An dieser Stelle wird die Bedeutung der vorab erfolgten Einordnung der ermittlungsrichterlichen Tätigkeit zur Judikative besonders deutlich: Die Hypothesenbildung führt bei dieser Fallgruppe zu einer Verletzung des Grundsatzes der Gewaltenteilung.

Ob der jeweilige Ermittlungsrichter im konkreten Einzelfall tatsächlich eine Anordnung erlassen hätte, wird sich darüber hinaus im Nachhinein niemals mit hinreichender Sicherheit klären lassen.[46] Jedenfalls ist es niemanden erlaubt – und schon gar nicht den Ermittlungsbehörden –, das Ergebnis einer richterlichen Entscheidung zu fingieren, denn die Rechtsprechung ist im Rechtsstaat des Grundgesetzes einzig und allein den Richtern anvertraut. Eben hierin liegt die Durchbrechung des Grundsatzes der Gewaltenteilung.

Die Anerkennung der hypothetisch rechtmäßigen Beweiserlangung als Abwägungskriterium in der Fallgruppe der Verstöße gegen die Anordnungskompetenz des Ermittlungsrichters würde diese Kompetenzregelung zwischen Judikative und Exekutive unterlaufen.[47] Im Ergebnis würde der Richtervorbehalt derart ausgehöhlt werden, dass er sinnlos werden würde.[48] Das ist von Verfassung wegen nicht hinnehmbar.[49]

6.1.4 Maßstab für die Hypothesenbildung

Soweit die Anwendung der Hypothesenbildung als solche nicht mit Verfahrensgrundsätzen in Konflikt gerät – wie dies etwa für die Fallgruppe von Verstößen gegen die Anordnungskompetenz des Ermittlungsrichters der Fall ist –, findet sie allgemeine Anwendung. Für ihre praktische Handhabe muss allerdings noch festgestellt werden, welcher Maßstab für die Hypothesenbildung anzusetzen ist.

Dieser kann abstrakt oder konkret sein. Ein abstrakter Maßstab ist gegeben, wenn bei der Hypothesenbildung nicht die konkreten Umstände des Einzelfalls beachten werden müssen, sondern die verallgemeinernde Aussage genügt, dass in derlei Fällen die Beamten in der Regel den Beweis auch rechtmäßig hätten

[45] Vgl. auch *Rogall*, NStZ 1988, 385 (391).

[46] *Jäger*, FS-Wolter, S. 947 (959).

[47] *Hauschild*, MüKo-StPO, § 98 Rn. 13.

[48] *Hauschild*, MüKo-StPO, § 98, Rn. 13.

[49] Ähnlich bei *Müller/Trunit*, StraFo 2008, 144 (150).

erlangen können. Ein konkreter Maßstab stellt hingegen auf die Besonderheiten des Einzelfalls ab und versucht möglichst präzise aufzuzeigen, wie der Beweis in der konkreten Situation auch rechtmäßig hätte erlangt werden können.

6.1.4.1 Abstrakter Maßstab

Bisweilen wird der Rechtsprechung vorgehalten, einen abstrakten Maßstab gewählt zu haben.[50] Hierzu benennt die Literatur[51] Entscheidungen des OLG Celle[52] und des OLG Zweibrücken.[53]

Beide Fälle haben vergleichbare Sachverhalte zum Gegenstand. Es ging um einen alkoholisierten Fahrzeugführer, der verunfallte und sich dabei schwer verletzte. In Vorbereitung der Notoperation wurde dem Fahrzeugführer Blut abgenommen. Nach der Operation wurde den Beamten auf deren Beschlagnahmeanordnung hin ein Rest aus der vorab genommenen Blutprobe zur Verfügung gestellt. Die Analyse ergab in beiden Fällen eine BAK von deutlich über 2,00 Promille, die zur Verurteilung des Fahrzeugführers führte. Die eingelegten Revisionen zu dem jeweiligen Oberlandesgerichten blieben ohne Erfolg.

Nach Rogall[54] und Jäger[55] würden die Entscheidungen darauf abstellen, dass zwar eine Beschlagnahme am Verbot des § 97 Abs. 1 Nr. 3 StPO scheitere, aber abstrakt für die Ermittlungsbeamten mit § 81a StPO die Möglichkeit einer Blutentnahme bestünde. Daraus folge, dass konkret einschlägige Vorschriften mit Hilfe abstrakter Hypothesenbildung schlicht ersetzt werden könnten.[56]

Dies spiegelt aber gar nicht den Inhalt der Entscheidungsgründe wider.

Das OLG Celle hat vielmehr das Beschlagnahmeverbot des § 97 Abs. 1 Nr. 3 StPO teleologisch reduziert.[57] Die Blutprobe hätte ebensogut durch eine Blutentnahme nach § 81a StPO gewonnen werden können.[58] Daher bestehe kein

[50] *Beulke*, ZStW 103 (1991); 657 (676); *Jäger*, Beweisverwertung und Beweisverwertungsverbote im Strafprozess, S. 122.

[51] *Beulke*, ZStW 103 (1991); 657 (676); *Jäger*, Beweisverwertung und Beweisverwertungsverbote im Strafprozess, S. 122.

[52] OLG Celle, NStZ 1989, 385.

[53] OLG Zweibrücken, NJW 1994, 810.

[54] *Beulke*, ZStW 103 (1991); 657 (676).

[55] *Jäger*, Beweisverwertung und Beweisverwertungsverbote im Strafprozess, S. 122.

[56] *Jäger*, Beweisverwertung und Beweisverwertungsverbote im Strafprozess, S. 122.

[57] OLG Celle, NStZ 1989, 385 (385).

[58] OLG Celle, NStZ 1989, 385 (386).

rechtlich relevantes Interesse daran, dass nicht unmittelbar die bereits vorliegende Blutprobe verwendet werden dürfe.[59] Vor diesem Hintergrund trete der Schutz der ärztlichen Schweigepflicht aus § 97 Abs. 1 Nr. 3 StPO hinter dem Strafverfolgungsinteresse zurück.[60]

Das OLG Zweibrücken hat sich ausdrücklich der Entscheidung des OLG Celle angeschlossen.[61] Ergänzend führt es aus, dass die teleologische Reduktion dem Verhältnismäßigkeitsgrundsatz und dem Interesse des Betroffenen entspreche.[62] Demnach dürfe die körperliche Integrität nicht beeinträchtigt werden, wenn die notwendige Feststellung auch auf anderem Wege getroffen werden könne.[63] Hingegen wäre es geradezu schikanös gewesen, einem Betroffenen, dem zur Vorbereitung einer Notoperation Blut entnommen wird, noch eine weitere Blutentnahme nach § 81a StPO zuzumuten, wenn bereits durch die erste Blutentnahme genügend Blut zur Verfügung steht.[64]

Tatsächlich hat die Rechtsprechung bisher nicht erkennen lassen, ob sie einen abstrakten oder konkreten Maßstab ansetzt. Vielmehr stellt sie stets pauschal fest, dass der Beweis hypothetisch rechtmäßig hätte erlangt werden können, ohne die Hypothesenbildung näher zu erläutern.

6.1.4.2 Konkreter Maßstab

Die Literatur[65] hingegen vertritt ausdrücklich und einhellig die Auffassung, dass die Hypothese konkret zu bilden sei. Dieser Auffassung soll gefolgt werden.

Ein konkreter Maßstab ist zum Schutz des Betroffenen notwendig.[66] Es kann nicht darauf ankommen, was nach dem Prozessrecht abstrakt möglich gewesen wäre, sondern nur darauf, was im konkreten Einzelfall vernünftigerweise als möglicher alternativer Ermittlungsverlauf in Frage gekommen wäre.[67]

---

59 OLG Celle, NStZ 1989, 385 (386).

60 OLG Celle, NStZ 1989, 385 (386).

61 OLG Zweibrücken, NJW 1994, 810 (810).

62 OLG Zweibrücken, NJW 1994, 810 (810).

63 OLG Zweibrücken, NJW 1994, 810 (810).

64 OLG Zweibrücken, NJW 1994, 810 (810).

65 *Beulke*, ZStW 103 (1991); 657 (676); *Grünwald*, JZ 1966, 489 (496); *Jäger*, Beweisverwertung und Beweisverwertungsverbote im Strafprozess, S. 122; Rogall, NStZ 1988, 385 (382); *Schlüchter*, FS-Krause, S. 485 (491); *dies.*, JR 1984, 517 (519); *Welp*, Die strafprozessuale Überwachung des Post- und Fernmeldeverkehrs, S. 217; *Wohlers*, NStZ 1990, 245 (246).

66 Rogall, NStZ 1988, 385 (382).

67 Rogall, NStZ 1988, 385 (382).

Die Rechtsfigur darf nicht die Funktion bekommen, ein früheres Unterlassen der Ermittlungsbeamten dadurch zu relativieren, dass zwar die spätere Beweisgewinnung nicht mehr rechtmäßig erfolgen kann, dies aber bei einem zeitigeren Handeln der Beamten noch möglich gewesen wäre.[68] Dann wäre das konkrete Zeitmoment aufgehoben.

Auch das konkrete Umstandsmoment darf nicht außer Betracht bleiben. Ansonsten bestünde die Gefahr, dass eine abstrakt nach der StPO mögliche, aber im konkreten Fall nicht anwendbare Ermittlungsmaßnahme, den Beamten eine Zugriffsmöglichkeit verschafft, die ihnen schlechterdings durch das Gesetz versagt bleiben soll.[69] Nicht die Umstände des Einzelfalls, sondern nur das Handeln der Ermittlungsbeamten soll mit Blick auf hypothetische Alternativen betrachtet werden.[70]

Konkreter Maßstab meint dabei das Festhalten am konkreten Zeit– und Umstandsmoment. Demnach ist ein rechtswidrig erlangter Beweis verwertbar, wenn er zur konkreten Zeit und unter den konkreten Umständen hypothetisch rechtmäßig zu erlangen gewesen wäre.

6.1.4.3 Analyse der Entscheidung BGHSt 24, 125

Zur Verdeutlichung kann erneut auf den Medizinalassistenten–Fall abgestellt werden: Der Bundesgerichtshof begnügte sich mit der Feststellung, dass der Beweis auch hypothetisch rechtmäßig zu erlangen gewesen wäre.[71] Warum dies so sei, hat er weder abstrakt noch konkret beantwortet.

Nach dem in der Literatur vertretenen konkreten Maßstab hätte der Bundesgerichtshof aufklären müssen, ob tatsächlich im konkreten Krankenhaus zur konkreten Zeit ein Arzt für eine Blutprobe zur Verfügung stand.

Denn die Beamten sind sicherlich nicht grundlos auf einen Medizinalassistenten verwiesen worden. Denn es ist durchaus üblich, dass in den Nachtschichten neben ein bis zwei Ärzten, die dann aber zur konkreten Zeit mit einem Notfall beschäftigt sein könnten, im Übrigen ausschließlich Studenten im praktischen Jahr eingesetzt sind. In dieser Fallkonstellation wäre es konkret unmöglich gewesen, den Beweis rechtmäßig zu erlangen, weil im konkreten Krankenhaus zur konkreten Zeit tatsächlich kein Arzt für eine Blutentnahme zur Verfügung stand, da diese mit dringenderen Aufgaben beschäftigt waren.

---

[68] *Beulke*, ZStW 103 (1991); 657 (677); vgl. ferner *Welp*, Die strafprozessuale Überwachung des Post- und Fernmeldeverkehrs, S. 217.

[69] *Wohlers*, NStZ 1990, 245 (246).

[70] *Schlüchter*, JR 1984, 517 (519).

[71] BGHSt 24, 125 (131 f.).

Wäre aber im Medizinalassistenten–Fall ein Arzt zur konkreten Zeit und unter den konkreten Umständen tatsächlich nicht zu erreichen gewesen, ließe sich eine Verwertbarkeit des Beweises nicht durch eine Hypothesenbildung erreichen.[72] Würde man hingegen einen abstrakten Maßstab genügen lassen, wäre der Beweis verwertbar, da die Hypothesenbildung abstrakt gelänge.

6.1.5 Anforderungen an den Nachweis

Neben Anwendbarkeit und Erfolg einer Hypothesenbildung ist für die Praxis im Wesentlichen von Bedeutung, wie hoch die Anforderungen an den Nachweis einer erfolgreichen Hypothesenbildung sind. Für den Medizinalassistenten–Fall etwa ist zu entscheiden, in welchem Umfang Beweis darüber zu erheben ist, dass ein Arzt zur Verfügung gestanden hätte und im weiteren hypothetischen Verlauf die Blutentnahme rechtmäßig hätte erfolgen können. Die unterschiedlichen Stimmen der Literatur fordern zum Nachweis,

- dass der hypothetisch rechtmäßige Kausalverlauf mit einer gewissen tatsächlichen Wahrscheinlichkeit angenommen werden könne,[73]
- der rechtmäßige Verlauf jedenfalls wahrscheinlicher als ein weiterhin unrechtmäßiger sei,[74]
- der Beweis hypothetisch sehr wahrscheinlich rechtmäßig hätte erlangt werden können[75] oder
- der Beweis höchstwahrscheinlich rechtmäßig zu erlangen gewesen wäre.[76]

Demgegenüber lässt es die Rechtsprechung genügen, dass es nicht fernliegen darf, dass die Ermittlungsbeamten den Beweis rechtmäßig hätten erlangen können.[77] Dies ist nur ein scheinbarer Widerspruch. Denn der Nachweis beinhaltet zwei Elemente:

Zunächst ist der für die Hypothesenbildung erforderliche Sachverhalt zur Überzeugung des Gerichts aufzuklären. Im Medizinalassistenten–Fall wäre anhand

[72] So auch *Grünwald*, JZ 1966, 489 (496).

[73] *Wohlers*, NStZ 1990, 245 (246).

[74] *Schlüchter*, FS-Krause, S. 485 (493).

[75] *Volk/Engländer*, Grundkurs StPO, § 28 Rn. 14.

[76] *Rogall*, NStZ 1988, 385 (392).

[77] BGHSt 32, 68 (71).

von Urkunden und Zeugnissen nachzuweisen gewesen, ob zum konkreten Zeitpunkt ein Arzt tatsächlich zur Verfügung gestanden hätte.

Steht der relevante Sachverhalt zur Überzeugung des Gerichts fest, genügt es zur Hypothesenbildung, dass die Beamten in derartigen Fällen gewöhnlicherweise den Beweis auch rechtmäßig hätten erlangen können. Mithin muss der Sachverhalt erschöpfend ermittelt werden, für die Hypothesenbildung als solche genügt hingegen eine Mutmaßung.

Es darf nicht verkannt werden, dass es bei dieser Rechtsfigur um eine Hypothese geht. Hypothetische Erwägungen sind aber schon per se dem Beweis nicht zugänglich, weil sie ein bloßes gedankliches Konstrukt darstellen.[78] Nur das Zeitmoment und das Umstandsmoment können ausführlich aufgeklärt werden, während sich die Hypothese schon ihrem Sinn nach darin erschöpft festzustellen, womit gewöhnlicherweise zu rechnen ist.

Die Unterfallgruppe II.1 lässt sich nunmehr wie folgt definieren: Ein rechtswidrig erlangter Beweis ist im Anschluss an die Phase I der Prüfung immer dann verwertbar, wenn er zur konkreten Zeit und unter den konkreten Umständen gewöhnlicherweise rechtmäßig zu erlangen gewesen wäre, wobei die zur Hypothesenbildung notwendigen tatsächlichen Umstände zur Überzeugung des Gerichts feststehen müssen.

6.2 Absolute Verhinderung einer Strafverfolgung

Neben der spezielleren Unterfallgruppe der erfolgreichen Anwendung der Hypothese der rechtmäßigen Beweiserlangung lässt sich als weiterer Ausfluss des Interesses an einer effektiven Strafverfolgung die Unterfallgruppe II.2. bilden: Ein rechtswidrig erlangter Beweis bleibt im Anschluss an Phase I der Prüfung auch immer dann verwertbar, wenn ein Beweisverwertungsverbot die Verfolgung der Tat absolut verhindern würde. Dies ist der Fall, wenn die Strafverfolgungsbehörden unabhängig von dem konkreten Zeit– und Umstandsmoment der Ermittlungsmaßnahme keine Chance hätten, den Täter auf irgendeine andere Weise zu überführen.

---

[78] *Jäger*, Beweisverwertung und Beweisverwertungsverbote im Strafprozess, Fn. 630.

6.2.1 Herleitung

Die Unterfallgruppe II.2 setzt also im Unterschied zur Unterfallgruppe II.1 nicht am Rechtschutzbedürfnis des Betroffenen argumentativ an, sondern stellt den Gedanken einer effektive Strafverfolgung selbst in das Zentrum der Überlegung. Die Gewährleistung einer effektiven Strafverfolgung stellt nach inzwischen gefestigter Rechtsprechung nebst Literaturmeinung einen Verfahrensgrundsatz mit Verfassungsrang dar.[79] Diese Erkenntnis darf für die weiteren Ausführungen vorausgesetzt werden, trifft aber noch keine Aussage darüber, welche Wirkungen aus diesem Grundsatz für das Strafverfahren abzuleiten sind.

6.2.1.1 Wirkungen des Grundsatzes der effektiven Strafverfolgung

Nach Nowrousian[80] wirke der Grundsatz der effektiven Strafverfolgung staatslegitimierend und freiheitswahrend. Die Legitimation des Staates ergebe sich nicht dadurch, dass er nicht in Grundrechte eingreift, sondern allein dadurch, dass er die Rechte und Freiheit seiner Bürger effektiv schützt.[81] Nach Nowrousian ergebe dies für den Rechtsstaat einen Doppelauftrag: Einerseits sei es ihm verwehrt, selbst zum Rechtsverletzer zu werden, andererseits sei er als Rechtsgarant in der Pflicht, seine Bürger vor Rechtsverletzungen effektiv zu schützen.[82]

Dabei dürfe nicht verkannt werden, dass Gefahren für die Freiheit der Bürger nicht mehr vorrangig vom Staat selbst als vielmehr von Straftätern ausgingen.[83] Eine effektive Strafverfolgung sei vor diesem Hintergrund das rechtsstaatliche Mittel, um die Freiheit der Bürger zu wahren. Sie verstehe sich im liberalen Rechtsstaat ausschließlich als Sicherung der Freiheitsrechte.[84] Denn der effektive Schutz der Sicherheit sei denknotwendig immer auf den Aspekt bezogen, der gesichert werden soll, nämlich die Freiheit des Einzelnen.[85]

Hieraus zieht Nowrousian nunmehr den Schluss, dass der Grundsatz der effektiven Strafverfolgung nicht so weit zurückgedrängt werden dürfe, dass eine

[79] Statt vieler *Nowrousian*, Heimliches Vorgehen und aktive Täuschung im Ermittlungsverfahren, S. 113 – 148, der diese Erkenntnis unter Darstellung von Rechtsprechung und Literatur in seiner erst 2015 veröffentlichen Dissertation derart gelungen herleitet, dass an dieser Stelle ein Verweis genügen soll.

[80] *Nowrousian*, Heimliches Vorgehen und aktive Täuschung im Ermittlungsverfahren, S. 170 ff.

[81] *Nowrousian*, Heimliches Vorgehen und aktive Täuschung im Ermittlungsverfahren, S. 170.

[82] *Nowrousian*, Heimliches Vorgehen und aktive Täuschung im Ermittlungsverfahren, S. 170 f.

[83] *Nowrousian*, Kriminalistik 2013, 191 (193).

[84] *Nowrousian*, Heimliches Vorgehen und aktive Täuschung im Ermittlungsverfahren, S. 171.

[85] *Nowrousian*, Heimliches Vorgehen und aktive Täuschung im Ermittlungsverfahren, S. 171 f.

Verbrechensbekämpfung faktisch ausgeschlossen wird.[86] Vielmehr verfüge auch dieser Verfahrensgrundsatz – ebenso wie Grundrechte – über einen unveräußerlichen Kernbereich, der sich daraus herleite, dass eine vollständige Aushöhlung des Grundsatzes zugleich den Grundrechtsschutz, den er im Sinne der Sicherung der Freiheit des Einzelnen gewährleisten soll, unmöglich machen würde.[87]

6.2.1.2 Bedeutung für die Lehre von den Beweisverwertungsverboten

Somit kann nach den Ausführungen Nowrousians der Grundsatz der effektiven Strafverfolgung im Rahmen einer Verhältnismäßigkeitsprüfung, also gerade dort, wo eine Abwägung mit anderen Grundrechten erforderlich wird, für sich die Garantie des Kernbereichsschutzes anführen.[88] Aus diesen Überlegungen lässt sich meines Erachtens eine zweite Unterfallgruppe der Phase II herleiten:

Nach der Abwägungslehre liegt ein Beweisverwertungsverbot immer dann vor, wenn die Rechte der Betroffenen das Interesse an einer effektiven Strafverfolgung überwiegen. Für den Betroffenen geht es hierbei um sein Recht auf ein faires Verfahren einerseits und den durch die rechtswidrige Ermittlungsmaßnahme erfolgten Eingriff in seine Grundrechte andererseits. Dass es stets um eine Güterabwägung geht, darf auch im Rahmen der hier aufgezeigten Systematik nicht außer Betracht bleiben. Die Unterfallgruppen stellen keine von der Abwägung losgelöste Vorfrage dar, sondern vielmehr verschiedene Phasen eines gesamten Abwägungsvorgangs. Es sollen nur die Fallkonstellationen ausgesondert werden, in denen es immer zum Überwiegen des einen Interesses über das andere Interesse kommt.

Der Abwägungsvorgang stellt zur Begründung eines Beweisverwertungsverbots eine an sich verfassungsrechtliche Methode dar.[89] Die auch sonst in grundrechtlichen Verhältnismäßigkeitsprüfungen übliche praktische Konkordanz hat daher auch hier Bedeutung, mag dies originär Teil der Abwägungslehre sein oder sich jedenfalls aus einer verfassungskonformen Auslegung und Anwendung dieser Lehre ergeben. Zumindest findet der Kernbereichsschutz von Grundrechten und Staatsprinzipien mit Verfassungsrang auch in der Lehre von den Beweisverwertungsverboten Anwendung.

[86] *Nowrousian*, Heimliches Vorgehen und aktive Täuschung im Ermittlungsverfahren, S. 174 f.

[87] *Nowrousian*, Heimliches Vorgehen und aktive Täuschung im Ermittlungsverfahren, S. 175.

[88] Vgl. *Nowrousian*, Heimliches Vorgehen und aktive Täuschung im Ermittlungsverfahren, S. 175.

[89] Siehe meine Ausführungen unter 3.3.2.6.

Der Grundsatz der effektiven Strafverfolgung verfügt nach den Ergebnissen von Nowrousian über einen unveräußerlichen Kernbereich. Dieser leitet sich daraus ab, dass die Sicherung der Freiheit des Einzelnen einer effektive Strafverfolgung bedarf. Wenn aber die absolute Verhinderung einer effektiven Strafverfolgung droht, wird dieser Grundsatz in seinem Wesensgehalt in Frage gestellt. Dann wird eine Strafverfolgung generell unmöglich gemacht. Demgemäß muss immer dann, wenn durch ein Beweisverwertungsverbot die weitere Verfolgung der Tat absolut vereitelt werden würde, der Kernbereichsschutz die Verwertbarkeit eines Beweises erhalten.

Absolut meint in diesem Zusammenhang, dass die Vereitelung über die konkrete Ermittlungsmaßnahme hinaus gehen muss. Alles andere würde an dieser Stelle die Lehre von den Beweisverwertungsverboten ad absurdum führen, da es gerade die Funktion eines Verwertungsverbotes ist, die Verwertung eines durch eine konkrete Maßnahme gewonnenen Beweises zu vereiteln.

Vielmehr muss in einer Gesamtbetrachtung festgestellt werden, dass durch ein Beweisverwertungsverbot an der konkreten Stelle auch auf keine andere irgendwie denkbare Weise die Überführung des Täters mit rechtsstaatlichen Mitteln mehr gelingen könnte. Es geht insofern generell um die Verhinderung einer Strafverfolgung in bestimmten Fallkonstellationen.[90]

Haben die Strafverfolgungsbehörden unabhängig von den konkreten Umständen keine Chance mehr, den Täter auf irgendeine andere Weise zu überführen, verletzt dies den Kernbereich des Grundsatzes der effektiven Strafverfolgung. Zumindest abstrakt muss für die Ermittlungsbeamten die Chance erhalten bleiben, den Täter einer Straftat ermitteln und überführen zu können.

Dies gilt aber nicht vorbehaltslos. Richtigerweise kann dieser Aspekt erst in Phase II der Prüfung Berücksichtigung finden. Denn eine effektive Strafverfolgung ist im Rechtsstaat des Grundgesetzes ihrerseits nur legitim, wenn der Staat sich dabei an die geltenden Regeln hält. Der Staat disqualifiziert sich nämlich als Schutzgarant für die Freiheit aller Personen, wenn er einen Einzelnen – namentlich den Betroffenen der Ermittlungen – Rechtsverletzungen zufügt, die Auswirkungen auf die Fairness des Prozesses im Ganzen haben oder einen besonderen Bezug zur Menschenwürde darstellen. Ebenso disqualifiziert er sich, wenn seine Beamten vorsätzlich oder grob fahrlässig die Rechte Betroffener verletzen.

In allen anderen Fällen muss aber dem Kernbereichsschutz der effektiven Strafverfolgung ein absoluter Vorrang eingeräumt werden. Nach alledem muss

---

[90] Vgl. *Nowrousian*, Heimliches Vorgehen und aktive Täuschung im Ermittlungsverfahren, S. 175.

ein Beweis verwertbar bleiben, wenn ein Beweisverwertungsverbot die Verfolgung der Tat absolut verhindern würde. Den Ermittlungspersonen muss eine zumindest abstrakt über den Einzelfall hinausgehende Möglichkeit verbleiben, in entsprechenden Fallkonstellationen die Tat noch aufklären zu können.

6.2.2 Verdeutlichung und praktische Relevanz

Obwohl dieser Weg – soweit ersichtlich – bisher weder in der Rechtsprechung noch in der Literatur zu der Lehre von den Beweisverwertungsverboten gegangen worden ist, hat er eine ganz erhebliche praktische Relevanz. Zum einen kann er als der hypothetisch rechtmäßigen Beweiserlangung gleichgeordnete Figur eine weitergehende Beweisaufnahme zur Klärung des zur Hypothesenbildung erforderlichen Sachverhalts entbehrlich machen. Zum anderen wird er nach der hier vertretenen eingeschränkten Anwendbarkeit der Hypothesenbildung schlechterdings benötigt, um eine Verwertbarkeit ohne Einzelfallabwägung zu begründen, wenn ein Richtervorbehalt verletzt worden ist.

6.2.2.1 Exemplarisch BGHSt 24, 125

Für den Medizinalassistenten–Fall wurde bezüglich der Hypothesenbildung herausgearbeitet, dass zu deren erfolgreicher Annahme das konkrete Zeit– und das konkrete Umstandsmoment zur Überzeugung des Gerichts bewiesen und in den Prozess eingeführt werden müsste. Es wäre zu klären gewesen, ob zur konkreten Zeit und unter den konkreten Umständen tatsächlich ein Arzt für eine Blutentnahme zur Verfügung gestanden hätte.

Dies hätte allerdings auch dahingestellt bleiben können.

Denn die hier aufgezeigte Unterfallgruppe II.2 wäre ebenso einschlägig gewesen. Fahruntüchtigkeit als Tatbestandsmerkmal jedes Trunkenheitsdelikts lässt sich nur anhand der konkrete BAK ermitteln. Allerdings gibt es keine andere verlässliche Ermittlungsmaßnahme zur Bestimmung der BAK außer die Blutentnahme nach § 81a StPO,[91] sofern sich der Betroffene nicht einlässt und auch sonst keine Angaben zum Trinkverhalten zu beschaffen sind. Ein Beweisverwertungsverbot außerhalb der vorab zu führenden Prüfung in Phase I würde dementsprechend den Kernbereich des Grundsatzes der effektiven Strafverfolgung verletzen, weil Trunkenheitsdelikte in derartigen Konstellationen andernfalls nicht mehr aufzuklären wären. Auf eine Einzelfallabwägung kann es dann

[91] *Dzendzalowski*, Körperliche Untersuchung, S. 58 f.

schon nicht mehr ankommen. Vielmehr ist der Beweis in der Konstellation des Medizinalassistenten–Falls verwertbar.

6.2.2.2 Exemplarisch OLG Frankfurt/M, NStZ–RR 2011, 46

Dies wird anhand einer Entscheidung des OLG Frankfurt am Main[92] besonders deutlich.

In dem Fall geriet der Betroffene unverschuldet in einen Verkehrsunfall. Die herbeigerufene Polizei bemerkte aber, dass der Betroffene nach Alkohol roch. Eine freiwillig abgegebener Atemalkoholtest ergab einen Wert von 1,05 Promille und damit knapp unterhalb der absoluten Fahruntüchtigkeit. Daraufhin wurde das Gangbild des Betroffenen untersucht. Es zeigten sich aber keine Auffälligkeiten.

Er selbst gab an, zwei bis drei Gläser Apfelwein getrunken zu haben. Sachverständig ermittelt hätte dies allenfalls zu einem BAK von 0,28 Promille zum Tatzeitpunkt führen können.

Eine ohne richterliche Anordnung um 17.35 Uhr vorgenommene Blutentnahme ergab unter Rückrechnung zum Tatzeitpunkt einen Wert von 0,99 Promille.

Der Betroffene wurde erstinstanzlich freigesprochen. Er sei erwiesenermaßen nicht fahruntüchtig gewesen. Des Weiteren käme auch die Verhängung eines Bußgeldes wegen Überschreitung der 0,5–Promille–Grenze nicht in Betracht, weil das Ergebnis der Blutentnahme nicht verwertbar sei. Dies ergäbe eine Abwägung des Einzelfalls. Der Betroffene sei erwiesenermaßen fahrtüchtig gewesen, sodass keine Gefahr für andere Verkehrsteilnehmer bestand. Vielmehr ist er unverschuldet in einen Unfall verwickelt worden. Die Rechte des Betroffenen andererseits seien durch eine Blutentnahme zwar geringfügig, aber eben nicht unwesentlich berührt, weshalb aus dem Beweiserhebungsverbot ein Beweisverwertungsverbot folge.

Zudem hätten die Beamten willkürlich Gefahr im Verzug angenommen. Gegen 17.35 Uhr dürfte in Frankfurt ein Ermittlungsrichter erreichbar sein, so das Amtsgericht.

Gegen diese Entscheidung legte die Staatsanwaltschaft beim Oberlandesgericht Sprungrevision ein. Das Rechtsmittel führte zur Aufhebung des Urteils.

Für die Entscheidung tragend war, dass das OLG Frankfurt am Main schon gar nicht von einer Verletzung der Anordnungskompetenz ausging.[93] Dabei stellte das Oberlandesgericht besonders auf die Unsicherheiten bei einem Atemalkoholtest ab, der eine Blutentnahme nicht ersetze.[94] Weil bereits seit dem Unfall eine

[92] OLG Frankfurt/M, NStZ-RR 2011, 46.

[93] OLG Frankfurt/M, NStZ-RR 2011, 46 (47).

[94] OLG Frankfurt/M, NStZ-RR 2011, 46 (47).

Stunde vergangen war, auch ein Ermittlungsrichter für eine Anordnung nach § 81a StPO eine längere Zeit zur Prüfung benötige und sicherlich nicht ohne große Zeitverzögerung telefonisch eine Blutentnahme anordnen könne und weil eine Rückrechnung der BAK zum Tatzeitpunkt mit weiterem Zeitablauf immer schwieriger werde, hätten die Beamten nicht auf eine Anordnung durch den erreichbaren Ermittlungsrichter warten können, sodass Gefahr im Verzug vorgelegen habe.[95]

Im Weiteren führte das Oberlandesgericht noch summarisch aus, dass der Verteidiger den Widerspruch vergessen habe, die Beamten – unter der Annahme, es sei nicht Gefahr im Verzug gewesen – jedenfalls nicht willkürlich Gefahr im Verzug angenommen hätten und dass der Beweis zumindest hypothetisch rechtmäßig zu erlangen gewesen wäre.[96]

Den Widerspruch außen vor gelassen und die Figur der hypothetisch rechtmäßigen Beweiserlangung für die Verletzung des Richtervorbehalts für unanwendbar erklärt, ist dieser Fall nicht so leicht zu lösen. Dabei fällt auf, wie sehr sich das Gericht anscheinend davor sträubt, eine Einzelfallabwägung vorzunehmen. Vielmehr versucht das Gericht um jeden Preis, Gefahr im Verzug darzustellen, obwohl eine telefonische Anordnung gewöhnlicherweise nach wenigen Minuten zu erreichen gewesen wäre. Tatsächlich dürfte Gefahr im Verzug nicht vorgelegen haben.

Dabei wäre der Fall geradezu prädestiniert gewesen, um den Grundsatz der effektiven Strafverfolgung zu betonen. Schließlich führt das Gericht zunächst zutreffend aus, wie es um die Beweiskraft eines Atemalkoholtests bestellt ist. Ohne Bestimmung des genauen BAK anhand einer Blutprobe kann eine Verurteilung wegen Trunkenheit im Verkehr nicht erfolgen. Dieses Problem wird auch das Oberlandesgericht erkannt haben, so lässt sich der Aufbau der Entscheidung nur so verstehen, dass sie eine verallgemeinernde Wirkung haben sollte: Hätte es nur auf den fehlenden Widerspruch oder die hypothetisch rechtmäßige Beweiserlangung abgestellt, hätte daraus der Schluss gezogen werden können, dass jenseits der Fälle von willkürlich handelnden Beamten ein Beweisverwertungsverbot entstünde, so wie es die erste Instanz auch entschieden hatte.

Eine saubere Lösung wäre für diesen Fall mit der Unterfallgruppe II.2 zu finden gewesen. Die Annahme eines Beweisverwertungsverbotes hätte die Strafverfolgung absolut unmöglich gemacht. Die Beamten hätten keine Chance mehr gehabt, diese Tat oder ähnliche Fälle aufzuklären, weil sie zur Überführung des Täters die Feststellung benötigten, dass er die 0,5–Promille–Grenze überschritten hatte. Selbst ein deutlich über dieser Grenze liegender Atemalkoholwert von

[95] OLG Frankfurt/M, NStZ-RR 2011, 46 (47).

[96] OLG Frankfurt/M, NStZ-RR 2011, 46 (48).

1,05 Promille genügt nicht, um zur Überzeugung des Gerichts von einer Ordnungswidrigkeit wegen Überschreitung der 0,5–Promille–Grenze auszugehen. Vielmehr bedurfte es zwingend der Verwertung der Blutprobe mit einem BAK von 0,99 Promille. Die BAK als Tatbestandsvoraussetzung einer Straftat oder Ordnungswidrigkeit lässt sich aber nur durch eine Blutentnahme nach § 81a StPO ermitteln.

6.2.2.3 Entfall des Richtervorbehalts bei alkoholspezifischen Verkehrsdelikten

Wird diese Unterfallgruppe II.2 akzeptiert, wird zudem umso klarer, warum der Richtervorbehalt des § 81a StPO bezüglich alkoholspezifischer Verkehrsdelikte aufgehoben gehörte. Jenseits der Phase I sind für die Verletzung der Anordnungskompetenz bei der Blutentnahme keine Beweisverwertungsverbote darstellbar, da sich Straftaten, bei denen die BAK zum Tatbestand gehört, nur durch eine Blutentnahme nachweisen lassen. Insoweit durfte der Richtervorbehalt an der Stelle als bloßer Selbstzweck verstanden werden: Nur seine grob fahrlässige oder vorsätzliche Verletzung vermochte ein Beweisverwertungsverbot auslösen. Auf eine Einzelfallabwägung kam es ebenfalls niemals an, da sämtliche Fälle, bei denen die Phase I nicht einschlägig war, durch die hiesige Unterfallgruppe zur Verwertbarkeit der Blutprobe führten.

Des Weiteren ist die Blutentnahme ein relativ geringfügiger Eingriff, der an und für sich noch keinen Richtervorbehalt zu begründen vermag. Jedenfalls ist es rechtspolitisch sinnvoll, einen Richtervorbehalt bei geringfügigen Eingriffen nicht als puren Selbstzweck beizubehalten, zumal er gerade bei der Blutentnahme in der Praxis weitgehend leerlief.

Für die übrigen Anwendungsfelder des § 81a StPO gilt dies aber nicht.

7 Die dritte Phase der Prüfung

Schließlich folgt Phase III der Prüfung. Nach meiner Auffassung kann in dieser Phase zunächst noch eine weitere Unterfallgruppe gebildet werden, die nach dem absoluten Vorrang der durch die vorgeworfene Tat gefährdeten und verletzten Rechtsgüter fragt. Kann der Fall auch nicht in diese Unterfallgruppe eingeordnet werden, verbleibt im Rahmen des Abwägungsvorgangs eine richterliche Gewissensentscheidung im Einzelfall. Die Gegenüberstellung und Abwägung der wechselseitigen Interessen außerhalb der Unterfallgruppen ist allerdings wenig vorhersehbar und lässt sich dogmatisch nur bedingt begründen.

7.1 Abwägung als rechtswissenschaftliche Methode

Daher unterliegt die Abwägung als rechtswissenschaftliche Methode schon einer grundsätzlichen Kritik. Sie wirkt in vielerlei Hinsicht als letzter Ausweg, wenn ein dogmatischer Ansatz nicht gelingen will. Dies wird auch im Rahmen der hier aufgestellten Systematik deutlich: Lässt sich der Einzelfall in keine der genannten Unterfallgruppen einordnen, verbleibt letztlich eine Abwägung, mithin die Feststellung, dass ein Interesse im Rang über einem anderen Interesse steht, ohne dass sich dies positivistisch am Grundgesetz festmachen ließe.

Methodisch ist es aber fragwürdig, in Ermangelung positivistischer Ansatzpunkte über das Rangverhältnis der Grundrechte allein auf Basis verfassungstheoretischer Überlegungen zu entscheiden, indem man ein solches Rangverhältnis schlicht behauptet.[1] Vielmehr können derartige Überlegungen zu leicht dazu führen, die persönlichen moralischen Überzeugungen als Ausflüsse der Verfassung

[1] Ebenfalls kritisch *Müller/Christensen*, Juristische Methodik, Bd. 1, S. 112 Rn. 71.

D. Decker, *Systematik der Beweisverwertung*,
https://doi.org/10.1007/978-3-658-34684-3_7

darzustellen. Soweit die Abwägung auf Kriterien zurückgreift, die sich nicht positivistisch aus dem Grundgesetz ergeben, bleibt der konkrete Bewertungsmaßstab der widerstreitenden Interessen ungewiss.[2]

Die Bewertung im Einzelfall folgt dann eher dem rechtsethischen Zeitgeist als dem Wortlaut der Verfassung. Daraus folgt aber keinesfalls zwingend, dass die Rechtsprechung mit dieser Methode letztlich zu irrationalen Einzelfallentscheidungen gelangen würde.[3] Sie ist ein in der Praxis notwendiges Mittel, um Sonderkonstellationen aufzulösen, die sich rechtsdogmatisch anders nicht lösen lassen.

Den verfassungstheoretischen Ansatz hierzu schuf Smend[4] bereits 1928: Demnach normiere der Grundrechtskatalog der Weimarer Reichsverfassung ein Wertesystem, dass die gemeinsamen Werte des Volkes aufgrund seiner Kultur und Geschichte allgemein darstelle.[5] Das Volk gebe sich als Souverän nicht nur frei gewählte staatliche Strukturen, sondern fülle diese auch mit seinen eigenen ethischen Werten. Smend folgend verstehen sich die Grundrechte als allgemeingültige Ethik des Volkes, wo zuvor allein der Kaiser entschied, was ethisch richtig sein soll.

Dieser Status der Grundrechte als objektives Wertesystem, als Integration der allgemeinen ethischen Grundsätze eines Volkes in geltendes Recht, führt dazu, dass sich der Grundrechtskatalog gerade nicht an das übrige Recht beziehungsweise an der übrigen Rechtsdogmatik orientiert.[6] Vielmehr wollen die Grundrechte eine über das Volk demokratisch legitimierte positivistische Rechtsethik sein und heben sich daher bewusst von den Grenzen rechtsdogmatischer Überlegungen ab. Es besteht ein Wechselspiel zwischen den Grundrechten als rechtsethisches Wertesystem einerseits und der möglichst rationalen, dogmatischen Anwendung des übrigen geltenden Rechts.

Ohne nun im Detail dieses Wechselspiel zu klären, zieht Smend einen ganz beeindruckenden Rückschluss: „Die Grundrechte proklamieren ein bestimmtes

[2] Vgl. *Müller/Christensen*, Juristische Methodik, Bd. 1, S. 112 Rn. 72.

[3] So aber *Müller/Christensen*, Juristische Methodik, Bd. 1, S. 113 Rn. 72.

[4] *Smend*, Verfassung und Verfassungsrechte (1928) in: *Smend*, Staatsrechtliche Abhandlungen, S. 264 f.

[5] *Smend*, Verfassung und Verfassungsrechte (1928) in: *Smend*, Staatsrechtliche Abhandlungen, S. 264.

[6] *Smend*, Verfassung und Verfassungsrechte (1928) in: *Smend*, Staatsrechtliche Abhandlungen, S. 264.

[…] Wertesystem, das der Sinn des von dieser Verfassung konstituierten Staatslebens sein soll. […] Im Namen dieses Wertesystems soll die positive Ordnung gelten, legitim sein."[7]

Das einfache Recht kann also immer nur im Rahmen des Wertesystems gelten. Dabei sollen sich die ethischen Grundsätze des Volkes in den Grundrechten widerspiegeln. Auch wenn sich eine juristische Fragestellung nicht eindeutig anhand der Dogmatik lösen lässt, kann sie nur dann richtig sein, wenn sie vor dem Hintergrund einer rechtsethischen Abwägung nach diesem Wertesystem stand hält.

Die Bewertung der widerstreitenden Interessen, mithin das Rangverhältnis, muss dabei einzelfallbezogen bleiben und darf das Gewicht, dass das Volk einzelnen Grundrechten ethisch zuweist, nicht außer Acht lassen. Insbesondere sind bei der Abwägung die gesellschaftlichen Entwicklungen zu berücksichtigen. So scheint in der aktuellen Diskussion exemplarisch die Meinungsfreiheit und der Datenschutz an Bedeutung zu gewinnen,[8] hingegen scheinen Eingriffe in die körperliche Unversehrtheit jedenfalls dann geringeres Gewicht zu erhalten, wenn sie von einem Arzt lege artis vorgenommen werden und für allgemein sinnvoll erachtet werden.[9]

7.2 Abwägung nach der Rechtsprechung des Bundesverfassungsgerichts

Auch das Bundesverfassungsgericht verwendet die Abwägung als rechtsethische Methode, um entsprechende Einzelfälle jenseits der Dogmatik zu entscheiden.

7.2.1 Ausgangspunkt: BVerfGE 7, 198

Den Ausgangspunkt der Grundrechteabwägung in der Rechtsprechung des Bundesverfassungsgerichts bildet das Lüth-Urteil.[10] In dieser Entscheidung stellte

---

[7] *Smend*, Verfassung und Verfassungsrechte (1928) in: *Smend*, Staatsrechtliche Abhandlungen, S. 265.

[8] Vgl. BT-Drucks. 18/11325 – Datenschutzniveau für natürliche Personen.

[9] Vgl. BT-Drucks. 18/12785 – Beschränkter Richtervorbehalt bei der Blutentnahme; BT-Drucks. 19/9960 – Impfempfehlungen; Wissenschaftlicher Dienst des Deutschen Bundestages, Gutachten WD 3 – 3000 – 019/16 – zur Verfassungsrechtlichen Zulässigkeit einer Impfpflicht.

[10] BVerfGE 7, 198.

das Bundesverfassungsgericht fest, dass Grundrechte nicht nur Abwehrrechte gegen den Staat sind, sondern eine objektive Werteordnung darstellen.[11] Damit schließt sich das Bundesverfassungsgericht im Ergebnis den von Smend entwickelten staatstheoretischen Grundsätzen zur Bedeutung der Grundrechte an: Ein Grundrechtseingriff lässt sich nur durch eine Abwägung aller Umstände des Einzelfalls verfassungsrechtlich rechtfertigen.[12] Mit diesen Leitsätzen erhob das Bundesverfassungsgericht die Grundrechte als rechtsethische Werteordnung zum allgemeinen Prüfungsmaßstab staatlichen Handelns.

Dem Grundgesetz liege die rechtsethische Vorstellung zugrunde, dass der Mensch in der Schöpfung einen eigenen selbstständigen Wert besitze und Freiheit und Gleichheit dauernde Grundwerte der staatlichen Einheit seien.[13] Das Grundgesetz sei eine wertegebundene Ordnung.[14] Diese begründe sich aus den historisch gewachsenen staatlichen und gesellschaftlichen Verhältnissen und unterliege in ihrer Auslegung und Anwendung der geschichtlichen Entwicklung und den wandelnden gesellschaftlichen Verhältnissen.[15] Durch die vom Grundgesetz aufgestellte wertegebundene Ordnung werde die Staatsgewalt begrenzt.[16] In seinem Grundrechtsabschnitt habe das Grundgesetz also eine objektive Werteordnung aufgerichtet.[17] Dieses Wertesystem gelte für alle Bereiche des Rechts.[18]

Nach dieser Rechtsprechung unterliegt die Anwendung einer einfachen Norm – im Lüth-Urteil der quasinegatorische Unterlassungsanspruch analog §§ 826, 1004 BGB – der allgemeinen Werteordnung, die durch die Grundrechte und Grundprinzipien der freiheitlich demokratischen Grundordnung gebildet werden. Selbst wenn die einfachrechtlichen Tatbestandsvoraussetzungen vorliegen, muss die konkrete Anwendung im Einzelfall noch einer Prüfung am Maßstab dieser Werteordnung standhalten, was sich in der Regel in Form einer Abwägung der widerstreitenden Interessen darstellt.

Auch bei der Anwendung der StPO muss diese Werteordnung beachtet werden. Dies gilt umso mehr für die kaum positivistisch-normierte Lehre von den Beweisverwertungsverboten. Jenseits der in Phase I und II dargestellten Unterfallgruppen

[11] BVerfGE 7, 198 (Leitsatz).

[12] BVerfGE 7, 198 (Leitsatz).

[13] BVerfGE 2, 1 (12).

[14] BVerfGE 2, 1 (12).

[15] BVerfGE 5, 85 (197).

[16] BVerfGE 6, 32 (40).

[17] BVerfGE 7, 198 (205).

[18] BVerfGE 7, 198 (205).

kann der konkrete Einzelfall nur dann im Einklang mit dieser allgemeinen Werteordnung gelöst werden, wenn die wechselseitigen grundgesetzlichen Interessen in Phase III der Prüfung gegenübergestellt werden.

7.2.2 Rangverhältnis: BVerfGE 7, 377

Diese Interessen müssen ihrem Rang nach bewertet und verglichen werden. Die Werteordnung des Grundgesetzes setzt demnach ein Rangverhältnis voraus. Hierzu nahm das Bundesverfassungsgericht erstmals im sogenannten Apothekenurteil[19] Stellung.

Anhand von Art. 12 GG entwickelte das Bundesverfassungsgericht in dieser Entscheidung seine Drei-Stufen-Theorie: Art. 12 Abs. 1 GG sei zwar ein einheitliches Grundrecht der Berufsfreiheit, dass dem Grunde nach sowohl die Berufsausübung wie die Berufswahl erfasse.[20] Dies bedeute jedoch nicht, dass die Befugnisse des Gesetzgebers hinsichtlich jedes Aspektes der Berufstätigkeit inhaltlich gleich weit wären.[21] Denn es bleibe stets der im Wortlaut des Art. 12 Abs. 1 GG deutlich zum Ausdruck kommende Wille der Verfassung zu beachten, dass die Berufswahl frei sein solle, die Berufsausübung geregelt werden könne.[22] Dem entspräche nur eine Auslegung, die annimmt, dass der Gesetzgeber umso stärker beschränkt sei, je mehr er in die Freiheit der Berufswahl eingreift.[23]

Der Freiheitsanspruch des Einzelnen wirke um so stärker, je mehr sein Recht auf freie Berufswahl in Frage steht;[24] der Gemeinschaftsschutz würde um so dringlicher, je größer die Nachteile und Gefahren sind, die aus gänzlich freier Berufsausübung der Gemeinschaft erwachsen könnten.[25]

In dieser Entscheidung wird deutlich, wie das Bundesverfassungsgericht eine Bewertung der widerstreitenden Interesse vornimmt. Das Rangverhältnis ergibt sich allein aus einem rechtsethischen Vergleich. Auf der einen Seite steht ein Freiheitsrecht, das in der objektiven Werteordnung nach den ethischen Grundwerten des Volkes eine besondere Rolle einnimmt, auf der anderer Seite muss aber auch dieses Recht sich beschränken lassen.

---

[19] BVerfGE 7, 377.

[20] BVerfGE 7, 377 (402).

[21] BVerfGE 7, 377 (402).

[22] BVerfGE 7, 377 (402).

[23] BVerfGE 7, 377 (402).

[24] BVerfGE 7, 377 (404).

[25] BVerfGE 7, 377 (404 f.).

Insbesondere kann die Freiheit des Einzelnen nicht eine erhebliche Gefährdung der Volksgesundheit rechtfertigen. Vielmehr entspricht es unserem rechtsethischen Verständnis, dass sich der Einzelne in dieser Konstellation zurücknehmen muss, während er in einer anderen Fallgestaltung zu Recht auf seine Freiheitsrechte bestehen kann. Das Rangverhältnis der wechselseitigen Interessen ergibt sich somit – wie die Werteordnung originär – vornehmlich aus den allgemein anerkannten rechtsethischen Überzeugungen des Volkes.

Hierbei kann das Gewicht der einzelnen Interessen weder mathematisch beziffert werden noch kann mit derartigen Werten Bilanz gezogen werden. Ein Grundrechtseingriff lässt sich weder anhand einer Zahl ausdrücken noch erschöpft sich der Abwägungsprozess in einem zahlenmäßigen Vergleich der betroffenen Güter.[26] Der Versuch einer exakt mathematischen Darstellung stellt vielmehr eine bloße Scheinrationalität dar, die die eigentlich entscheidenden Aspekte verdeckt und den Rechtsanwender dazu verleitet, zu glauben, sein Ergebnis beruhe auf einem unanzweifelbaren und daher auch von ihm nicht weiter hinterfragten mathematischen Rechenergebnis.[27]

Dabei kommt es auf eine immer wieder neu zu führende Einordnung des Einzelfalls in die rechtsethische Werteordnung des Grundgesetzes an. Diese lässt sich nur durch eine Gesamtbetrachtung des Falles mit anschließendem rechtethischen Werturteil bewerkstelligen, wobei es bei der rechtsethischen Bewertung aufgrund eines gesellschaftlichen Wandels zu Verschiebungen kommen kann. Schließlich bleibt im demokratischen Rechtsstaat die rechtsethische Überzeugung des Volkes der Ausgangspunkt für den Abwägungsprozess.[28]

7.2.3 Effektive Strafverfolgung: BVerfGE 20, 162

Teil dieser Werteordnung sind neben den Grundrechten auch die Grundsätze der freiheitlich demokratischen Grundordnung. Das Allgemeininteresse an einer effektiven Strafverfolgung muss im Rahmen dieser Werteordnung berücksichtigt werden, wie das Bundesverfassungsgericht in seinem Spiegel-Urteil[29] entschied.

---

[26] So auch *Riehm*, Abwägungsentscheidungen in der praktischen Rechtsanwendung, S. 72 und 76.

[27] *Riehm*, Abwägungsentscheidungen in der praktischen Rechtsanwendung, S. 72 f.

[28] Vgl. *Smend*, Verfassung und Verfassungsrechte (1928) in: *Smend*, Staatsrechtliche Abhandlungen, S. 264 f.

[29] BVerfGE 20, 162.

Bei einer Abwägung sei die Schutzwürdigkeit der durch die Strafvorschriften geschützten Rechtsgüter gegenüber den Grundrechten des Betroffenen anzuerkennen, was die Notwendigkeit einschließe, gegen Verletzungen dieser Rechtsgüter im Wege der Strafverfolgung vorzugehen.[30] Das Bundesverfassungsgericht sieht also im Strafverfolgungsinteresse die Kehrseite der durch die vorgeworfene Tat verletzten und gefährdeten Rechtsgüter.

Im Spiegel-Fall lag nach der Auffassung der Bundesanwaltschaft und des Ermittlungsrichters ein schwerer Fall des Landesverrats vor, weil der Spiegel zahlreiche Staatsgeheimnisse veröffentlichte, die die militärische Verteidigungsbereitschaft der Bundesrepublik in hohem Maße beeinträchtigt hatten.[31] Zwar handelte es sich auch danach nicht um eine akute, die Existenz der Bundesrepublik durch einen atomar geführten Angriff der Sowjetunion drohende Gefahr, immerhin aber um eine wesentliche Schwächung der Position der Bundesrepublik und der NATO in einem möglichen Verteidigungsfall.[32] Des Weiteren war die Durchsuchung der Presseräume des Spiegels für den Erfolg der Ermittlungen entscheidend. Anders wäre nicht zu ermitteln gewesen, welche Personen an der Aufdeckung der Staatsgeheimnisse in welcher Weise beigetragen hatten.

Das Gewicht, dass dem Allgemeininteresse an einer effektiven Strafverfolgung im Einzelfall zukommt, bestimmt sich folglich nach den durch die Tat gefährdeten oder verletzten Rechtsgütern. Hierbei muss auch die Bedeutung der konkreten Ermittlungsmaßnahme für den Erfolg der Ermittlungen berücksichtigt werden.

7.3 Systematik der Einzelfallabwägung

Diese Aspekte sind mit denjenigen Rechtsgütern des Betroffenen abzuwägen, in die durch die Ermittlungsmaßnahme eingegriffen wird. Aus der dargestellten Rechtsprechung lässt sich die nachfolgende Gegenüberstellung ableiten:

- durch die Ermittlungsmaßnahme verletzte Rechtsgüter des Betroffenen

abgewogen mit den

- durch die vorgeworfene Straftat verletzten oder gefährdeten Rechtsgütern

---

[30] BVerfGE 20, 162 (201).

[31] BVerfGE 20, 162 (202).

[32] BVerfGE 20, 162 (202).

– modifiziert durch die Bedeutung der Ermittlungsmaßnahme für den Ermittlungserfolg.

Auch diese Gegenüberstellung darf nicht rein mathematisch verstanden werden. Vielmehr vermag die Systematik lediglich aufzeigen, über welche Aspekte überhaupt zu entscheiden ist. Das Ergebnis kann weiterhin allein in einer rechtethischen Gesamtbetrachtung der widerstreitenden Interessenlagen gefunden werden.

7.3.1 Absoluter Vorrang

Allerdings lässt sich eine letzte Unterfallgruppe III.1 umschreiben, bei der es nicht auf eine solche Gesamtbetrachtung ankommt. Diese Unterfallgruppe ergibt sich aus einem Umkehrschluss zur Unterfallgruppe I.1: Dort wurden Rechtsverletzungen beschrieben, die einen derart hohen Erfolgsunwert haben, dass an eine Verwertbarkeit der auf diese Weise erlangten Beweise im Rechtsstaat gar nicht mehr zu denken ist.

Andersherum muss ein Beweis meines Erachtens verwertbar bleiben, wenn durch die vorgeworfene Tat eben ein solches Recht verletzt oder gefährdet wurde und der von der Ermittlungsmaßnahme Betroffene sich nicht seinerseits auf eine Unterfallgruppe der Phase I berufen kann.

Das Bundesverfassungsgericht benennt als Rechte mit einem derartigen absoluten Vorrang

– die Würde des Menschen,[33]
– das menschliche Leben[34] und
– den Kernbereich der privaten Lebensgestaltung und menschlichen Freiheit.[35]

Wird wegen einer Straftat, die eine Verletzung dieser Rechte zum Gegenstand hat, ermittelt, kommt es nicht auf eine Einzelfallabwägung an. Vielmehr können diese höchsten Werte der Verfassung nicht Gegenstand einer Einzelfallabwägung sein.[36] Gelangt im konkreten Fall die Abwägungsprüfung ausnahmsweise bis zur

---

[33] BVerfGE 6, 32 (41); 27, 1 (6); 35, 202 (221).
[34] BVerfGE 39, 1 (59).
[35] BVerfGE 6, 32 (41); 27, 1 (6); 35, 202 (219 f.).
[36] *Hubmann*, FS-Obermayer, S. 43 (44).

Phase III, ist dort nach dem absoluten Vorrang zu entscheiden. Der materiellen Wahrheit ist bei derartigen Delikten insoweit der Vorzug einzuräumen.

Dieser Ansatz wird – soweit ersichtlich – in Rechtsprechung und Literatur nicht geteilt. Stattdessen wird bereits an dieser Stelle eine Einzelfallabwägung vorgenommen.

7.3.2 Einzelfallabwägung

Nur wenn kein derartiger absoluter Vorrang besteht beziehungsweise diesem Gedanken mit der Rechtsprechung und herrschenden Literatur nicht gefolgt werden soll, kommt es in Phase III auf eine Einzelfallabwägung der widerstreitenden Interessen an. An dieser Stelle gelangt, wie bereits dargestellt, die Rechtsdogmatik an ihre Grenzen. Gleichwohl sollte auch die Einzelfallabwägung als rechtsethische Methode weitestgehend rational erfolgen Dabei erscheint ein klar strukturiertes Vorgehen nach

- Bestimmung des Abwägungsmaterials,
- Gewichtung der festgestellten Interessen und
- vergleichende Gegenüberstellung

hilfreich.[37] Für die Einzelfallabwägung zur Bestimmung von Beweisverwertungsverboten sollten darüber hinaus die nachfolgenden Aspekte beachtet werden.

7.3.2.1 Doppelbelastung von Ermittlungsmaßnahmen

Die Besonderheit der Eingriffsintensität bei Ermittlungsmaßnahmen liegt darin, dass es zu einer Belastung in doppelter Hinsicht kommt. Durch den Vollzug der Maßnahme wird in die Grundrechte des Betroffenen eingegriffen und darüber hinaus muss er damit rechnen, dass die Ergebnisse dieses Grundrechtseingriffs in der späteren Hauptverhandlung zu seinen Lasten verwertet werden,[38] mithin den Ausgang des Strafverfahrens für ihn negativ beeinflussen.[39]

---

[37] Vgl. *Riehm*, Abwägungsentscheidungen in der praktischen Rechtsanwendung, S. 57 ff.

[38] *Ostendorf/Brüning*, JuS 2001, 1063 (1064 f.); *Brüning*, Der Richtervorbehalt im strafrechtlichen Ermittlungsverfahren, S. 31.

[39] *Brüning*, Der Richtervorbehalt im strafrechtlichen Ermittlungsverfahren, S. 31.

In diesem Zusammenhang hat insbesondere Brüning[40] den Begriff der Doppelbelastung von Ermittlungsmaßnahmen geprägt. Dem an sich prozessexternen Grundrechtseingriff können schwere prozessinterne Konsequenzen folgen.[41] Der Eingriff in die Rechte des Betroffenen erschöpft sich folglich nicht in der Durchführung der Ermittlungsmaßnahme. Vielmehr werden durch die Ermittlungsmaßnahme in der Weise vollendete Tatsachen geschaffen, dass die gefundenen Beweise im späteren Hauptverfahren zum Nachteil des Angeklagten verwendet werden können, indem sie die Grundlage einer Verurteilung bilden.[42]

Ermittlungsmaßnahmen zeichnen sich folglich dadurch aus, dass sie auf die Beeinträchtigung eines grundrechtlich geschützten Individualrechtsgutes abzielen und im Weiteren zu einer strafprozessualen Endentscheidung führen sollen.[43] Sie wirken sowohl auf materiell-rechtlichem als auch verfahrensrechtlichem Gebiet.[44] Diese Doppelfunktion führt denknotwendig zu einer Doppelbelastung des Betroffenen und somit zu einer besonderen Erheblichkeit des Grundrechtseingriffs.

7.3.2.2 Berücksichtigung mehrerer Rechtspositionen

Auf der anderen Seite muss aber auch besonders berücksichtigt werden, ob durch die vorgeworfene Tat mehrere Opfer oder ein Opfer in mehreren Rechtspositionen betroffenen wurden. Tritt nämlich zu einer Rechtsverletzung ein Eingriff in ein weiteres schützenswertes Interesse, wird dadurch die Eingriffsintensität insgesamt verstärkt.[45] Auch wird die Intensität des Eingriffs dadurch verstärkt, dass mehrere Aspekte desselben Grundrechts, exemplarisch des allgemeinen Persönlichkeitsrechts, betroffenen sind.[46]

Für diese Beurteilung kommt es somit entscheiden darauf an, welche Rechtsgüter durch die verwirkte Strafnorm verletzt wurden. Hierzu muss ein konkreter Tatvorwurf bestehen, anhand dessen die verletzten und gefährdeten Rechtsgüter ermittelt werden können. Diese Interessen sind sodann in ihrer Gesamtheit bei

---

[40] *Ostendorf/Brüning*, JuS 2001, 1063 (1064 f.); *Brüning*, Der Richtervorbehalt im strafrechtlichen Ermittlungsverfahren, S. 31; vgl. *Amelung*, NJW 1979, 1687 (1688); vgl. ferner *Niese*, Doppelfunktionelle Prozeßhandlungen, S. 48 f.

[41] *Brüning*, Der Richtervorbehalt im strafrechtlichen Ermittlungsverfahren, S. 120.

[42] *Brüning*, Der Richtervorbehalt im strafrechtlichen Ermittlungsverfahren, S. 120.

[43] *Amelung*, Rechtsschutz gegen strafprozessuale Grundrechtseingriffe, S. 14; *Niese*, Doppelfunktionelle Prozeßhandlungen, S. 48 f.

[44] *Amelung*, Rechtsschutz gegen strafprozessuale Grundrechtseingriffe, S. 14.

[45] BVerfGE 35, 202 (240 f.); 42, 234 (236); 57, 170 (178); *Hubmann*, FS-Obermayer, S. 43 (46).

[46] BVerfGE 54, 208 (218).

der Abwägung zu betrachten, wobei sich ihre summenmäßige Größe verstärkend auswirkt, ohne dass eine mathematische Addition stattfindet.

7.3.2.3 Veranlasserprinzip und Vorrang des Strafverfolgungsinteresses

Neben der Beachtung mehrerer Interessen sowohl beim Betroffenen als auch beim Opfer der vorgeworfenen Tat stellt sich aber immer noch die Frage, wie diese zueinander stehen. Auch hierbei kommt es auf eine rechtsethische Bewertung des Sachverhaltes an. Grundsätzlich kann aber festgehalten werden, dass sich derjenige, der den im Wege der Abwägung zu lösenden Interessenkonflikt veranlasst hat, eine gewisse Minderung seiner grundrechtlichen Position gefallen lassen muss.[47]

Dies ist der Betroffene, dem die Begehung einer Straftat vorgeworfen wird. So führt das Bundesverfassungsgericht in seinem Lebach-Urteil sinngemäß aus, dass derjenige, der den Rechtsfrieden bricht und durch seine Tat Mitmenschen oder Rechtsgüter der Gemeinschaft gefährdet oder verletzt, eine gewisse Relativierung seiner schützenswerten Positionen im Rahmen der Strafverfolgung hinnehmen muss.[48] Gleichzeitig betont es aber, dass dieser Vorrang nicht schrankenlos gilt, sondern es weiterhin bei einer strikten Beachtung des Verhältnismäßigkeitsgrundsatzes bleiben muss.[49]

Unklar bleibt allerdings, wie weit diese Minderung der grundrechtlichen Position des Betroffenen gehen darf.[50] Auch dies dürfte eine rechtsethische Frage des Einzelfalls bleiben, die sich an dem Ausmaß orientieren kann, mit welchem der Betroffene durch die vorgeworfene Tat den Bestand der objektiven Werteordnung als die ethischen Grundwerte der Gemeinschaft in Frage stellt.

Zusammenfassend bleiben für die in der Systematik der Abwägung unter III.2 zu prüfende Einzelfallabwägung die methodischen Ansätze weitgehend offen. Nach Möglichkeit sollte systematisch und unter Beachtung allgemeiner Grundsätze weitestgehend rational vorgegangen werden. Letztlich verbleibt aber eine allgemein nicht weiter zu spezifizierende rechtsethische Gesamtbetrachtung, sofern keine der vorherigen Unterfallgruppen einschlägig ist.

---

[47] *Hubmann*, FS-Obermayer, S. 43 (47 f.).

[48] BVerfGE 35, 202 (231 f.).

[49] BVerfGE 35, 202 (232).

[50] *Hubmann*, FS-Obermayer, S. 43 (48).

8 Beweis der Arbeitshypothese und Formulierung einer Kontrollhypothese

8.1 Systematik und Handhabung der Abwägungslehre

Das Erfordernis einer solchen Gesamtbetrachtung hat sich aber durch die aufgezeigte Systematik weitgehend relativiert. Aufgrund einer Analyse der Rechtsprechung zur Beweisverwertung bei Verstößen gegen den Richtervorbehalt bei der Blutentnahme konnte eine ihr innewohnende Systematik dargestellt werden. Diese Systematik offenbart einen Prüfungsaufbau in drei Phasen. Jede einzelne Phase weist weitere Unterfallgruppen auf, deren Einschlägigkeit stets für oder gegen ein Beweisverwertungsverbot spricht.

Dabei konnte jede einzelne Unterfallgruppe näher umschrieben werden. Sie werden nicht nur von der Rechtsprechung anerkannt und verwendet, sondern lassen sich darüber hinaus rechtswissenschaftlich begründen. Ihre Existenz oder zumindest die Tatsache, dass die Rechtsprechung bei genauerer Analyse durchaus diesen Weg geht, konnte damit bewiesen werden.

Die Abwägungslehre beziehungsweise der Vorgang der Abwägung zur Feststellung von Beweisverwertungsverboten lässt sich systematisieren. Für die Praxis konnte ein fundiertes Prüfungsschema entwickelt werden, anhand dessen sich eine Vielzahl der auftretenden Fälle einordnen lassen.

Hierbei darf aber nicht übersehen werden, dass sich manche Unterfallgruppen unbestimmter Rechtsbegriffe bedienen. Es kann der hiesigen Auffassung entgegengehalten werden, dass es sich um eine bloße Verlagerung der Problematik handelt und zwar von der Begrifflichkeit der Abwägung im Allgemeinen zu der Frage, wann ein Einzelfall einer der bezeichneten Unterfallgruppe zuzuordnen ist.

Gleichwohl dürfte die Handhabung der Abwägungslehre in der Praxis durch diese Systematik merklich verbessert worden sein. Nachdem zuvor eine oft

D. Decker, *Systematik der Beweisverwertung*,
https://doi.org/10.1007/978-3-658-34684-3_8

nicht weiter differenzierte „Abwägung" vorgenommen wurde, wobei regelmäßig schleierhaft blieb, was überhaupt der streitentscheidende Aspekt für die Annahme oder Ablehnung eines Beweisverwertungsverbotes war, kann nunmehr anhand der Systematik viel präziser und damit auch rechtssicherer argumentiert werden. Des Weiteren wird sich der Vorwurf, die Abwägungslehre sei willkürliches Richterrecht, weitgehend entkräften lassen, wenn klar formuliert wird, in welche Unterfallgruppe der Fall aus welchen Gründen einzuordnen ist. Denn dies macht eine „Abwägung" für den Angeklagten und seinen Verteidiger erst nachvollziehbar.

8.2 Einzelfallabwägung als Ausnahme

Dagegen wird eine tatsächliche Abwägung im Einzelfall unter konsequenter Anwendung dieser Systematik nur in den allerwenigsten Fällen erforderlich sein. Nahezu jede Annahme eines Beweisverwertungsverbots wird sich in Phase I der Prüfung entscheiden. Andersherum wird sich die Ablehnung eines Beweisverwertungsverbot regelmäßig aus einer Unterfallgruppe der Phase II begründen.

Vor diesem Hintergrund scheint es sachgerecht, zwar an der Abwägungslehre dem Grunde nach festzuhalten, aber in der Begründung klarzustellen, ob nicht vielmehr wegen der Einschlägigkeit in einer der benannten Unterfallgruppen entschieden wird als auf Grundlage einer tatsächlichen umfassenden Einzelfallabwägung.

8.3 Kontrollhypothese

Hierbei ist es auch von Interesse, ob dies von der Rechtsprechung nicht schon zumindest im Ergebnis konsequent praktiziert wird. Jedenfalls für die Fallgruppe der Verstöße gegen den Richtervorbehalt bei der Blutentnahme konnte dies bereits bestätigt werden.

Zur Kontrolle der gefundenen Ergebnisse kann daher die Hypothese aufgestellt werden, dass, wenn die dargestellte Systematik tatsächlich die konsequente Anwendung der Abwägungslehre darstellen sollte, ein Vergleich mit der Rechtsprechung zu kohärenten Ergebnissen kommen müsste. Dies soll zumindest für die hier ausgewählte Fallgruppe der Verstöße gegen die Anordnungskompetenz des Ermittlungsrichters geklärt werden.

Dabei soll vorangestellt ein Überblick über die Reichweite der einzelnen Ermittlungsmaßnahme gegeben werden. Soweit bekannt ist, welche konkreten

Maßnahmen durch die Norm erlaubt werden, kann bewertet werden, welche Rechtsgüter betroffen sind. Hierbei soll einerseits dargestellt werden, in welche Rechte des Betroffenen eingegriffen wird, und zum anderen, welchen Stellenwert die Maßnahme für eine effektive Strafverfolgung hat.

Schließlich soll unter Heranziehung der einschlägigen Rechtsprechung aufgezeigt werden, welche Unterfallgruppen für die jeweilige Ermittlungsmaßnahme typischerweise relevant sind. Hierbei wird sich auch zeigen, dass sich nicht für jeden Richtervorbehalt entsprechende Vergleichsurteile finden lassen. Insoweit soll zumindest eine Empfehlung zur Beachtung eines widerspruchsfreien Gesamtbildes der Anwendung der Abwägungslehre abgegeben werden.

Teil II

Besonderer Teil – Die einzelnen Ermittlungsmaßnahmen

9 Medizinische Ermittlungsmaßnahmen

Den Einstieg in diese zweite Untersuchung sollen die medizinischen Ermittlungsmaßnahmen bilden.

9.1 Bisher ausgelassene Aspekte bei der körperlichen Untersuchung

Hinsichtlich der Blutentnahme wurde dies bereits vorgenommen. Allerdings erfasst § 81a StPO auch andere körperliche Untersuchungen.

In dieser Fallgruppe wird es vielfach auf die Unterfallgruppe II.2 ankommen. Sofern es für die Strafbarkeit auf den medizinischen Zustand des Körpers des Betroffenen ankommt, wird es zur richterlichen Überzeugung regelmäßig einer körperlichen Untersuchung bedürfen. Dies ist neben den Trunkenheitsdelikten insbesondere in der Betäubungsmittelkriminalität der Fall.

Bei besonders schmerzhaften und eingriffsintensiven Untersuchungsmethoden kann sich darüber hinaus ein besonderer Würdebezug des Eingriffs in die körperliche Unversehrtheit ergeben. Zwar darf der Betroffene im Rahmen des § 81a StPO zum Augenscheinsobjekt im beweisrechtlichen Sinne gemacht werden.[1] Allerdings darf er nicht zum bloßen Objekt des gegen ihn gerichteten Strafverfahrens werden.[2]

---

[1] *Beukelmann*, in: *Radtke/Hohmann*, StPO, § 81a Rn. 1; *Bosch* in: S/S/W, StPO, § 81a Rn. 1; *Brauer*, HK-StPO, § 81a Rn. 1; *Rogall*, SK-StPO, § 81a Rn. 2; *Senge*, KK-StPO, § 81a Rn. 1; *Volk/Engländer*, Grundkurs StPO, § 10 Rn. 22; *Rogall*, Der Beschuldigte als Beweismittel gegen sich selbst, S. 33.

[2] In diesem Zusammenhang vgl. *Rogall*, Der Beschuldigte als Beweismittel gegen sich selbst, S. 33 f.

D. Decker, *Systematik der Beweisverwertung*,
https://doi.org/10.1007/978-3-658-34684-3_9

Tritt bei einer an sich noch zulässigen eingriffsintensiven Ermittlungsmaßnahme ein Verfahrensfehler auf, liegt die Unterfallgruppe I.1 nahe. Hierzu wurde bereits ausgeführt, dass es entsprechend intensive Grundrechtseingriffe mit Würdebezug gibt, die zwar für sich genommen noch nicht die Menschenwürde verletzen und daher zulässig sind, die sich aber derart im Grenzbereich dessen aufhalten, was noch erlaubt ist, dass es zur Wahrung der Subjektqualität des Betroffenen im Verfahren einer strengen Beachtung jeder Verfahrensvorschrift bedarf.[3] Mithin führt jeder Verfahrensfehler an dieser Stelle zu einem Beweisverwertungsverbot.

Andernfalls ist der Betroffene nur noch ein bloßes Untersuchungsobjekt. So hat das Bundesverfassungsgericht am Beispiel der Hirnkammerluftfüllung entschieden, dass bei derart schweren Eingriffen in die körperliche Unversehrtheit, bei denen ohnehin schon fraglich ist, ob diese überhaupt gegen den Willen des Betroffenen angeordnet werden können, zumindest die gesetzlich vorgesehene Verfahrensgestaltung strengstens zu beachten ist.[4]

Zusammenfassend stellt die Untersuchung nach § 81a StPO somit eine für die effektive Strafverfolgung wesentliche Ermittlungsmaßnahme dar, die bei manchen Delikten überhaupt erst eine Strafverfolgung ermöglicht. Andererseits sind eingriffsintensive Untersuchung geeignet, das Recht des Betroffenen auf körperliche Unversehrtheit in einem Ausmaß zu verletzen, dass sich darin ein besonderer Würdebezug zeigen kann.

9.2 Die molekulargenetische Untersuchung

Ganz ähnlich verhält es sich bei den molekulargenetischen Untersuchungen, die auf unterschiedliche Weise das menschliche Genom zum Gegenstand der Untersuchung machen.

[3] *Denninger*, StV 1998, 401 (403).

[4] BVerfGE 17, 108 (117 f.).

9.2.1 Überblick

Die zentrale Vorschrift für die molekulargenetische Untersuchung[5] ist § 81e StPO. Demnach dient diese Untersuchung der Identifizierung beziehungsweise dem Ausschluss von Spurenverursachern am Tatort oder am Opfer, um das aufgefundene Spurenmaterial einer bestimmten Person zuordnen zu können.[6] Zur Durchführung werden sichergestellte biologische Spuren gentechnisch untersucht und mit Vergleichsmaterial vom Beschuldigten, Verletzten oder von Dritten auf Übereinstimmungen getestet.[7] Die in der Praxis am relevantesten auftretenden Spuren sind Rückstände von Blut, Speichel und Sperma sowie Haare und Hautzellen, wobei letztere regelmäßig durch das Abwehrkratzen des Opfers unter dessen Fingernägeln zu finden sind.[8]

9.2.2 Betroffene Rechtsgüter

Durch eine molekulargenetische Untersuchung wird in das Recht auf informationelle Selbstbestimmung des Betroffenen eingegriffen.[9] Dieses Recht stellt eine Ausprägung des allgemeinen Persönlichkeitsrechts aus Art. 2 Abs. 1 i. V. m. Art. 1 Abs. 1 GG dar.[10] Das Recht auf informationelle Selbstbestimmung gewährleistet die Befugnis des Einzelnen, über die Preisgabe und weitere Verwendung seiner persönlichen Daten selbst zu bestimmen.[11] Trotz seiner Entwicklung im Zusammenhang mit der modernen Datenverarbeitung wird dieses Recht nicht auf Daten bestimmten Inhalts oder auf die Art der Speicherung – etwa elektronisch – beschränkt, sondern unterschiedslos auf jegliche personenbezogene Information

---

[5] Siehe zusammenfassend zur molekulargenetischen Untersuchung im Strafverfahren mit rechtspolitischen Bezügen auch: *Graalmann-Scheerer*, ZRP 2002, 72 mit krit. Anm. *Rackow*, ZRP 2002, 236.

[6] *Beukelmann*, in: *Radtke/Hohmann*, StPO, § 81e Rn. 1; *Bosch* in: S/S/W, StPO, § 81e Rn. 1; *Brauer*, HK-StPO, § 81e Rn. 3; *Schmitt* in: *Meyer-Goßner/Schmitt*, StPO, § 81e Rn. 1; *Kindhäuser/Schumann*, Strafprozessrecht, § 8, Rn. 50.

[7] *Schmitt* in: *Meyer-Goßner/Schmitt*, StPO, § 81e Rn. 1; zusammenfassend zu den DNA-Analyseverfahren: *Neuhaus*, StraFo 2005, 148.

[8] *Neuhaus*, StraFo 2005, 148 (148).

[9] *Bosch* in: S/S/W, StPO, § 81e Rn. 3.

[10] Zur Begründung dieser Ausprägung siehe BVerfGE 65, 1 (43) – Volkszählungsurteil.

[11] BVerfGE 65, 1 (43); 78, 77 (84); 80, 367 (373); 103, 21 (32 f.); BVerfG, NJW 1996, 771 (772); NJW 2001, 2320 (2321); *Lorenz*, JZ 2005, 1121 (1126).

angewandt.[12] Daher lässt sich auch die Erfassung und Analyse des genetischen Codes eines Menschen unter das Recht auf informationelle Selbstbestimmung subsumieren.[13]

Dies sagt aber noch nichts darüber aus, wie intensiv die DNA-Analyse in dieses Recht eingreift. Zunächst ist festzustellen, dass der Inbegriff des menschlichen Lebens – oder der „molekulargenetische Bauplan des Lebens"[14] – zum Objekt der Untersuchung gemacht wird und der Eingriff damit einen besonderen Würdebezug aufweist. Die eigene DNA stellt als naturwissenschaftlicher Code dessen, was eine Person biologisch ausmacht, eine höchstpersönliche Information dar, die genauso wie Aspekte der Privatsphäre eine Nähe zur Menschenwürde aufweist.

Entsprechend ist der verfassungsrechtliche Eingriff durch eine DNA-Analyse um ein Vielfaches höher als bei einer § 81b StPO unterfallenden erkennungsdienstlichen Untersuchung.[15] Ein thematischer Bezug der Ermittlungsmaßnahmen zueinander mag bestehen, die verfassungsrechtliche Qualität derselben ist aber eine gänzlich unterschiedliche.[16] Es handelt sich um einen besonders intensiven Eingriff in die informationelle Selbstbestimmung.[17]

Andererseits kommt der Maßnahme eine besondere Bedeutung für eine effektive Strafverfolgung zu. Aufgrund der inzwischen erreichten Standardisierung im Bereich der molekulargenetischen Untersuchung[18] kann das Untersuchungsergebnis in aller Regel bereits den Anforderungen an die richterliche Überzeugung

---

[12] *Lorenz*, JZ 2005, 1121 (1126); vgl. BVerfGE 78, 77 (84) vgl. ferner BVerfGE 103, 21 (33).

[13] So völlig zurecht die herrschende Meinung: BVerfGE 103, 21 (32); BVerfG, NJW 1996, 771 (771 f.); NJW 2001, 2320 (2321); BGH, NJW 2005, 497 (498); *Bosch* in: S/S/W, StPO, § 81e Rn. 3; *Benfer*, StV 1999, 402 (402 f.); *Donner/Simon*, DÖV 1990, 907 (907 und 914 f.); *Krehl/Kolz*, StV 2004, 447 (448); *Lorenz*, JZ 2005, 1121 (1126); *Pommer*, JA 2007, 621 (623); *Schubert/Gerlach*, RuP 2005, 79 (81); *Schmidt-Jortzig*, DÖV 2005, 732 (734).

[14] *Lorenz*, JZ 2005, 1121 (1121).

[15] *Schubert/Gerlach*, RuP 2005, 79 (82); vgl. mit weiteren Beispielen auch BVerfG, NJW 771 (773).

[16] Ähnlich bei *Benfer*, StV 1999, 402 (402), wobei sein Argument dogmatisch nicht ganz zutreffend ist: „Allein die Tatsache, dass § 81b StPO Eingriffe in die Körpersubstanz im Allgemeinen (…) untersagt, lässt eine molekulargenetische Untersuchung auf dessen Grundlage nicht zu. Da aber die Verbindung (…) zu § 81b StPO (…) evident ist, wäre diese Ermächtigung aus Gründen der Gesetzessystematik besser dort eingefügt worden"; empfehlenswert unter Hinzuziehung der auch hier genannten Rechtsprechung des BVerfG: *Krehl/Kolz*, StV 2004, 447 (449 f.).

[17] Vgl. *Lorenz*, JZ 2005, 1121 (1128); darüber hinausgehend für ein spezifisches Grundrecht am eigenen genetischen Code die Überlegungen von *Fisahn*, ZRP 2001, 49.

[18] Zur Entwicklung der standardisierten Verfahren unter Berücksichtigung der heute verwendeten STR- und SNP-Systeme: *Baur/Fimmers/Schneider*, StV 2010, 175.

dafür genügen, dass die DNA-Spur vom Angeklagten stammt.[19] Insofern besitzt die DNA-Analyse eine überragende Indizwirkung, auch wenn ihr als solche kein juristisch absoluter Beweiswert zugesprochen werden kann,[20] sondern nur eine statistische Aussage dahingehend, dass das gefundene Spurenmaterial mit einem bestimmten Prozentsatz wahrscheinlicher vom Untersuchten als von einer anderen Person stammt.[21]

Sie stellt gleichwohl aufgrund der hohen erzielbaren Wahrscheinlichkeit eine besonders zuverlässige Untersuchungsmethode des medizinischen Sachverständigenbeweises dar.[22] Entsprechend ist das Tatgericht nicht gehindert, seine Überzeugungsbildung allein auf eine DNA-Spur zu stützen.[23] Das macht jedoch eine Gesamtwürdigung aller beweiserheblichen Umstände durch den Tatrichter unter dem umfassenden Eindruck der Hauptverhandlung noch nicht per se obsolet.[24] Ansonsten läge im Urteil ein Mangel in der Beweiswürdigung vor, diese wäre lückenhaft und mit der Revision angreifbar. Stellt das Gericht trotz Einbeziehung aller Umstände dennoch fest, dass ihm die DNA-Analyse bereits allein zur Gewinnung der richterlichen Überzeugung genügt, ist ein solches Urteil wiederum nicht mit der Revision angreifbar; die Beweiswürdigung ist rechtsfehlerfrei.[25] Der Sachverhalt wurde umfassend gewürdigt und aufgrund der hohen Trefferwahrscheinlichkeit bei einer DNA-Analyse entspricht es der kriminalistischen und naturgesetzlichen Erfahrung, dass vernünftigen Zweifeln an der Täterschaft des Angeklagten allein dadurch bereits Einhalt geboten werden kann.

Davon unabhängig muss das Tatgericht aber auch klären, ob zwischen der biologischen Spur des Angeklagten und der Tat überhaupt ein Zusammenhang besteht.[26] Schließlich ist auch denkbar, dass der Angeklagte die Spur am Tatort hinterlassen hat, ohne etwas mit der Tat zu tun zu haben. Dieses Problem

[19] BGH, NStZ 2009, 285 (285); NJW 2013, 2612 (2613); NStZ 2014, 475 (475); *Bosch*, in: S/S/W, StPO, § 81e Rn. 4; *Ritzert* in: *Graf*, StPO, § 81e Rn. 13; *Schmitt* in: *Meyer-Goßner/Schmitt*, StPO, § 81e Rn. 2; *Senge*, KK-StPO, § 81e Rn. 1.

[20] *Bosch* in: S/S/W, StPO, § 81e Rn. 4.

[21] *Brauer*, HK-StPO, § 81e Rn. 4; *Krause* in: *Löwe-Rosenberg*, StPO, § 81e Rn. 45; *Ritzert* in: *Graf*, StPO, § 81e Rn. 13; *Kindhäuser/Schumann*, Strafprozessrecht, § 8, Rn. 50.

[22] *Krause* in: *Löwe/Rosenberg*, StPO, § 81e Rn. 44; *Senge*, KK-StPO, § 81e Rn. 1.

[23] BGH, NJW 2013, 2612 (2613); NStZ 2014, 475 (475); *Bosch* in: S/S/W, StPO, § 81e Rn. 4; *Kindhäuser/Schumann*, Strafprozessrecht, § 8 Rn. 50.

[24] BT-Drucks. 13/677, S. 1; BGHSt 38, 320; BGH, NStZ 2014, 475 (475); *Krause* in: *Löwe/Rosenberg*, StPO, § 81e Rn. 45.

[25] BGH, NJW 2013, 2612 (2613); NStZ 2014, 475 (475).

[26] BGH, NStZ 2009, 285 (286); *Ritzert* in: *Graf*, StPO, § 81e Rn. 13.

ergibt sich insbesondere, wenn es sich beim Tatort um einen von vielen Menschen besuchten öffentlichen Ort handelt.

9.2.3 Bedeutung für die Beweisverwertung

Diese widerstreitenden Interessen sind in die Systematik der Abwägungslehre einzuordnen. Der Bundesgerichtshof brauchte eine Entscheidung hierzu noch nicht abschließend treffen. Soweit ersichtlich lag ihm bisher nur einmal eine Verfahrensverletzung bei der Anordnung und Durchführung einer molekulargenetischen Untersuchung vor.[27] Hierbei ging es auch nicht um die Verletzung der Anordnungskompetenz, sondern um die Nichtwahrung der Schriftform.

Im konkreten Fall erklärte sich der Betroffene im Ermittlungsverfahren mit der DNA-Analyse einverstanden und widersprach in der Hauptverhandlung der Verwertung auch nicht.[28] In den Gründen führt der Bundesgerichtshof daher aus, dass es „jedenfalls bei dieser Sachlage" in der Disposition des Betroffenen bleibe, von seinem geäußerten Willen abzurücken und den Widerspruch zu erklären.[29]

Tragend für diese Entscheidung war somit der fehlende Widerspruch beziehungsweise das vormals erklärte Einverständnis des Betroffenen. Daraus könnte der Umkehrschluss gezogen werden, dass der Bundesgerichtshof durchaus der Ansicht zugeneigt ist, trotz der wesentlichen Bedeutung der DNA-Analyse für eine effektive Strafverfolgung entscheidend auf den schweren Eingriff in das Recht des Betroffenen auf informationelle Selbstbestimmung abzustellen. Denn die DNA als Bauplan des menschlichen Lebens[30] ist dem Kernbereichsschutz privater Lebensgestaltung als Wesensgehalt des allgemeinen Persönlichkeitsrechts[31] zuzuordnen.

Nach der hier aufgestellten Systematik stellt die DNA-Analyse somit einen intensiven Grundrechtseingriff mit besonderem Würdebezug dar. Daher entscheidet sich jede Verfahrensverletzung im Zusammenhang mit der molekulargenetischen Untersuchung bereits in der Unterfallgruppe I.1. Dies gilt insbesondere für den Richtervorbehalt. Es liegt immer ein Beweisverwertungsverbot vor.

---

[27] BGH, NStZ 2010, 157 (158).

[28] BGH, NStZ 2010, 157 (158).

[29] BGH, NStZ 2010, 157 (158).

[30] *Lorenz*, JZ 2005, 1121 (1121).

[31] Vgl. zu dieser Begrifflichkeit BVerfGE 6, 32 (41); vgl. ferner BVerfGE 27, 1 (6); 32, 373 (378 f.); 109, 279 (313); *Eisenberg*, Beweisrecht der StPO, Rn. 386.

Auch die Literatur scheint dem zu folgen. Unter Annahme derselben Erwägungen hinsichtlich der Eingriffsschwere in das Recht auf informationelle Selbstbestimmung soll ein Verstoß gegen die Anordnungskompetenz des Ermittlungsrichters in aller Regel ein Beweisverwertungsverbot zur Folge haben.[32] Dem hohen Stellenwert dieses Grundrechts könne nur dadurch Rechnung getragen werden, dass Verletzungen der Anordnungskompetenz regelmäßig zur Unverwertbarkeit führen. Der konkrete Richtervorbehalt ziele nämlich primär darauf ab, ein wesentliches Grundrecht des Beschuldigten im Strafverfahren zu wahren.[33]

Richtigerweise betont die Literatur aber auch einhellig, dass das Beweisverwertungsverbot nur gilt, sofern es sich um eine Untersuchung beim Betroffenen gehandelt hat.[34] Fehler bei der Untersuchung Dritter – insbesondere des Opfers – sind für den Betroffenen nur objektive Prozessrechtsverletzungen im Ermittlungsverfahren, die von keinem großen Gewicht für sein Strafverfahren sein können.[35] Der Richtervorbehalt bei molekulargenetischen Untersuchungen bei Dritten dient vor allem dem Schutz außerprozessualer Rechte,[36] nämlich dem Schutz eben jener Rechte Dritter. Für eine entsprechende Rüge fehlt dem Betroffenen daher das Rechtsschutzbedürfnis. Es liegt schon gar kein Eingriff in eigenen Rechten vor.

9.3 Die DNA-Identitätsfeststellung

9.3.1 Überblick

Über die Ermittlungsmaßnahme nach § 81e StPO hinaus ermöglicht es § 81g StPO, DNA-Identifizierungsmuster zu speichern und somit gewonnene biologische Spuren aus künftigen Ermittlungsmaßnahmen anhand der gespeicherten

[32] So auch *Beukelmann* in: *Radtke/Hohmann*, StPO, § 81f Rn. 5; *Bosch* in: S/S/W, StPO, § 81f Rn. 11; *Brauer*, HK-StPO, § 81f Rn. 10; *Krause* in: *Löwe/Rosenberg*, StPO, § 81f Rn. 36; *Ritzert* in: *Graf*, StPO, § 81f Rn. 11; *Rogall*, SK-StPO, § 81f Rn. 28; *Schmitt* in: *Meyer-Goßner/Schmitt*, StPO, § 81f Rn. 9; *Trück*, MüKo-StPO, § 81f Rn. 21; *Graalmann-Scheerer*, JR 1999, 453 (455).

[33] Vgl. *Graalmann-Scheerer*, FS-Rieß, 153 (157).

[34] So auch *Brauer*, HK-StPO, § 81f Rn. 11; *Schmitt* in: *Meyer-Goßner/Schmitt*, StPO, § 81f Rn. 9; *Krause* in: *Löwe/Rosenberg*, StPO, § 81f Rn. 38; *Ritzert* in: *Graf*, StPO, § 81f Rn. 11; *Rogall*, SK-StPO, § 81f Rn. 28; *Trück*, MüKo-StPO, § 81f Rn. 21.

[35] Vgl. *Trück*, MüKo-StPO, § 81f Rn. 21.

[36] *Bosch* in: S/S/W, StPO, § 81f Rn. 11; *Rogall*, SK-StPO, § 81f Rn. 28.

Muster zu identifizieren.[37] Für diese DNA-Identitätsfeststellung ist beim Bundeskriminalamt auf Grundlage des § 8 BKAG eine DNA-Analyse-Datei eingerichtet. Ziel des § 81g StPO ist es folglich, eine strafprozessrechtliche Grundlage für diese zentrale Verbunddatei zu schaffen.[38]

§ 81g StPO erlaubt die Nutzung molekulargenetischer Untersuchungen zur Identitätsfeststellung in künftigen Strafverfahren.[39] Die Vorschrift dient damit der Vorsorge für die künftige Strafverfolgung von Personen, die gegenwärtig als Beschuldigte einer aktuellen Straftat verdächtigt sind.[40] Auf diese Weise werden die durch die DNA-Analyse geschaffenen Möglichkeiten entscheidend erweitert,[41] da ein Abgleich gespeicherter DNA-Identifizierungsmuster mit neu vorgelegten Mustern zu einer schnellen Täterermittlung führen kann.[42] Gleichwohl handelt es sich bei dieser Strafverfolgungsvorsorge um Strafprozessrecht und nicht um Polizeirecht, weil die Maßnahme auf Zwecke der künftigen Strafverfolgung und nicht auf Zwecke der Gefahrenabwehr gerichtet ist.[43]

---

[37] Ähnlich bei *Brauer*, HK-StPO, § 81g Rn. 2.

[38] *Bosch* in: S/S/W, StPO, § 81g Rn. 1; *Brauer*, HK-StPO, § 81g Rn. 1; *Ritzert*, in: *Graf*, StPO, § 81g Überblick; vgl. dazu auch *Rogall*, SK-StPO, § 81g Rn. 2; *Trück*, MüKo-StPO, § 81g Rn. 1; *Beulke/Swoboda*, Strafprozessrecht, Rn. 242d; *Pommer*, JA 2007, 621 (622); *Senge*, NJW 1999, 253 (254); *ders*, NJW 2005, 3028 (3028).

[39] *Bosch* in: S/S/W, StPO, § 81g Rn. 1; *ders*, StV 2008, 573 (573); *Brauer*, HK-StPO, § 81g Rn. 2; *Krause* in: *Löwe-Rosenberg*, StPO, § 81g Rn. 1; *Rogall*, SK-StPO § 81g, Rn. 15; *Schmitt* in: *Meyer-Goßner/Schmitt*, StPO, § 81g Rn. 2; *Senge*, KK-StPO, § 81g Rn. 1; *Roxin/Schünemann*, Strafverfahrensrecht, § 33 Rn. 23; *Duttge/Hörnle/Renzikowski*, NJW 2004, 1065 (1070); *Eisenberg/Singelnstein*, GA 2006, 168 (169); *Pommer*, JA 2007, 621 (624); *Krause*, FS-Rieß, S. 261 (266); *Neuser*, JURA 2003, 461 (461); *Volk*, NStZ 1999, 165 (166).

[40] BVerfG, NStZ-RR 2007, 378; *Rogall*, SK-StPO, § 81g Rn. 1; *Trück*, MüKo-StPO, § 81g Rn. 1; *Volk*, NStZ 1999, 165 (167).

[41] *Brauer*, HK-StPO, § 81g Rn. 3; *Bosch* in: S/S/W, StPO, § 81g Rn. 1; *Schmitt* in: *Meyer-Goßner/Schmitt*, StPO, § 81g Rn. 2; *Trück*, MüKo-StPO, § 81g Rn. 1; *Lorenz*, JZ 2005, 1121 (1128); vgl. auch *Senge*, NJW 1999, 253 (254).

[42] *Brauer*, HK-StPO, § 81g Rn. 3; *Bosch* in: S/S/W, StPO, § 81g Rn. 1; *Rogall*, SK-StPO, § 81g Rn. 2; *Schmitt* in: *Meyer-Goßner/Schmitt*, StPO § 81g, Rn. 2; vgl. auch *Krause* in: Löwe-Rosenberg, StPO, § 81g Rn. 1; ein prominentes Beispiel war der Mord an dem Münchener Modedesigner Moshammer Anfang 2005, welcher nach nicht ganz zwei Tagen aufgeklärt werden konnte.

[43] BVerfG, NStZ 2001, 328 (328) m. Anm. Senge; NStZ 2001, 331; BGH, StV 1999, 302 (302); LG Duisburg, StraFo 1999, 202 (202 f.); *Brauer*, HK-StPO, § 81g Rn. 2; *Krause* in: *Löwe-Rosenberg*, StPO, § 81g Rn. 2; *Rogall*, SK-StPO, § 81g Rn. 1; *Trück*, MüKo-StPO, § 81g Rn. 1; *Eisenberg/Singelnstein*, GA 2006, 168 (170); *Volk*, NStZ 1999, 165 (167); *Wollweber*, NJW 2001, 2304 (2304); vgl. auch BVerfGE 113, 348 (371); krit.: *Bosch* in: S/S/W, StPO,

Dass die Vorschrift in Ihrer Zweckbindung bezogen auf zukünftige Strafverfahren eine vorsorgliche Beschaffung von Beweismitteln ermöglicht und damit auch der Vermeidung eines zumindest potentiellen Beweisverlustes dient, ändert an diesem Ergebnis nichts.[44] Eine derartige Sicht würde die Kriterien der Rechtsnatur der Norm mit ihren potentiellen praktischen Auswirkungen vermischen.[45] Die Funktion, zukünftige Straftaten präventiv abzuwehren, kommt der Norm gerade nicht zu.[46] Vielmehr handelt es sich um eine präventive Maßnahme der Beweisbeschaffung zur Aufklärung künftiger Straftaten.[47] Aus denselben Gründen kann ein Verweis darauf, dass ein schnell gefasster Täter daran gehindert wird, noch weitere Taten zu begehen, nicht überzeugen.[48]

Ein weiteres Argument für die Einordnung zum Prozessrecht ist die Tatsache, dass es durch ständige Verbesserungen der Analysemethoden auch immer wieder gelingt, in lange zurückliegenden ungeklärten Fällen letztlich noch einen Tatverdächtigen zu ermitteln und zu überführen.[49] So ist aus systematischer Sicht auch die Nähe zum § 81e StPO zu verstehen.[50] Mithin dient die Aufnahme in die DNA-Analysedatei vor allem einer Art Strafverfolgungsvorsorge.

Mithin handelt es sich bei der DNA-Identitätsfeststellung um eine Ermittlungsmaßnahme, sodass sie im Rahmen dieser Arbeit zu prüfen ist. Wie bei den übrigen Maßnahmen ist zu klären, welche Rechtsgüter mit welcher Intensität betroffen werden und wie sich dies auf die Beweisverwertung nach Verstößen gegen die Anordnungskompetenz des Ermittlungsrichters auswirkt.

---

§ 81g Rn. 1; *Schmitt* in: *Meyer-Goßner/Schmitt*, StPO, § 81g, Rn. 2; *Pommer*, JA 2007, 621 (624); *Fluck*, NJW 2001, 2292 (2292); a. A.: LG Berlin, NJW 1999, 302; AG Landau, NJW 1999, 303; *Schewe*, JR 2006, 181 (187).

[44] *Brauer*, HK-StPO, § 81g Rn. 2; *Krause* in: *Löwe-Rosenberg*, StPO, § 81g Rn. 2; insofern unzutreffend: LG Berlin, NJW 1999, 302; AG Landau, NJW 1999, 303; *Schmitt* in: *Meyer-Goßner/Schmitt*, StPO, § 81g Rn. 2: „Fremdkörper in der StPO".

[45] *Krause* in: *Löwe-Rosenberg*, StPO, § 81g Rn. 2; vgl. auch *Eisenberg/Singelnstein*, GA 2006, 168 (170); ferner BVerfG, NStZ 2001, 328 (328).

[46] BVerfG, NStZ 2001, 328 (328); vgl. auch *Krause* in: *Löwe-Rosenberg*, StPO, § 81g Rn. 2.

[47] OLG Karlsruhe, StV 2002, 60 (61).

[48] So zutreffend *Krause* in: *Löwe-Rosenberg*, StPO, § 81g Rn. 2; dem jedoch zugeneigt *Fluck*, NJW 2001, 2292 (2292) unter Anbringung des Beispiels des sexuellen Missbrauchs von Kindern, seinerseits verweisend auf *Hirschi/Känther*, Kriminalistik 2000, 765 und insofern wohl eher mit emotionalen statt juristischen Argumenten.

[49] *Brauer*, HK-StPO, § 81g Rn. 3.

[50] BVerfG, NStZ 2001, 328 (328); vgl. auch LG Duisburg, StraFo 1999, 202 (202 f.).

9.3.2 Betroffene Rechtsgüter

Auch die DNA-Identitätsfeststellung stellt einen Eingriff in die informationelle Selbstbestimmung des Betroffenen aus Art. 2 Abs. 1 i. V. m. Art. 1 Abs. 1 GG dar.[51] Insofern handelt es sich um eine Maßnahme, die in einem engen Verhältnis zur molekulargenetischen Untersuchung nach § 81e StPO steht; ebenso besteht mit der Entnahme von Körperzellen zur DNA-Analyse eine Verbindung zum körperlichen Eingriff nach § 81a StPO.[52]

So gesehen handelt es sich um eine Art zusammengesetzte Ermittlungsmaßnahme. Die Durchführung der Maßnahme erfordert zunächst, dass eine Probe beim Betroffenen entnommen wird. Sodann wird diese analysiert und mit der Verbunddatei abgeglichen.

Wie bereits aufgezeigt wurde, ist die DNA-Identitätsfeststellung besonders gut geeignet, schnell die Personalien eines zunächst unbekannten Täters zu ermitteln, sofern dieser bereits in der Verbunddatei gespeichert ist. Sie ist daher in Verfahren gegen Unbekannt für die Strafverfolgung von erheblicher Bedeutung.

9.3.3 Bedeutung für die Beweisverwertung

Das Speichern von DNA-Identifikationsmustern in die DNA-Analyse-Datei als zentrale Verbunddatei zur Beweisgewinnung in einer unbestimmten Vielzahl von Fällen einerseits und der Abgleich der Daten mit biologischen Spuren aus konkreten Ermittlungsverfahren andererseits stellen jeder für sich einen intensiven Eingriff in die informationelle Selbstbestimmung des Betroffenen dar.[53] Der Richtervorbehalt zur Anordnung der molekulargenetischen Untersuchung ist entsprechend § 81f StPO zu behandeln; bei einer Verletzung wird ein Beweisverwertungsverbot ebenfalls stets vorliegen.[54] Die Maßnahme gestattet einen

---

[51] BVerfG, NStZ 2001, 328 (329); NJW 2001, 2320 (2321); StV 2003, 1 (1); StV 2009, 1 (1); StraFo 2009, 276 (277); NStZ-RR 2014, 48 (48); BbgVerfG, StV 2002, 57 (57); OLG Karlsruhe, StV 2002, 61 (61); *Schmitt* in: *Meyer-Goßner/Schmitt*, StPO, § 81g Rn. 1; vgl. *Trück*, MüKo-StPO, § 81g Rn. 2; *Eisenberg/Singelnstein*, GA 2006, 168 (171); *Neuser*, JURA 2003, 461 (462).

[52] *Krause* in: *Löwe-Rosenberg*, StPO, § 81g Rn. 1.

[53] Zur Verfassungsmäßigkeit des Eingriffs: BVerfGE 103, 21 = NStZ 2001, 328 m. Anm. *Senge*.

[54] So auch *Brauer*, HK-StPO, § 81g Rn. 40; *Krause* in: *Löwe-Rosenberg*, StPO, § 81g Rn. 83; *Rogall*, SK-StPO, § 81g Rn. 94; *Senge*, KK-StPO, § 81g Rn. 26.

Eingriff mit besonderem Würdebezug, sodass wegen dieses Erfolgsunwerts entsprechend der Unterfallgruppe I.1 zwingend jeder Verfahrensfehler zu einem Beweisverwertungsverbot führen muss.

Dagegen entspricht die bloße Entnahme von Körperzellen – etwa mittels Wangeninnenabstrich oder Blutprobe[55] – einer Maßnahme nach § 81a StPO. Nach Maßgabe der dort dargestellten Systematik ließe sich jenseits der Unterfallgruppe I.2 – nämlich einem grob fahrlässigen oder vorsätzlichen Fehlverhalten der Ermittlungsbeamten – allenfalls im Rahmen der Einzelfallabwägung ein Beweisverwertungsverbot darstellen, was angesichts der geringen Eingriffsintensität der bloßen Probengewinnung wohl kaum gelingen dürfte.[56]

Solange also zumindest für die molekulargenetische Untersuchung und des Abgleichs mit der DNA-Analyse-Datei eine richterliche Anordnung vorliegt, bleibt ein Verstoß der Anordnungskompetenz auf Ebene der Vergleichsprobengewinnung grundsätzlich unbeachtlich.

Die Rechtsprechung selbst hatte einen solchen Fall noch nicht zu entscheiden. Allerdings lässt sich der Gesetzesbegründung eine entsprechende Bezugnahme zum § 81f StPO und § 81a StPO entnehmen.[57]

9.4 Die DNA-Reihenuntersuchung

9.4.1 Überblick

Gewissermaßen als Gegenstück zur DNA-Identitätsfeststellung sieht § 81h StPO die Reihenuntersuchung vor. Auf Grundlage dieser Vorschrift kann ein größerer Kreis der Bevölkerung zur Abgabe einer DNA-Probe aufgefordert werden. Nach § 81h StPO kann somit festgestellt werden, ob aufgefundenes Spurenmaterial von einer der zur Teilnahme am Reihengentest aufgeforderten und freiwillig mitwirkenden Personen oder ihren Verwandten in gerader Linie oder in der Seitenlinie bis zum dritten Grad stammt.[58] Vergleichsgruppe ist also anders als beim § 81g StPO nicht die DNA-Analyse-Datei des Bundeskriminalamtes, sondern ein Pool von anlassbezogen freiwillig abgegebenen DNA-Vergleichsspuren.

---

[55] *Krause* in: *Löwe-Rosenberg*, StPO, § 81g Rn. 4.

[56] So auch *Krause* in: *Löwe-Rosenberg*, StPO, § 81g Rn. 82; *Rogall*, SK-StPO, § 81g Rn. 94.

[57] BT-Drucks. 10/10719, S. 5.

[58] *Bosch* in: S/S/W, StPO, § 81h Rn. 1; *Brauer*, HK-StPO, § 81h Rn. 1; *Rogall*, SK-StPO, § 81h Rn. 1; *Ritzert* in: *Graf*, StPO, § 81h Überblick; *Schmitt* in: *Meyer-Goßner/Schmitt*, StPO, § 81h Rn. 1; kritisch zur Erweiterung auf sog. Beinahetreffer: *Singelnstein/Derin*, NJW 2017, 2646 (2648); vgl. auch LG Mannheim, NStZ-RR 2004, 301 (302 f.).

Der Personenkreis, der von der Maßnahme betroffen werden soll, ist von den Ermittlungsbehörden anhand von bestimmten Prüfungsmerkmalen (Geschlecht, Alter, Wohnort, Teilnehmer an einer bestimmten Veranstaltung, Halter eines bestimmten Fahrzeugtyps etc.) vorab deutlich zu umgrenzen.[59] Dennoch ist verständlicherweise nicht ausgeschlossen, dass tausende unschuldige Personen von der Ermittlungsmaßnahme betroffen werden.[60] Zudem muss nicht einmal Gewissheit darüber bestehen, dass sich der Täter überhaupt unter den betroffenen Personen befindet;[61] vielmehr genügt die bloße Vermutung.[62]

9.4.2 Betroffene Rechtsgüter

Gewissermaßen evident greift auch die DNA-Reihenuntersuchung in die informationelle Selbstbestimmung des Betroffenen ein und ist andererseits bei einem Ermittlungsverfahren gegen Unbekannt von besonderer Bedeutung.

Die Norm fordert neben der richterlichen Anordnung zusätzlich und nicht alternativ die Einwilligung des Betroffenen. Dieses Kumulativverhältnis zwischen Richtervorbehalt und Einwilligung des Betroffenen ist in der StPO einzigartig.[63] Bei allen anderen Ermittlungsmaßnahmen bedarf es nur dann einer richterlichen Anordnung, wenn die Ermittlungspersonen gerade gegen den Willen des Betroffenen vorgehen wollen. Insoweit sei exemplarisch an die bei der molekulargenetischen Untersuchung genannte Entscheidung des Bundesgerichtshofs erinnert.[64]

Zum einen wird dadurch dem faktischen Umstand Rechnung getragen, dass wegen des hohen sozialen Drucks zur Teilnahme Zweifel an der Freiwilligkeit

[59] *Bosch* in: S/S/W, StPO, § 81h Rn. 7; *Brauer*, HK-StPO, § 81h Rn. 4; *Krause*, in: *Löwe-Rosenberg*, StPO, § 81h Rn. 11; *Rogall*, SK-StPO, § 81h Rn. 13; *Ritzert* in: *Graf*, StPO, § 81h Rn. 2; *Schmitt* in: *Meyer-Goßner/Schmitt*, StPO, § 81h Rn. 4; *Senge*, KK-StPO, § 81h Rn. 3; *Trück*, MüKo-StPO, § 81h Rn. 6; *Saliger/Ademi*, JuS 2008, 193 (195); vgl. auch LG Mannheim, NStZ-RR 2004, 301 (302).

[60] *Schmitt* in: *Meyer-Goßner/Schmitt*, StPO, § 81h Rn. 4.

[61] *Schmitt* in: *Meyer-Goßner/Schmitt*, StPO, § 81h Rn. 4.

[62] LG Dortmund, NStZ 2008, 175 (176).

[63] *Saliger/Ademi*, JuS 2008, 193 (194); vgl. *Krause* in: *Löwe-Rosenberg*, StPO, § 81h Rn. 4; kritisch zu diesem Novum: *Bosch* in: S/S/W, StPO, § 81h Rn. 11; *Senge*, KK-StPO, § 81h Rn. 6; ebenfalls *Trück*, MüKo-StPO, § 81h Rn. 1: „(...) systemwidrige Verbindung (...) (die) einen Fremdkörper in der StPO darstellt"; sodann *ders*, MüKo-StPO, § 81h Rn. 19 ff.

[64] BGH, NStZ 2010, 157 (158).

der Einwilligung der Betroffenen entstehen können.[65] Dieses Argument ist aber eher rechtspolitisch, denn dogmatisch führt das Kumulativverhältnis schließlich dazu, dass es auch auf eine freiwillige Einwilligung ankommt.[66] Der Richtervorbehalt kann diese gerade nicht alternativ ersetzen, wie es bei den übrigen Ermittlungsmaßnahmen der Fall ist.

Zum anderen – und das ist der ausschlaggebende Grund – wird den außerordentlich hohen Anforderungen an die Verhältnismäßigkeit der Ermächtigungsgrundlage Rechnung getragen, welche wohl angesichts der Breite des Eingriffs verfassungswidrig wäre, wenn Richtervorbehalt und Einwilligung nicht entsprechend verknüpft wären.[67]

Somit kompensiert die Einwilligung die Eingriffe in die Grundrechte des Einzelnen, während der absolute Richtervorbehalt im Sinne einer Vorkontrolle der Streubreite der Ermittlungsmaßnahme Rechnung trägt, an der Personen mitwirken sollen, gegen die kein konkreter Anfangsverdacht besteht.[68] Insofern ist das Kumulativverhältnis auch nicht widersprüchlich. Denn die Einwilligung bezieht sich auf die konkreten Grundrechtseingriffe des Einzelnen, hingegen nimmt der Ermittlungsrichter seine Aufgabe als Garant für ein rechtmäßiges Verfahren insgesamt und dem Schutz der Rechte aller Betroffenen war.

9.4.3 Bedeutung für die Beweisverwertung

Ebenso wie in der vorangegangenen Untersuchung müsste die Reihenuntersuchung der Unterfallgruppe I.1 zuzuordnen sein. Dem Eingriff wohnt ein besonderer Würdebezug inne, sodass allein der einer Verletzung innewohnende Erfolgsunwert ein Beweisverwertungsverbot zu begründen vermag.

---

[65] *Krause* in: *Löwe-Rosenberg*, StPO, § 81h Rn. 4; rechtlich bestehen aber bloß aufgrund des allgemeinen sozialen Drucks keine Zweifel an der Freiwilligkeit der Einwilligung, zutreffend: *Krause* in: *Löwe-Rosenberg*, StPO, § 81h Rn. 14; vgl. auch *Saliger/Ademi*, JuS 2008, 193 (194).

[66] So auch *Rogall*, SK-StPO, § 81h Rn. 36.

[67] Vgl. *Krause* in: *Löwe-Rosenberg*, StPO, § 81h Rn. 4; kritisch aber zustimmend: *Trück*, MüKo-StPO, § 81h Rn. 1.

[68] *Saliger/Ademi*, JuS 2008, 193 (194).

Allerdings muss ein Beweisverwertungsverbot aus Gründen außerhalb der Abwägungsprüfung ausscheiden: Der Betroffene hat in die Maßnahme eingewilligt, was einem Verwertungsverbot entgegensteht.[69]

Zwar stehen Richtervorbehalt und Einwilligung in dieser Vorschrift kumulativ statt alternativ zueinander, gleichwohl gelten die üblichen Argumente der Dogmatik auch hier: Hat der Betroffene wirksam in die Maßnahme eingewilligt, kann es auf eine richterliche Anordnung in der Revision nicht mehr ankommen, denn die Einwilligung entfaltet eine der Verwertung der Erkenntnisse gegenüber dem Betroffenen erlaubende Wirkung dergestalt, dass die Mängel der Anordnung insoweit kompensiert werden.[70]

Dies ergibt sich aus einem Erst-Recht-Schluss der Widerspruchslösung: Sofern die Entstehung eines Beweisverwertungsverbots vom Widerspruch des Betroffenen abhängen soll, kann erst Recht dann kein Beweisverwertungsverbot entstehen, wenn der Betroffene zuvor ausdrücklich seine Einwilligung mit der Maßnahme – und somit auch mit der Verwertung – erklärt hat. Für die Frage einer erfolgreichen Revision sind daher allein Mängel hinsichtlich der Einwilligungserklärung und der zuvor obligatorischen Belehrung entscheidend.[71] Denn diese vermag der Maßnahme bereits ihren grundrechtseinschränkenden Charakter dadurch nehmen, dass der Betroffene durch seine Einwilligung den Staat in seinen Schutzbereich willkommen heißt.

Soweit ersichtlich, lag der Rechtsprechung bisher ein solcher Fall noch nicht zur Entscheidung vor.

---

[69] So auch *Brauer*, HK-StPO, § 81h, Rn. 15; *Krause* in: *Löwe-Rosenberg*, StPO, § 81h, Rn. 36; *Rogall*, SK-StPO, § 81h, Rn. 36; *Schmitt* in: *Meyer-Goßner/Schmitt*, StPO, § 81h, Rn. 17; *Senge*, KK-StPO, § 81h, Rn. 11; *Trück*, MüKo-StPO, § 81h, Rn. 23.

[70] *Krause* in: *Löwe-Rosenberg*, StPO, § 81h, Rn. 36.

[71] *Brauer*, HK-StPO, § 81h, Rn. 15; *Krause* in: *Löwe-Rosenberg*, StPO, § 81h, Rn. 37; *Schmitt* in: *Meyer-Goßner/Schmitt*, StPO, § 81h, Rn. 17; *Rogall*, SK-StPO, § 81h, Rn. 36; *Ritzert* in: *Graf*, StPO, § 81h, Rn. 14; *Senge*, KK-StPO, § 81h, Rn. 11; *Trück*, MüKo-StPO, § 81h, Rn. 23; krit.: *Bosch* in: S/S/W, StPO, § 81h, Rn. 18.

Beschlagnahme und Durchsuchung 10

Anders als die in der Praxis selten eingesetzen DNA-Verfahren handelt es sich bei den im Folgenden untersuchten Maßnahmen der Beschlagnahme und Durchsuchung um völlig standardisierte Mechanismen der täglichen Ermittlungsarbeit.

10.1 Die Beschlagnahme

Im Vordergrund der tagtäglichen Ermittlungsarbeit steht dabei sicherlich die Beschlagnahme nach den §§ 94 ff. StPO.

10.1.1 Überblick

Mit dem Begriff der Beschlagnahme fasst die StPO im 8. Abschnitt unterschiedliche Arten amtlicher Sicherstellung von Gegenständen zusammen.[1] Anerkannt sind die einfache Sicherstellung, die Beschlagnahme im engeren Sinne und die Zwangsmaßnahmen zur Herausgabe nach Maßgabe des § 95 StPO. Regelmäßig geht der Beschlagnahme eine Durchsuchung voraus.

Befindet sich der Gegenstand, der beschlagnahmt werden soll, im Gewahrsam einer Person und ist diese bereit, ihn freiwillig herauszugeben, so genügt für die Sicherstellung eine Inverwahrnahme statt einer förmlichen Beschlagnahme.[2]

---

[1] *Kühne*, Strafprozessrecht, § 29 Rn. 508.

[2] *Eschelbach* in: S/S/W, StPO, § 94 Rn. 30; *Greve*, KK-StPO, § 94 Rn. 15; *Menges* in: *Löwe-Rosenberg*, StPO, § 94 Rn. 35; *Ritzert* in: *Graf*, StPO, § 94 Rn. 15; *Köhler* in: *Meyer-Goßner/Schmitt*, StPO, § 94 Rn. 12; *Wohlers/Greco*, SK-StPO, § 94 Rn. 6; *Beulke/Swoboda*, Strafprozessrecht, § 12 Rn. 246; *Kindhäuser/Schumann*, Strafprozessrecht, § 8 Rn. 133.

D. Decker, *Systematik der Beweisverwertung*,
https://doi.org/10.1007/978-3-658-34684-3_10

Hierbei handelt es sich um einen Realakt, der von den Ermittlungspersonen ohne richterliche Anordnung vorgenommen werden darf.[3]

Werden sicherzustellende Gegenstände hingegen nicht freiwillig herausgegeben, müssen sie gemäß § 94 Abs. 2 StPO förmlich beschlagnahmt werden.[4] Dies ist unter der Beschlagnahme im engeren Sinne zu verstehen, die Gegenstand dieser Prüfung ist.

10.1.2 Betroffene Rechtsgüter

Durch die Beschlagnahme wird dem Betroffenen ein Gegenstand entzogen, der in seinem Gewahrsam stand und regelmäßig auch in seinem Eigentum ist. Die Anordnung und Fortdauer einer Beschlagnahme betrifft den Betroffenen daher in seinem Grundrecht aus Art. 14 Abs. 1 S. 1 GG.[5] Des Weiteren kann je nach Art des Gegenstandes auch ein Eingriff in das allgemeine Persönlichkeitsrecht aus Art. 2 Abs. 1 i. V. m. Art. 1 Abs. 1 GG, die Pressefreiheit aus Art. 5 Abs. 1 S. 2 GG, die Kunstfreiheit aus Art. 5 Abs. 3 S. 1 GG, das Briefgeheimnis aus Art. 10 Abs. 1 GG, die Berufsfreiheit aus Art. 12 Abs. 1 S. 2 GG oder die Unverletzlichkeit der Wohnung aus Art. 13 Abs. 1 GG in Betracht kommen.[6]

Für die effektive Strafverfolgung ist die Beschlagnahme von Gegenständen ein zentrales Instrument. Mit der Beschlagnahme von Beweismitteln soll nämlich ein Beweisverlust verhindert und so die ordnungsgemäße Durchführung des gerichtlichen Strafverfahrens gesichert werden.[7] Die Beschlagnahme dient dazu,

---

[3] *Eschelbach* in: S/S/W, StPO, § 94 Rn. 32; *Ritzert* in: *Graf*, StPO, § 94 Rn. 15; *Beulke/Swoboda*, Strafprozessrecht, § 12 Rn. 246; *Kindhäuser/Schumann*, Strafprozessrecht, § 8 Rn. 134.

[4] Vgl. *Eschelbach* in: S/S/W, StPO, § 94 Rn. 34; *Menges* in: *Löwe-Rosenberg*, StPO, § 94 Rn. 6, 39; *Köhler* in: *Meyer-Goßner/Schmitt*, StPO, § 94 Rn. 13; *Roxin/Schünemann*, Strafverfahrensrecht, § 34 Rn. 8.

[5] *Eschelbach* in: S/S/W, StPO, § 94, Rn. 1; *Gercke*, HK-StPO, § 94 Rn. 4; *Hauschild*, MüKo-StPO, § 94 Rn. 2; *Kühne*, Strafprozessrecht, § 29 Rn. 516; vgl. *Menges* in: *Löwe-Rosenberg*, StPO, § 94 Rn. 1; *Wohlers/Greco*, SK-StPO, § 94 Rn. 2.

[6] *Eschelbach* in: S/S/W, StPO § 94 Rn. 1; *Gercke*, HK-StPO, § 94 Rn. 4; *Hauschild*, MüKo-StPO, § 94 Rn. 2; *Wohlers/Greco*, SK-StPO, § 94 Rn. 2; das BVerfG lehnt einen Eingriff in den Schutzbereich des Art. 12 GG wegen fehlender berufsregelnder Tendenz ab, möchte aber dennoch die faktische Beschränkung der Berufsausübung in der Verhältnismäßigkeitsprüfung berücksichtigt wissen, BVerfGE 113, 29 (48).

[7] BGHSt 9, 351 (355); *Eschelbach* in: S/S/W, StPO, § 94 Rn. 1 f.; *Beulke/Swoboda*, Strafprozessrecht, § 12 Rn. 245; *Achenbach*, NJW 1976, 1068 (1068); *Lüttger/Kaul*, GA 1961, 74 (75).

Sachbeweise für das Strafverfahren zu beschaffen.[8] Im Kern geht es darum, sicherzustellen, dass die für das Verfahren notwendigen Beweismittel zur Verfügung stehen.[9] Eine Beschlagnahme kommt aber nicht nur zur Sicherung der bisherigen Ermittlungsarbeit, sondern auch als Grundlage für die weitere Tätigkeit der Ermittlungsbehörden in Betracht. In diesem Rahmen kann es bereits bei der ersten Tatbestandsaufnahme durch die Polizei zu Beschlagnahmen kommen, wobei etwa an das Sichern von Spuren und Spurenträgern am Tat- oder Fundort zu denken ist.[10]

10.1.3 Bedeutung für die Beweisverwertung

Allein schon wegen dieser zentralen Rolle der Beschlagnahme für eine effektive Strafverfolgung sieht die herrschende Lehre ganz erhebliche Schwierigkeiten bei der Annahme von Beweisverwertungsverboten. Hierbei stellt sie insbesondere darauf ab, dass die Grenzen der sehr vielseitig anwendbaren Beschlagnahme bereits durch verfassungsrechtlich gebotene Beschlagnahmeverbote aufgezeigt werden. Sofern die Beschlagnahme dann nicht schon per se unzulässig ist, weil in unverhältnismäßiger Weise in spezielle Grundrechte des Betroffenen eingriffen wurde, sei nach diesem Verständnis durch eine bloße Verletzung der Anordnungskompetenz regelmäßig kein Beweisverwertungsverbot mehr zu begründen.[11] Die Revision könne auf Verstöße gegen § 98 StPO regelmäßig nicht gestützt werden.[12]

Bei der Beschlagnahme würden aus zu tiefgreifenden Grundrechtseingriffen zahlreiche Beschlagnahmeverbote folgen, die wiederum Beweisverwertungsverbote zur Folge hätten, da schon nicht beschlagnahmt werden darf, was im Prozess aus Rechtsgründen nicht verwertet werden kann.[13] Daraus folge ein selbstständiges Beweisverwertungsverbot, sodass es auf eine weitere Prüfung nicht mehr ankomme.[14] Nur noch solche Eingriffe bedürfen der Untersuchung, die nicht ohnehin zu einem verfassungsrechtlich gebotenen Beschlagnahmeverbot führen und insoweit bereits einem Beweisverwertungsverbot unterliegen.

---

[8] *Eschelbach* in: S/S/W, StPO, § 94 Rn. 1; *Gercke*, HK-StPO, § 94 Rn. 1; *Freyberg*, ArchKrim 150, 167 (168); *Nothacker*, ArchKrim 178, 1 (4).

[9] *Wohlers/Greco*, SK-StPO, § 94 Rn. 1; vgl. *Lüttger/Kaul*, GA 1961, 74 (75).

[10] *Freyberg*, ArchKrim 150, 167 (168).

[11] *Wohlers/Greco*, SK-StPO, § 98 Rn. 63.

[12] *Ritzert* in: *Graf*, StPO, § 98 Rn. 26 f.; *Köhler* in: *Meyer-Goßner/Schmitt*, StPO, § 98 Rn. 32.

[13] Hierzu näher bei *Menges* in: *Löwe-Rosenberg*, StPO, § 94 Rn. 76.

[14] *Menges* in: *Löwe-Rosenberg*, StPO, § 94 Rn. 76.

Stellt man indes nur diese, dem Grundfall verbleibenden Eingriffe in die Abwägung ein, nämlich dass im Übrigen nur solche von geringerer Eingriffsintensität in Betracht kommen, kann darin die Unterfallgruppe I.1 – also ein schwerer Grundrechtseingriff mit besonderem Würdebezug, der ein Beweisverwertungsverbot auslöst – niemals gesehen werden.

Darüber hinaus wird bei einer in Phase III zu führenden Einzelfallabwägung in aller Regel der verbliebende Eingriff in die Rechte des Betroffenen nicht schwerer als das Strafverfolgungsinteresse wiegen: Denn die Möglichkeit der Beschlagnahme stellt eine zentrale Maßnahme zur Sicherung der weiteren Ermittlungen dar.

Es verbliebe also nur ein denkbar geringer Eingriff, der für sich genommen die Übertragung der Anordnungskompetenz auf den Ermittlungsrichter nicht begründen könnte. Vielmehr wäre der Ermittlungsrichter vor allem deshalb eingeschaltet, um bei schweren Eingriffen die Überprüfung eines eventuell vorliegenden ungeschriebenen Beschlagnahmeverbotes zu übernehmen. Nach diesem Verständnis ist es zumindest nicht fernliegend, wenn Kleinknecht[15] den Richtervorbehalt im Rahmen der Beschlagnahme als bloße Formvorschrift begreifen will. Ein Verwertungsverbot würde regelmäßig nur bei einer vorsätzlichen oder grob fahrlässigen Verletzung des Richtervorbehalts – mithin in der Unterfallgruppe I.2 – vorliegen.[16]

Auch die Rechtsprechung scheint dem zu folgen. Jedenfalls ergeben sich jenseits der allgemeinen Grundsätze, dass die absichtliche Umgehung des Richtervorbehaltes oder die willkürliche Annahme von Gefahr in Verzug zu einem Beweisverwertungsverbot führt, aus der Rechtsprechung zum § 98 StPO keine weiteren Verwertungsverbote. So ist in der Einzelfallrechtsprechung bisher nur ein Beweisverwertungsverbot bei einer grob fehlerhaften Annahme von Gefahr im Verzug angenommen worden.[17] Das entspricht auch der Wertung des Bundesverfassungsgerichts, das ein Verwertungsverbot „zumindest bei schwerwiegenden, bewussten oder willkürlichen Verfahrensverstößen" in Bezug auf die Beschlagnahme von Beweismitteln anerkennt.[18]

Diese Lehrmeinung steht jedoch im Widerspruch zu den im Rahmen dieser Arbeit gewonnenen Erkenntnissen und muss allein schon wegen der Absolutheit ihrer Aussage kritisch hinterfragt werden. Die Behauptung, dass entweder bereits

---

[15] *Kleinknecht*, NJW 1966, 1537 (1538).

[16] So auch *Ritzert* in: *Graf*, StPO, § 98 Rn. 26; *Wohlers/Greco*, SK-StPO, § 98 Rn. 63; Zur Darstellung aus Sicht der Ermittlungspersonen: *Kemper*, wistra 2006, 171 (173 ff.).

[17] AG Tiergarten, StV 2003, 663 (664).

[18] BVerfGE 13, 29 (61).

ein selbstständiges Beschlagnahmeverbot vorliege oder der Beweis im Übrigen nur aufgrund eines besonderen Handlungsunwerts der Beamten zu begründen sei, kann nicht überzeugen.

Mag es anders als bei den zuvor untersuchten medizinischen Ermittlungsmaßnahmen weniger evident sein, so fällt es jedoch schwer, die Unterfallgruppe I.1 für die Beschlagnahme absolut zu verneinen. Vielmehr vermag auch eine Beschlagnahme im konkreten Einzelfall verfassungsrechtlich noch zulässig sein, sich gleichwohl in der von Denninger[19] sogenannten „roten Zone" befinden, in der es wegen der besonderen Grundrechtsrelevanz mit Würdebezug auf eine unbedingte Einhaltung der Verfahrensvorschriften ankommt. Dies gilt insbesondere für erhebliche Eingriffe in das allgemeine Persönlichkeitsrecht, die zwar den Kernbereich privater Lebensgestaltung noch nicht betreffen, daher noch zulässig sind, sich diesem aber derart annähern, dass jede Verfahrensverletzung wegen ihres Erfolgsunwerts im Sinne der Unterfallgruppe I.1 zu einem Beweisverwertungsverbot führen muss.

10.2 Die Postbeschlagnahme

10.2.1 Überblick

Neben der Beschlagnahme nach den §§ 94 ff. StPO stellt § 99 S. 1 StPO die Ermächtigungsgrundlage für die Beschlagnahme der an den Beschuldigten gerichteten Postsendungen und Telegramme dar, die sich im Gewahrsam von Personen oder Unternehmen befinden, die geschäftsmäßig Post- oder Telekommunikationsdienste erbringen oder daran mitwirken. Gleiches gilt nach § 99 S. 2 StPO für solche Sendungen, die vom Beschuldigten herrühren oder für ihn bestimmt sind.

Die Beschlagnahmegegenstände müssen sich im Gewahrsam des Postunternehmens befinden. Hiervon erfasst sind auch die Erfüllungs- und Verrichtungsgehilfen des Unternehmens.[20] Der Gewahrsam des Postunternehmers wird nicht dadurch aufgehoben, dass von diesem ein Subunternehmen in die Transportleistungen einbezogen wird.[21] Die Vorschrift greift auch dann, wenn der Postunternehmer Sendungen während des Beförderungsvorganges vorübergehend

---

[19] *Denninger*, StV 1998, 401 (403).

[20] *Köhler* in: *Meyer-Goßner/Schmitt*, StPO, § 99 Rn. 9.

[21] *Eschelbach* in: S/S/W, StPO, § 99 Rn. 18; *Graf*, StPO, § 99 Rn. 3, 16.

einem Beförderer wie einer Spedition, einem Bahnunternehmen oder einer Fluggesellschaft überlässt.[22] Befinden sich die Schriftstücke im Gewahrsam anderer Personen, so richtet sich die Beschlagnahme nach §§ 94 ff. StPO.[23]

Im Falle der Postbeschlagnahme ergeht eine Anordnung des Gerichts an ein Postunternehmen, bestimmte Postsendungen auszusondern und an das Gericht zu liefern.[24] In der Praxis obliegt die Durchführung der Staatsanwaltschaft. Sie leitet die Beschlagnahmeanordnung dem Postunternehmen zu[25] und nimmt die Sendungen zunächst vorübergehend in staatlichen Gewahrsam, um sie dem Richter zuzuführen.[26] Damit das Postgeheimnis hinsichtlich des restlichen Briefverkehrs gewahrt bleibt, obliegt es allein dem Postunternehmen, die potentiell relevanten Sendungen auszusortieren und der anordnenden Stelle zu übergeben.[27]

Die Öffnung der so erlangten Post steht gemäß § 100 Abs. 3 S. 1 StPO nur dem Gericht zu; es kann diese Befugnis nach § 100 Abs. 3 S. 2 StPO auf die Staatsanwaltschaft übertragen, soweit dies erforderlich ist. Die Übertragung auf die Staatsanwaltschaft ist allerdings nur dann erforderlich, wenn der Erfolg der Ermittlungen von einem sofortigen Zugriff der Staatsanwaltschaft abhängt und durch eine weitere Verzögerung gefährdet werden würde.[28] Dies dürfte regelmäßig nicht der Fall sein, weil die Maßnahme zumindest im klassischen Fall der Postsendungsbeschlagnahme nur zu den Geschäftszeiten des Postunternehmens durchgeführt werden kann und deshalb zugleich auch immer ein Richter erreichbar sein wird.[29]

Erst wenn bei der Durchsicht der Unterlagen etwas gefunden wird, was für die Ermittlungen von Bedeutung ist, erfolgt in einem verfahrensrechtlich zweiten

---

[22] *Eschelbach* in: S/S/W, StPO, § 99 Rn. 18; *Wohlers/Greco*, SK-StPO, § 99 Rn. 3.

[23] *Köhler* in: *Meyer-Goßner/Schmitt*, StPO, § 99 Rn. 9; *Eschelbach* in: S/S/W, StPO, § 99 Rn. 3; *Beulke/Swoboda*, Strafprozessrecht, § 12 Rn. 251; *Kindhäuser/Schumann*, Strafprozessrecht, § 8 Rn. 142; *Roxin/Schünemann*, Strafverfahrensrecht, § 34 Rn. 31.

[24] BGH, StV 2008, 225 (225); *Gercke*, HK-StPO, § 99 Rn. 5; *Greven*, KK-StPO, § 99 Rn. 5; *Graf*, StPO, § 99 Rn. 16; *Günther*, MüKo-StPO, § 99 Rn. 27; *Menges* in: *Löwe-Rosenberg*, StPO, § 99 Rn. 8, 17; *Köhler* in: *Meyer-Goßner/Schmitt*, StPO, § 99 Rn. 5; *Wohlers/Greco*, SK-StPO, § 99 Rn. 3; *Kindhäuser/Schumann*, Strafprozessrecht, § 8 Rn. 143.

[25] *Köhler* in: *Meyer-Goßner/Schmitt*, StPO, § 100 Rn. 8; *Wohlers/Greco*, SK-StPO, § 100 Rn. 10.

[26] *Eschelbach* in: S/S/W, StPO, § 99 Rn. 19; *Graf*, StPO, § 99 Rn. 16.

[27] BGH, StV 2008, 225 (amtlicher Leitsatz); *Eschelbach* in: S/S/W, StPO, § 99 Rn. 19; *Gercke*, HK-StPO, § 99 Rn. 5; *Greven*, KK-StPO, § 100 Rn. 7; *Günther*, MüKo-StPO, § 99 Rn. 27; *Beulke/Swoboda*, Strafprozessrecht, § 12 Rn. 251.

[28] *Köhler* in: *Meyer-Goßner/Schmitt*, StPO, § 100 Rn. 10; *Wohlers/Greco*, SK-StPO, § 100 Rn. 15.

[29] So auch *Graf*, StPO, § 100 Rn. 9.

Schritt die eigentliche Beschlagnahme der Sendung nach § 94 StPO, dass diese für die Zwecke des Verfahrens vorerst in staatlicher Verwahrung verbleibt.[30]

10.2.2 Betroffene Rechtsgüter

Mit der Postbeschlagnahme wird in das Brief-, Post- und Fernmeldegeheimnis aus Art. 10 Abs. 1 GG eingegriffen.[31] Dieses schützt vor einer staatlichen Kenntnisnahme von Umständen und Inhalten des Brief-, Post- und Fernmeldeverkehrs.[32]

Der Postbeschlagnahme kommt eine unverzichtbare Ergänzungsfunktion für eine effektive Strafverfolgung zu. Es wäre befremdlich, wenn die Ermittlungsbehörden allein nur deshalb keinen Zugriff hätten, weil sich ein beweisrelevanter Gegenstand gerade auf dem Postweg befindet. Aufgrund des besonderen Schutzes des Postgeheimnisses in Art. 10 Abs. 1 GG kann nämlich die Beschlagnahme bei der Post nicht nach Maßgabe der §§ 94 ff. StPO erfolgen, weil insoweit ein verfassungsrechtliches Beschlagnahmeverbot besteht. Mit der – etwas missverständlich bezeichneten – Postbeschlagnahme besteht hingegen eine Zugriffsmöglichkeit dahin, dass es dem Postunternehmen obliegt, beweiserhebliche Postsendungen auszusondern und der Strafverfolgung zur anschließenden Beschlagnahme zuzuführen.

Schon im Zusammenhang mit der Beschlagnahme nach den §§ 94 ff. StPO wird nunmehr deutlich, dass der Zweck der Maßnahme in der Beschaffung und Sicherung von Beweismitteln liegt, wenn die Ermittlungsbehörden mit den Berechtigungen nach §§ 94 ff. StPO von Verfassung wegen nicht mehr weiter kommen.[33] Die Postbeschlagnahme ist das notwendige Bindeglied zwischen der Beschlagnahme beim Beschuldigten oder beim Dritten, das durch den besonderen Schutz des Post- und Fernmeldeverkehrs einer gesonderten Regelung bedarf.

---

[30] *Eschelbach* in: S/S/W, StPO, § 99 Rn. 19; *Gercke*, HK-StPO, § 99 Rn. 5; *Greven*, KK-StPO, § 100 Rn. 9; *Graf*, StPO, § 99 Rn. 17; *Günther*, MüKo-StPO, § 99 Rn. 28; *Menges* in: *Löwe-Rosenberg*, StPO, § 99 Rn. 8. 17; *Köhler* in: *Meyer-Goßner/Schmitt*, StPO, § 99 Rn. 5; *Wohlers/Greco*, SK-StPO, § 99 Rn. 4a.

[31] *Eschelbach* in: S/S/W, StPO, § 99 Rn. 1; *Gercke*, HK-StPO, § 99 Rn. 1; *Graf*, StPO, § 99 Rn. 1; *Greven*, KK-StPO, § 99 Rn. 1; *Günther*, MüKo-StPO, § 99 Rn. 1; *Menges* in: *Löwe-Rosenberg*, StPO, § 99 Rn. 1; *Köhler* in: *Meyer-Goßner/Schmitt*, StPO, § 99 Rn. 1; *Wohlers/Greco*, SK-StPO, § 99 Rn. 1; *Beulke/Swoboda*, Strafprozessrecht, § 12 Rn. 251; *Volk/Engländer*, Grundkurs StPO, § 10 Rn. 38.

[32] *Gercke*, HK-StPO, § 99 Rn. 2.

[33] *Eschelbach* in: S/S/W, StPO, § 99 Rn. 2, *Greven*, KK-StPO, § 99 Rn. 8.

10.2.3 Bedeutung für die Beweisverwertung

Die Revision kann auf einen Verstoß gegen den Richtervorbehalt bei der Postbeschlagnahme nicht gestützt werden.

Die herrschende Lehre will hingegen jedenfalls dann ein Beweisverwertungsverbot anerkennen, wenn der Richtervorbehalt grob fahrlässig oder vorsätzlich umgangen wurde.[34] Andere Stimmen in der Literatur leiten aus dem Post- und Fernmeldegeheimnis eine besondere Bedeutung des Richtervorbehaltes dergestalt ab, dass sie in den Fällen, in denen der Richtervorbehalt missachtet wurde, stets ein Verwertungsverbot annehmen.[35] Soweit das Beweisverwertungsverbot nur dahin eingeschränkt wird, dass eine bewusste Kompetenzanmaßung oder Willkür zu einem Beweisverwertungsverbot führen soll, käme dies dem Bedeutungsgehalt des verletzten Grundrechts nicht ausreichend nach.[36]

Die Auffassungen in der Literatur können jedoch nicht überzeugen. Weil immer auch eine separat anzugreifende Beschlagnahmeanordnung vorliegt, kommt der fehlenden Fernwirkung von Verfahrensfehlern entscheidende Bedeutung zu. Fehler bei der Postbeschlagnahme sind danach stets unbeachtlich, da ihr noch eine Beschlagnahme nach §§ 94 ff. StPO folgt. Vielmehr kommt es nur auf die anschließende Beschlagnahme an.

Keinesfalls kann es bei der Postbeschlagnahme ein strenges Beweisverwertungsverbot geben, da den besonderen Bedeutungsgehalt des Postgeheimnisses Rechnung zu tragen sei. Aber auch der Verweis darauf, dass zumindest eine willkürliche oder absichtliche Umgehung des Richtervorbehalts nicht ohne Folgen bleiben darf, vermag nicht durchzugreifen. Vielmehr scheint diese Auffassung in schon fast floskelhafter Routine Zugang in die Kommentarliteratur gefunden zu haben, ohne näher begründet zu werden.

Weder auf den Erfolgs- (besonderer Bedeutung des Grundrechts) noch den Handlungsunwert (willkürliche oder absichtliche Umgehung) eines Verfahrensfehlers kann es bei der Postbeschlagnahme ankommen. Denn im Anschluss an diese Ermittlungsmaßnahme erfolgt immer noch eine Beschlagnahme nach den §§ 94 ff. StPO.

Im deutschen Rechtssystem ist eine Fernwirkung dergestalt, dass Beweismittel, die aufgrund eines unzulässigen Beweismittels erst aufgefunden wurden, ebenfalls unzulässig sind, nicht anerkannt. Jede Verfahrensverletzung bleibt für eine

---

[34] *Graf*, StPO, § 99 Rn. 33; *Menges* in: *Löwe-Rosenberg*, StPO, § 100 Rn. 55; *Günther*, MüKo-StPO, § 100 Rn. 60; *Köhler* in: *Meyer-Goßner/Schmitt*, StPO, § 100 Rn. 18.

[35] So etwa *Wohlers/Greco*, SK-StPO, § 100 Rn. 23; *Eschelbach* in: S/S/W, StPO, § 100 Rn. 23.

[36] *Eschelbach* in: S/S/W, StPO, § 100 Rn. 23.

anschließend noch zu erfolgende Ermittlungsmaßnahme, die letztlich erst zur Beweissicherung führt, außer Betracht. Eine weitergehende Privilegierung des Beschuldigten lässt sich prozessrechtlich nicht rechtfertigen.

Hingegen bestehen gegen den Beamten, der willkürlich oder absichtlich Richtervorbehalte umgeht, – wie bereits aufgezeigt wurde – strafrechtliche,[37] haftungsrechtliche[38] und disziplinarrechtliche[39] Wege einer rechtsstaatlichen Reaktion. Für eine Fernwirkung besteht kein Anlass, sodass Fehler bei der Postbeschlagnahme nicht auf die anschließende Sicherstellung beweiserheblicher Schriftstücke gemäß §§ 94 ff. StPO durchschlagen.

In der Rechtsprechung gab es bisher zu dieser Problematik noch keinen Fall, sodass es an einer Vergleichsgruppe fehlt.

10.3 Die Durchsuchung

10.3.1 Überblick

Ergänzend zur Beschlagnahme gestattet § 102 StPO die Durchsuchung der Wohnung und anderer Räume des Verdächtigen sowie seiner Person und der ihm gehörenden Sachen sowohl zum Zweck seiner Ergreifung (Ergreifungsdurchsuchung) als auch dann, wenn zu vermuten ist, dass durch die Durchsuchung weitere Beweismittel gefunden werden (Ermittlungsdurchsuchung).

Die Durchsuchung ist auch bei Dritten zulässig, § 103 StPO. Dies meint solche Personen, die nicht einer Straftat im Sinne des § 102 StPO verdächtigt sind.[40] Dritte in diesem Sinne sind folglich nicht Mittäter oder Teilnehmer; hier genügen die leichteren Eingriffsvoraussetzungen des § 102 StPO.[41] Von § 103 StPO

[37]Exemplarisch: Körperverletzung in mittelbarer Täterschaft (Medizinalassistenten-Fall), Hausfriedensbruch (illegale Wohnraumdurchsuchung), Verletzung der Vertraulichkeit des Wortes (illegale Telefonüberwachung oder Lauschangriff) sowie der gesamte Bereich der Amtsdelikte und ergänzend Freiheitsberaubung und Nötigung.

[38]§ 839 BGB i. V. m. Art. 34 GG.

[39]Siehe §§ 5 ff. BSG: Verweis, Geldbuße, Kürzung der Dienstbezüge, Zurückstufung und Entfernung aus dem Beamtenverhältnis. Des Weiteren wird die Versetzung aus disziplinarrechtlichen Gründen angewandt, ohne formal-rechtlich eine disziplinarische Maßnahme darzustellen.

[40]*Kindhäuser/Schumann*, Strafprozessrecht, § 8 Rn. 159; *Wohlers/Jäger*, SK-StPO, § 103 Rn. 3.

[41]Vgl. *Köhler* in: *Meyer-Goßner/Schmitt*, StPO, § 102 Rn. 5, § 103 Rn. 1.

umfasst sind auch Personen, die wegen Rechtfertigungs-, Schuld- oder Strafausschließungsgründen nicht verfolgt werden können.[42] Die Durchsuchung bei Dritten erfordert neben dem Anfangsverdacht eine durch bestimmte Tatsachen begründete Prognose über die Erfolgsaussichten der Durchsuchung.[43]

Zur Durchsicht von Papieren und elektronischen Speichermedien enthält § 110 StPO besondere Regelungen. Rechtstechnisch handelt es sich aber um eine Beschlagnahme.[44] Allgemein wird bei Erfolg der Ermittlungsdurchsuchung eine Beschlagnahme oder Postbeschlagnahme durchgeführt. In der Praxis ergeht daher im Falle einer Ermittlungsdurchsuchung stets eine einheitliche Durchsuchungs- und Beschlagnahmeanordnung,[45] die auch von den Ermittlungspersonen als natürliche Handlungseinheit vollzogen wird.

10.3.2 Betroffene Rechtsgüter

Die Durchsuchung gestattet allem voran typischerweise eine Einschränkung der Grundrechte aus Art. 13 und 2 Abs. 1 i. V. m. 1 Abs. 1 GG.[46] Handelt es sich um eine Hausdurchsuchung, liegt ein schwerwiegender Eingriff in das sensible Grundrecht der Unverletzlichkeit der Wohnung aus Art. 13 GG vor.[47] Hiervon umfasst ist nicht nur die Wohnung im engeren Sinne, sondern auch Arbeits-,

---

[42] *Hauschild*, MüKo-StPO, § 103 Rn. 4; *Hegmann* in: *Graf*, StPO, § 103 Rn. 1; *Köhler* in: *Meyer-Goßner/Schmitt*, StPO, § 103 Rn. 1; *Wohlers/Jäger*, SK-StPO, § 103 Rn. 3.

[43] *Kindhäuser/Schumann*, Strafprozessrecht, § 8 Rn. 160; ferner *Bruns*, KK-StPO, § 103 Rn. 5.

[44] Klarstellend: *Kühne*, Strafprozessrecht, § 29 Rn. 504.2.

[45] *Kühne*, Strafprozessrecht, § 29 Rn. 506 geht sogar so weit, eine konkludente Beschlagnahmeanordnung in die Durchsuchungsanordnung hineinzulesen; es bedürfe also gar keiner ausdrücklichen Beschlagnahmeanordnung mehr. Dies dürfte eher kritisch zu sehen sein.

[46] BVerfGE 20, 162 (186); 42, 212 (219); 59, 95 (97); 139, 245 (264); *Gercke*, HK-StPO, § 102 Rn. 1; *Köhler* in: *Meyer-Goßner/Schmitt*, StPO, § 102 Rn. 1; *Tsambikakis* in: *Löwe-Rosenberg*, StPO, § 102 Rn. 2; *Volk/Engländer*, Grundkurs StPO, § 10 Rn. 53; *Jahn*, NStZ 2007, 255 (259).

[47] BVerfGE 42, 212 (219); 59, 95 (97); 96, 27 (40); 103, 142 (151); BVerfG, NJW 1991, 690 (691); 2003, 2669 (2669); 2004, 3171 (3171); 2005, 1640 (1641); 2005, 1707 (1707); 2006, 2974 (2975); 2007, 1804 (1804); 2009, 281 (281); 2011, 2275 (2275); 2012, 2097 (2098); 2014, 1650 (1651); StV 2009, 452 (453); 2013, 609 (609); 2015, 614 (615); wistra 2006, 377 (377); 2012, 63 (64); StraFo 2015, 198 (199); NStZ-RR 2006, 110 (110); 2008, 176 (177); VerfGH Berlin, StV 1999, 296 (297); OLG Düsseldorf, wistra 2008, 318 (319); LG Detmold, StV 2001, 503 (503); LG Rostock, StV 2015, 622 (623); *Hauschild*, MüKo-StPO, § 102 Rn. 1; *Tsambikakis* in: *Löwe-Rosenberg*, StPO, § 102 Rn. 2; *Wohlers/Jäger*, SK-StPO, § 102 Rn. 3; *Roxin/Schünemann*, Strafverfahrensrecht, § 35 Rn. 6.

Betriebs- und Geschäftsräume, die nicht für die Allgemeinheit zugänglich sind.[48] Bei Durchsuchungen in Presseräumen kommt zudem ein Verstoß gegen Art. 5 Abs. 1 S. 2 GG in Betracht,[49] Durchsuchungen von Personen, die mit einer Entkleidung verbunden sind, stellen einen intensiven Eingriff in das allgemeine Persönlichkeitsrecht aus Art. 2 Abs. 1 i. V. m. Art. 1 Abs. 1 GG dar.[50] Handelt es sich um eine Durchsuchung von Sachen, die nicht dem Schutzbereich des Art. 13 GG unterfallen, kann im konkreten Einzelfall ebenfalls das allgemeine Persönlichkeitsrecht allgemein oder in einer seiner zahlreichen Ausgestaltungen betroffen sein.[51] Zumindest aber ist durch die vorübergehende Ingewahrsamnahme und Beschauung der Sache ein Eingriff in Art. 14 Abs. 1 S. 1 GG möglich.[52]

10.3.3 Bedeutung für die Beweisverwertung

Soweit es um die Beweisverwertung bei Verstößen gegen den Richtervorbehalt geht, erfordert die Abwägungslehre des Bundesgerichtshofs eine Auseinandersetzung im Einzelfall. Es wurde bereits gezeigt, dass die Durchsuchung von einem eher schwachen Eingriff in Art. 14 Abs. 1 S. 1 GG über andere Spezialgrundrechte wie beispielsweise Art. 5 Abs. 1 S. 2 GG und dem allgemeinen Persönlichkeitsrecht als Auffanggrundrecht aus Art. 2 Abs. 1 GG i. V. m. Art. 1 Abs. 1 GG bis zum Eingriff in die von Verfassung wegen unter Richtervorbehalt gestellte Unverletzlichkeit der Wohnung aus Art. 13 Abs. 1 GG reicht. Entsprechend differenziert muss die Frage nach einem Beweisverwertungsverbot beantwortet werden.

Ein Verstoß gegen den Richtervorbehalt des Art. 13 Abs. 2 GG muss ein Beweisverwertungsverbot zur Folge haben, da die Unterfallgruppe I.1 einschlägig ist. Aufgrund der grundgesetzlichen Stellung des Richtervorbehalts und dessen besonderen Würdebezug ergibt sich ein Erfolgsunwert, der bei jedweder Verfahrensverletzung eine Beweisverwertung ausschließt.

---

48 BVerfGE 32, 54 (amtlicher Leitsatz; 72 ff.); 42, 212 (219); 44, 353 (371); 76, 83 (88); 96, 44 (51); 103, 142 (150); BVerfG, NJW 2003, 2669 (2669); 2009, 281 (2819, 2011, 2275 (2275); NStZ-RR 2008, 176 (177); LG Rostock, StV 2015, 622 (623); *Bruns*, KK-StPO, § 102 Rn. 8; *Hegmann* in: *Graf*, StPO, § 102 Rn. 8; *Tsambikakis* in: *Löwe-Rosenberg*, StPO, § 102 Rn. 30; *Wohlers/Jäger*, SK-StPO, § 102 Rn. 3.

49 Lesenswert hierzu insbesondere BVerfGE 117, 244 – Cicero.

50 BVerfG, StV 2004, 145 (amtlicher Leitsatz) St *Wohlers/Jäger*, SK-StPO, § 102 Rn. 3.

51 *Wohlers/Jäger*, SK-StPO, § 102 Rn. 3; beispielhaft etwa BVerfG, StV 2005, 363 (364) für das Recht auf informationelle Selbstbestimmung aus Art. 2 Abs. 1 GG i. V. m. Art. 1 Abs. 1 GG.

52 Vgl. *Tsambikakis* in: *Löwe-Rosenberg*, StPO, § 102 Rn. 2.

Besonders hervorzuheben ist, dass es sich um den einzigen im Grundgesetz niedergeschriebenen Richtervorbehalt für die Anordnung von Ermittlungsmaßnahmen handelt. Es entspricht dem besonderen Gewicht eines Eingriffs in die Unverletzlichkeit der Wohnung, dass die Anordnung dem Richter vorbehalten bleiben muss, wie das Bundesverfassungsgericht betont.[53] Die Strafgerichte und die Ermittlungsbehörden müssen den grundgesetzlichen Richtervorbehalt ernst nehmen und ein strenges Beweisverwertungsverbot annehmen.[54]

Unmittelbar aus dem Sinn des Art. 13 Abs. 2 GG folgt dieses Verwertungsverbot.[55] Beim Verstoß gegen den Richtervorbehalt handelt es sich objektiv um einen Grundrechtseingriff ohne Vorliegen der grundgesetzlichen Eingriffsbefugnisse aus Art. 13 Abs. 2 GG und somit um eine verfassungswidrige Ausübung richterlicher Kompetenzen durch ein nichtrichterliches Organ der Strafverfolgung.[56] Die grundgesetzliche Einschaltung des Richters darf nicht zur bloßen Formsache werden, weil andernfalls der bezweckte Schutz des Art. 13 Abs. 1 GG nicht erreicht werden kann.[57] Vielmehr verpflichtet Art. 13 GG alle staatlichen Organe, dafür Sorge zu tragen, dass der Richtervorbehalt als Grundrechtesicherung praktisch wirksam wird.[58]

Legt sich der Staat über Art. 13 Abs. 2 GG selbst Beschränkungen zum Schutz der Unverletzlichkeit der Wohnung auf, kann er bei Missachtung dieser Schranke diese nicht durch Zulassung der Verwertung für irrelevant erklären.[59] Ein eine solche Beweisverwertung zulassendes Strafurteil ist konsequenterweise als verfassungswidrig zu beurteilen.

Gegen diese Argumentation positioniert sich Amelung.[60] Art. 13 Abs. 2 GG habe allem voran historische Gründe. Durch die Annahme eines strengen Beweisverwertungsverbotes bei der Verletzung des grundgesetzlichen Richtervorbehaltes würden die Rechtsfolgen einer Verletzung des Art. 13 GG über die der übrigen Grundrechte – insbesondere Art. 2 Abs. 1 i. V. m. Art. 1 Abs. 1 GG – hinausgehen, was nicht zu rechtfertigen sei.

---

[53] BVerfGE 139, 245 (265).

[54] *Fezer*, FS-Rieß, S. 93 (102); *Harms*, StV 2006, 215 (219); *Ransiek*, StV 2002, 565 (568 f.); *ders*, JR 2007, 436 (438); *Wohlers/Jäger*, SK-StPO, § 105 Rn. 75; *Krekeler*, NStZ 1993,263, (264).

[55] *Ransiek*, StV 2002, 565 (569).

[56] *Fezer*, FS-Rieß, S. 93 (102).

[57] *Krekeler*, NStZ 1993, 263 (264); *Harms*, StV 2006, 215 (219).

[58] BVerfGE 103, 142 (152).

[59] *Ransiek*, StV 2002, 565 (569).

[60] *Amelung*, NStZ 2001, 337 (341).

Zu derartigen Wertungswidersprüchen kann es aber nicht kommen, da die Unverletzlichkeit der Wohnung einen sehr eingeschränkten Anwendungsbereich hat. Im Gegensatz dazu ist der von Amelung beispielhaft erwähnte Art. 2 Abs. 1 i. V. m. Art. 1 GG viel zu breit gefächert, um entsprechend pauschal Stellung zu beziehen. Bei der Unverletzlichkeit der Wohnung ist dies aber möglich.

Dies betrifft jedoch nur die Wohnraumdurchsuchung im engeren Sinne. Durchsuchungen der Büroräume und ähnliches sind weniger eingriffsintensiv, da zwar diese Räumlichkeiten vom Schutzbereich des Art. 13 GG erfasst sind, die dortigen Eingriffsmöglichkeiten aber nur unter einem einfachgesetzlichen Gesetzesvorbehalt – und in dieser Konsequenz auch nur einem einfachgesetzlichen Richtervorbehalt – stehen. Insbesondere greift nach richtiger Lesart Art. 13 Abs. 2 GG hierfür nicht. Im Übrigen fehlt der besondere Würdebezug, dem die Wohnung als absolut geschützte, höchstpersönliche Rückzugsmöglichkeit zukommen soll.

Insoweit ist zwar die Unterfallgruppe I.1 nur bei der Wohnraumdurchsuchung einschlägig, gleichwohl dürfte im Wege der in Phase III zu führenden Einzelfallabwägung regelmäßig viel für die Annahme eines Beweisverwertungsverbotes sprechen. Für die übrigen Eingriffe verbleibt allerdings nur die Unterfallgruppe I.2, um eine Einzelfallabwägung zu vermeiden, mithin ein grob fahrlässiges oder vorsätzliches Vorgehen der Ermittlungsbeamten.

Bei der Unterfallgruppe II.1, also der Figur der hypothetisch rechtmäßigen Beweiserlangung, die insbesondere im Zusammenhang mit der Durchsuchung von der Rechtsprechung vertreten wird, gelten die bereits zur Anwendbarkeit der Figur allgemein getroffenen Feststellungen: Diese kann bei der Verletzung des Richtervorbehalts keine Anwendung finden, weil sie das Prinzip der Gewaltenteilung aushöhlen würde.

In der Rechtsprechung wird dies jedoch anders beurteilt. So entschied das Bundesverfassungsgericht, dass der Beschlagnahme eines Gegenstandes regelmäßig nicht entgegensteht, dass er aufgrund einer rechtsfehlerhaften Durchsuchung erlangt worden ist, etwas anderes nur bei einem besonders schwerwiegenden Verstoß gelten soll.[61] Ein Beweisverwertungsverbot sei ganz allgemein nur dann Folge einer fehlerhaften Durchsuchung, wenn die zur Fehlerhaftigkeit der Ermittlungsmaßnahme führenden Verfahrensverstöße schwerwiegend waren oder bewusst beziehungsweise willkürlich begangen wurden.[62]

Auch die Strafgerichtsbarkeit ist einhellig der Auffassung, dass nur für Fälle, in denen der Richtervorbehalt bewusst beziehungsweise willkürlich oder in grober Verkennung der Rechtslage umgangen wird, ein Beweisverwertungsverbot

[61] BVerfG, NJW 1999, 273 (274); 2009, 3225 (3226).

[62] BVerfG, NJW 2006, 2684 (2686).

angenommen werden kann.[63] Rechtliche Mängel der Durchsuchung würden nicht zur Unverwertbarkeit der dabei zutage geförderten Beweismittel führen.[64] Oder deutlicher: Fehler der Durchsuchung sollen nicht auf die Beschlagnahme durchschlagen.

Die Rechtsprechung geht also davon aus, dass Durchsuchung und Beschlagnahme als getrennte Maßnahmen zu begreifen seien und die Durchsuchung der eigentlichen Beweisgewinnung durch die Beschlagnahme vorgelagert sei. Sie stellt also darauf ab, dass der Fehler bei der Durchsuchung nicht fern wirke, sodass nur noch Fehler hinsichtlich der Beschlagnahmeanordnung überhaupt Beachtung finden könnten.

Gleichwohl soll dann aber – wie auch zuvor bei der Postbeschlagnahme – die willkürliche oder absichtliche Umgehung des Richtervorbehalts insoweit nicht folgenlos bleiben, dass in dieser Konstellation ein Beweisverwertungsverbot anzunehmen sein soll.

Eine derartige Trennung zwischen Durchsuchung und Beschlagnahme überzeugt nicht. In der Praxis erfolgt die Anordnung von Durchsuchung und Beschlagnahme durch einen einheitlichen Beschluss, der auch als natürliche Handlungseinheit von den Ermittlungspersonen vollzogen wird. Insofern liegt nur eine Ermittlungshandlung vor, sodass die besonders hohen Anforderungen der Durchsuchung ohne Weiteres auch für die zugleich – und nicht etwa in einer separaten Ermittlungsmaßnahme – stattfindende Beschlagnahme gelten müssen.

Nur in dem durch den Durchsuchungsbeschluss bestimmten Rahmen dürfen Gegenstände beschlagnahmt werden, weshalb sich die Durchsuchung und Beschlagnahme als Einheit derselben Ermittlungsmaßnahme sowohl nach §§ 98 ff. StPO als auch nach §§ 102 ff. StPO richtet.[65] Ein Verstoß gegen die

---

[63] BGHSt 51, 285 (292); BGH, NStZ 2004, 449 (450); 2012, 104 (105), 2016, 551 (552); 2017, 367 (369); StraFo 2016, 338 (338); OLG Düsseldorf, StraFo 2009, 280 (281); 2016, 339 (340); OLG Hamm, NStZ 2007, 355 (356); NJW 2009, 3109 (3111); OLG Koblenz, StV 2002, 533 (534); OLG Köln, StV 2010, 14 (16); LG Berlin, StV 2011, 89 (89); LG Bonn, NJW 1981, 292 (293); LG Darmstadt, StV 2003, 573 (574); LG Hamburg, StV 2011, 528 (529); LG Saarbrücken, StV 2003, 434 (436); AG Hamburg-Sankt Georg, StV 2008, 630 (631); AG Kiel, StV 2002, 536 (537 f.); AG Offenbach, StV 1991, 153 (154); AG Tiergarten, StV 2003, 663 (664); auch jenseits dieser Fälle nahm ein Verwertungsverbot bei Wohnungsdurchsuchungen an: LG Heilbronn, StV 2005, 380 (381).

[64] BGH, NStZ 375 (376).

[65] So auch *Kühne*, NJW 1979, 1053 (1054).

Durchsuchungsvorschriften entzieht der Beschlagnahme als Teilakt der Ermittlungsmaßnahme die Grundlage; die Beschlagnahme wird von der Rechtswidrigkeit der Durchsuchung erfasst.[66]

[66] *Kühne*, NJW 1979, 1053 (1054).

11 Erhebung und Verwendung von Datensätzen

Neben den klassischen Ermittlungsmaßnahmen zur Sicherung von Beweisen rückt im Zuge einer sich immer weiter vergrößernden Menge personenbezogener Daten deren Verwertung immer mehr in den Vordergrund.

11.1 Die Rasterfahndung

Durch die Rasterfahndung können sich die ermittelnden Beamten diese Daten zu Nutze machen.

11.1.1 Überblick

Hierbei werden Datenbestände nach bestimmten Prüfungsmerkmalen (Rastern) automatisch abgeglichen, die eine andere – private oder öffentliche – Stelle, die nicht zugleich Strafverfolgungsbehörde ist, zu anderen Zwecken als der Strafverfolgung gespeichert hat und die nach kriminalistischer Erfahrung auch auf den Täter zutreffen und so zur Aufklärung der Tat beitragen können.[1] Sie kann

[1] BT-Drs. 12/989, S. 36; BVerfG, NJW 2009, 1405 (1406); OLG Köln, NStZ-RR 2001, 31 (31); *Gercke*, HK-StPO, § 98a Rn. 1; *Grever*, KK-StPO, § 98a, Rn. 2; *Günther*, MüKo-StPO, § 98a Rn. 13 f.; *Jäger* in: S/S/W, StPO, § 98a Rn. 1; *Köhler* in: *Meyer-Goßner/Schmitt*, StPO, § 98a Rn. 2; *Wohlers/Greco*, SK-StPO, § 98a Rn. 2; *Beulke/Swoboda*, Strafprozessrecht, § 12 Rn. 262; *Kindhäuser/Schumann*, Strafprozessrecht, § 8 Rn. 7; *Hilger*, NStZ 1992, 457 (460); *Möhrenschlager*, wistra 1992, 326 (326); *Rogall*, GS-Schlüchter, S. 611 (617); ausführlich: *Menges* in: *Löwe-Rosenberg*, StPO, § 98a Rn. 2–7.

D. Decker, *Systematik der Beweisverwertung*,
https://doi.org/10.1007/978-3-658-34684-3_11

durchgeführt werden, um Nichtverdächtige auszuschließen (negative Rasterfahndung) oder Personen zu finden, die weitere für die Ermittlungen bedeutsame Prüfungsmerkmale erfüllen (positive Rasterfahndung).[2] Kern der Rasterfahndung ist der Abgleich der herausgefilterten Datenbestände verschiedener Stellen, der die Verknüpfung unterschiedlicher Sachbereiche ermöglicht, um ein Persönlichkeitsprofil zu erstellen.[3] Ziel ist es, über den Abgleich dieser Kriterien aus einer Vielzahl überwiegend unverdächtiger Personen diejenigen herauszufiltern, die das herausgearbeitete Profil erfüllen.[4]

Von der Rasterfahndung ist der Datenabgleich nach § 98c StPO abzugrenzen, bei dem die Daten nur mit anderen bereits zur Strafverfolgung, Strafvollstreckung oder polizeilicher Gefahrenabwehr[5] gespeicherter Daten verglichen werden. Da hier nur bereits vorhandene Erkenntnisse genutzt werden, ist der einfache Datenabgleich an keine besonderen Voraussetzungen gebunden.[6]

Ebenfalls keine Rasterfahndung liegt nach nahezu einhelliger Auffassung vor, wenn Strafverfolgungsbehörden von privaten Stellen bei einer gezielten, konkret täterbezogenen Anfrage Auskünfte zu speziellen Täterdaten erhalten, weil es an der für die Rasterfahndung typische Übermittlung der Gesamtdateien fehlt.[7]

Die Rasterfahndung erfolgt[8] in der Weise, dass die angefragte Stelle die Datenbestände ausfiltert und an die Strafverfolgungsbehörde gemäß § 98a Abs. 2 StPO übermittelt.[9] Die Auswahl der Daten im Einzelfall bestimmt sich anhand kriminalistischer Erfahrung. Ausgangspunkt sind also die Vorgaben der Strafverfolgungsbehörden, welche Daten benötigt werden und übermittelt werden

[2]BT-Drs. 12/989, S. 37; *Gercke*, HK-StPO, § 98a Rn. 3; *Günther*, MüKo-StPO, § 98a Rn. 15; *Köhler* in: *Meyer-Goßner/Schmitt*, StPO, § 98a Rn. 2; *Kindhäuser/Schumann*, Strafprozessrecht, § 8 Rn. 7; *Hilger*, NStZ 1992, 457 (460); *Möhrenschlager*, wistra 1992, 326 (327); *Wittig*, JuS 1997, 961 (968).

[3]BVerfG, NJW 2009, 1405 (1406); *Jäger* in: S/S/W, StPO, § 98a Rn. 1.

[4]*Beulke/Swoboda*, Strafprozessrecht, § 12 Rn. 262; *Hilger*, NStZ 1992, 457 (460).

[5]Zur allgemeinen Zulässigkeit der Zusammenführung von Daten aus Repression und Prävention gemäß § 161 Abs. 2 StPO: *Kühne*, Strafprozessrecht, § 31 Rn. 545.

[6]*Jäger* in: S/S/W, StPO, § 98c Rn. 2; *Wohlers/Greco*, SK-StPO, § 98c Rn. 2; *Kindhäuser/Schumann*, Strafprozessrecht, § 8 Rn. 10; *Roxin/Schünemann*, Strafverfahrensrecht, § 33 Rn. 15; *Hilger*, NStZ 1992, 457 (461); *Wittig*, JuS 1997, 961 (970).

[7]BVerfG, NJW 2009, 1405 (1406) m. Anm. *Jahn*, JuS 2009, 664 m. krit. Anm. *Brodowski*, JR 2010, 546; *Wohlers/Greco*, SK-StPO, § 98a Rn. 3; *Kühne*, Strafprozessrecht, § 31 Rn. 543; *Hilger*, NStZ 1992, 457 (460); krit. *Beulke/Swoboda*, Strafprozessrecht, § 12 Rn. 262; a. A.: *Brodowski*, ZIS 2012, 474 (476).

[8]Ausführlich zur Methode der Rasterfahndung: *Rogall*, GS-Schlüchter, S. 611 (615 ff.).

[9]*Wohlers/Greco*, SK-StPO, § 98a Rn. 2; *Kindhäuser/Schumann*, Strafprozessrecht, § 8 Rn. 9.

sollen.[10] Zum Beispiel: Stelle 1 erhält die Anweisung, die Namen und Adressen der Personen herauszugeben, die das Merkmal A erfüllen, Stelle 2 erhält die Anweisung, die Namen und Adressen der Personen herauszugeben, die das Merkmal B erfüllen. Diejenigen Informationen, die mit der Suchanweisung übereinstimmen (Treffer), werden in einen neuen Datensatz ausgesondert und den Ermittlungsbehörden übermittelt.[11]

Die so erhaltenen Datensätze der Stellen 1 und 2 werden nun durch die Ermittlungsbehörden zusammengeführt und abgeglichen. Im Wege der elektronischen Datenverarbeitung wird die Schnittmenge der eingegebenen Datensätze herausgefiltert (Negativraster) beziehungsweise aufgezeigt (Positivraster).[12] Auf diese Weise kann anhand des aus kriminalistischer Erfahrung gebildeten Persönlichkeitsprofils die Zahl der möglichen Täter erheblich begrenzt werden.[13]

Zur Verdeutlichung ein plakatives Fallbeispiel von Volk/Engländer:[14] Terroristen zahlen nach kriminalistischer Erfahrung ihre Stromrechnungen in bar und haben ihr Kraftfahrzeug – wenn überhaupt – in einem anderen Kreis angemeldet.[15] Die Strafverfolgungsbehörden werden die Datensätze der örtlichen Stromversorger und der Zulassungsstellen gegeneinander spielen und erhalten auf diese Weise einen sehr kleinen Kreis der möglichen Verdächtigen.

Es wird deutlich, dass das Prinzip der Rasterfahndung eine Umkehrung der üblichen Ermittlungstätigkeit ist.[16] Im Unterschied zu den traditionellen Ermittlungsmethoden, bei denen hinsichtlich eines bestimmten Tatverdächtigen im Verlauf des Ermittlungsverfahrens Erkenntnisse gesammelt werden, ist die Vorgehensweise bei der Rasterfahndung eine grundsätzlich andere.[17] Bei der Rasterfahndung sind zunächst die Unverdächtigen Gegenstand der Ermittlungen, bis sich aus ihrem Kreis Verdächtige ergeben.[18] Die Rasterfahndung ist zwar keine

---

[10] *Menges* in: *Löwe-Rosenberg*, StPO, § 98a Rn. 10.

[11] *Grever*, KK-StPO, § 98a, Rn. 2; *Günther*, MüKo-StPO, § 98a Rn. 45 f; *Wittig*, JuS 1997, 961 (969).

[12] *Grever*, KK-StPO, § 98a, Rn. 2; *Menges* in: *Löwe-Rosenberg*, StPO, § 98a Rn. 8; *Wohlers/Greco*, SK-StPO, § 98a Rn. 1; *Wittig*, JuS 1997, 961 (969).

[13] Siehe die empirische Einzelfallanalyse bei *Pehl*, Die Implementation der Rasterfahndung, S. 131 ff.

[14] *Volk/Engländer*, Grundkurs StPO, § 10 Rn. 39.

[15] Dem Beispiel liegt eine Fahndung nach RAF-Terroristen in mehreren deutschen Großstädten im Jahre 1979 zugrunde; hierzu eingehender *Menges* in: *Löwe-Rosenberg*, StPO, § 98a Rn. 9 m. w. N. insbesondere „Der Spiegel" vom 08.09.1986 Heft 37, S. 49.

[16] *Günther*, MüKo-StPO, § 98a Rn. 3; *Kühne*, Strafprozessrecht, § 31 Rn. 543.

[17] *Günther*, MüKo-StPO, § 98a Rn. 3.

[18] *Kühne*, Strafprozessrecht, § 31 Rn. 543.

verdachtslose, aber vielfach eine verdächtigenlose Ermittlungsmaßnahme,[19] da der Verdacht gegen eine bestimmte Person nicht der Ausgangspunkt für das Ermittlungsverfahren ist.[20]

Gleichwohl ist sie Ermittlungs- und nicht Fahndungsmaßnahme; diesbezüglich wäre die Bezeichnung „Rasterermittlung" treffender gewählt gewesen. Denn eine Fahndungsmaßnahme – wie etwa die Schleppnetzfahndung – dient nicht der Erhebung von Beweismitteln, sondern stellt eine besondere Verwertung der aktuellen Beweise zur Ergreifung des Täters dar.

11.1.2 Betroffene Rechtsgüter

Die Rasterfahndung stellt einen Eingriff in das Recht auf informationelle Selbstbestimmung dar.[21] Durch die Maßnahme wird typischerweise bei einer Vielzahl von unbescholtenen Betroffenen in dieses Recht eingegriffen.[22] Wie gewichtig der Grundrechtseingriff bei der Rasterfahndung zu bewerten ist, ist allerdings umstritten.

Bisweilen wird argumentiert, dass die Rasterfahndung von relativ geringer Eingriffsintensität sei.[23] Die ersten maschinellen Aussiebvorgänge seien mit keinen spürbaren Belastungen für die Betroffenen verbunden; erst die verbleibende Schnittmenge käme in den eigentlichen strafrechtlichen Kontrollprozess.[24]

Dem tritt die überwiegende und überzeugende Ansicht entgegen.[25] Auch für sich gesehen wenig sensible Daten können durch ihre Verknüpfung intensiv

---

[19] *Wittig*, JuS 1997, 961 (968).

[20] *Sanchez*, Das Recht auf informationelle Selbstbestimmung und seine Geltung im Strafverfahren, S. 234.

[21] BT-Drs. 12/989, S. 36; *Gercke*, HK-StPO, § 98a Rn. 3; *Grever*, KK-StPO, § 98a, Rn. 8; *Günther*, MüKo-StPO, § 98a Rn. 4; *Jäger* in: S/S/W, StPO, § 98a Rn. 10; *Menges* in: *Löwe-Rosenberg*, StPO, § 98a Rn. 12; *Köhler* in: *Meyer-Goßner/Schmitt*, StPO, § 98a Rn. 1; *Wohlers/Greco*, SK-StPO, § 98a Rn. 5; *Sanchez*, Das Recht auf informationelle Selbstbestimmung und seine Geltung im Strafverfahren, S. 236 f.; *Möhrenschlager*, wistra 1992, 326 (326); *Wittig*, JuS 1997, 961 (968); grundlegend zum Recht auf informationelle Selbstbestimmung: BVerfGE 65, 1 (41 ff.).

[22] *Menges* in: *Löwe-Rosenberg*, StPO, § 98a Rn. 12; *Roxin/Schünemann*, Strafverfahrensrecht, § 33 Rn. 12.

[23] *Menges* in: *Löwe-Rosenberg*, StPO, § 98a Rn. 14; *Bernsmann/Jansen*, StV 1998, 217 (222).

[24] *Menges* in: *Löwe-Rosenberg*, StPO, § 98a Rn. 14.

[25] *Gercke*, HK-StPO, § 98a Rn. 3; vgl. *Jäger* in: S/S/W, StPO, § 98a Rn. 3, 10; vgl. ferner BVerfGE 65, 1 (41 ff.) – Volkszähungsurteil.

in das Grundrecht auf informationelle Selbstbestimmung eingreifen.[26] Gleichsam eröffnet die Rasterfahndung auch den Zugriff auf sensible Daten, sodass im Zusammenspiel aller Raster die Erstellung von weitgehend vollständigen Persönlichkeits-, Verhaltens- und Bewegungsprofilen zumindest theoretisch möglich wird.[27] Daher steigt die Eingriffsintensität mit jedem weiteren Raster exponentiell. Denn mit jeder weiteren – nicht zwingend einzeln sensiblen – Information gelingt es fortlaufend, ein immer intimeres Bild von den gerasterten Personen zu generieren. Damit eröffnet die Rasterfahndung eine zuvor nie dagewesene Form der staatlichen Einsicht- und Einflussnahme, die bereits durch den psychischen Druck öffentlicher Anteilnahme auf den Einzelnen einzuwirken vermag.[28]

Des Weiteren darf nicht verkannt werden, dass durch die Rasterfahndung viele Unbeteiligte, die sich nicht verdächtig gemacht haben, sondern nur zufällig bestimmte tätertypische Merkmale erfüllen, in den strafrechtlichen Kontrollprozess geraten.[29] Die Rasterfahndung stellt insbesondere wegen ihrer großen Streubreite einen intensiven Grundrechtseingriff dar.[30]

Das Bundesverfassungsgericht lehnte in einer Entscheidung einen Eingriff in das Recht auf informationelle Selbstbestimmung nur deshalb ab, weil die streitgegenständlichen Daten schon nicht als Treffer angezeigt wurden und daher schon gar nicht an die Ermittlungsbehörden übermittelt wurden.[31] Ein meines Erachtens zulässiger Umkehrschluss geht deshalb dahin, dass ein Grundrechtseingriff vorliegt, sobald die Person von einem Datensatz erfasst ist, der an die Ermittlungsbehörden übermittelt wird.

Die Maßnahme betrifft also alle Personen, die in den übermittelten Datensätzen aufgeführt sind. Denn der staatliche Eingriffsakt beginnt spätestens mit Zugang der Daten bei den Ermittlungsbehörden und dies auch dann, wenn der Datenabgleich automatisiert erfolgt.

Dies begründet sich aus der Unbeherrschbarkeit der unmittelbar an die Datenerhebung anknüpfenden Datenverarbeitung. Diese wird vom Staat ohne weitere Einflussmöglichkeiten des Bürgers durchgeführt, sodass diesem die Möglichkeit entzogen wird, über die Verwendung seiner Daten selbst zu bestimmen. Dann

---

[26] Vgl. *Menges* in: *Löwe-Rosenberg*, StPO, § 98a Rn. 12.

[27] *Wittig*, JuS 1997, 961 (968).

[28] Vgl. BVerfGE 65, 1 (42).

[29] *Möhrenschlager*, wistra 1992, 326 (326).

[30] *Gercke*, HK-StPO, § 98a Rn. 3; vgl. BVerfG, NJW 2006, 1939 (1944 f.).

[31] BVerfG, NJW 2009, 1405.

kann es auch nicht mehr darauf ankommen, ob sich die Ermittlungsbehörden einer modernen Software bedienen oder die Datensätze manuell auswerten.

Insgesamt ist die Streubreite des Eingriffs in die informationelle Selbstbestimmung groß, eine Fortwirkung durch ein „Gefühl des Überwachtwerdens" nicht so leicht von der Hand zu weisen und letztlich eine mit jedem weiteren Raster exponentiell wachsende Eingriffstiefe bis hin zur Erstellung eines weitgehend vollständigen Persönlichkeitsprofils zu verzeichnen.[32] Gleichwohl bedarf es zur effektiven Strafverfolgung bei anders nicht aufklärbaren Straftaten von erheblicher Bedeutung dieser Maßnahme.[33]

Durch die immer weiter voranschreitende Digitalisierung und Fortschritte in der Kriminaltechnik nimmt die Zahl der durchgeführten Rasterfahndungen immer weiter zu.[34] Zukünftig werden wohl immer komplexere Ermittlungen vorgenommen, was letztlich auch zum Rastern von in elektronischer Form vorliegendem Bildmaterial, Schriftproben und gespeicherte Telefonanrufe – letzteres zwecks Stimmenabgleich – führen kann.[35] In der Praxis ist eine Entwicklung abzusehen, bei der sich die Eingriffsintensität noch verschärfen dürfte.

11.1.3 Bedeutung für die Beweisverwertung

Gleichwohl plädiert die überwiegende Auffassung der Literatur dafür, dass die Revision grundsätzlich nicht auf Verstöße gegen § 98b StPO gestützt werden könne.[36] Nur wenn der Richtervorbehalt bewusst umgangen oder willkürlich Gefahr im Verzug angenommen wird, soll es zu einem Beweisverwertungsverbot kommen.[37]

Richtigerweise muss ein Verstoß gegen den Richtervorbehalt aber in der Regel zu einem Beweisverwertungsverbot führen.[38] Insbesondere besteht keine Nähe zum § 100b StPO,[39] sondern wohl eher zu anderen Maßnahmen, die einen breiten

---

[32] Zum Umfang und zur Schwere derartiger Grundrechtseingriffe vgl. *Gusy*, FS-Schenke, S. 395 (405 ff.).

[33] *Menges* in: *Löwe-Rosenberg*, StPO, § 98a Rn. 14.

[34] *Pehl*, Die Implementation der Rasterfahndung, S. 84.

[35] *Menges* in: *Löwe-Rosenberg*, StPO, § 98a Rn. 11.

[36] *Menges* in: *Löwe-Rosenberg*, StPO, § 98b Rn. 27; *Ritzert* in: *Graf*, StPO, § 98b, Rn. 18; *Köhler* in: *Meyer-Goßner/Schmitt*, StPO, § 98b Rn. 11.

[37] *Gercke*, HK-StPO, § 98a Rn. 22; *Günther*, MüKo-StPO, § 98a Rn. 59, § 98b Rn. 41; *Menges* in: *Löwe-Rosenberg*, StPO, § 98b Rn. 27.

[38] Im Ergebnis so auch *Jäger* in: S/S/W, StPO, § 98b Rn. 10

[39] So aber *Gercke*, HK-StPO, § 98a Rn. 22.

und tiefen Eingriff in das Recht auf informationelle Selbstbestimmung darstellen können. Zu denken ist etwa an die Ermittlungsmaßnahmen im Zusammenhang mit der DNA-Analyse. Jedenfalls bei der Verwendung multipler Datensätze ist eine Einordnung der Maßnahme in die Unterfallgruppe I.1 angezeigt. Das Zusammenspiel zahlreicher Datensätze und die damit einhergehende Erstellung eines Persönlichkeitsprofils vermag dem Eingriff einen besonderen Würdebezug verleihen, kraft dessen jede Verfahrensverletzung aufgrund des ihr innenwohnenden Erfolgsunwerts stets ein Beweisverwertungsverbot zur Folge haben muss.

So führte das Bundesverfassungsgericht aus, dass die Befugnis, grundsätzlich selbst zu entscheiden, wann und innerhalb welcher Grenzen persönliche Lebenssachverhalte offenbart werden, unter den heutigen und künftigen Bedingungen der automatischen Datenverarbeitung im besonderen Maße des Schutzes bedarf.[40] Es hat in seiner Entscheidung zur Begründung des Rechts auf informationelle Selbstbestimmung insbesondere ausgeführt, dass der Gesetzgeber organisatorische und verfahrensrechtliche Vorkehrungen zu treffen hat, die der Gefahr einer Verletzung des Persönlichkeitsrechts entgegenwirken sollen.[41]

Die Einschaltung des Ermittlungsrichters als Garant der Rechte Betroffener und eines fairen und prozessordnungsgemäßen Strafverfahrens ist deshalb verfassungsrechtlich geboten. Die aufgezeigten Möglichkeiten der voranschreitenden Kriminaltechnik eröffnen neue Gefährdungen des Persönlichkeitsrechts in einem Ausmaß, das in seiner Intensität eher zu als abnimmt.[42]

Zur Relativierung des Vorstehenden wird bisweilen vorgetragen, dass das Ergebnis der Rasterfahndung kaum ein eigenes Beweismittel darstelle, sondern auf deren Grundlage weitere Ermittlungen erfolgen müssten; insoweit kenne das deutsche Recht keine Fernwirkung.[43] Dies trifft zwar zu.

Über kurz oder lang wird es aber möglich sein, ein derart umfassendes Persönlichkeitsprofil zu bilden und auf eine derart umfassende Menge an Datensätzen zuzugreifen, dass am Ende einer Rasterfahndung oftmals nur noch ein Tatverdächtiger stehen könnte: Die digitale Kriminaltechnik würde sich demnach – etwas überspitzt – zu einer Art „allwissenden Kriminalbeamten“ emanzipieren und die vom Bundesverfassungsgericht im Volkszählungsurteil skizzierte Dystopie[44] käme ohne ein konsequentes Beweisverwertungsverbot bei Verstößen gegen den Richtervorbehalt der Gegenwart gefährlich nahe. Spätestens dann dürfte eine

---

[40] BVerfGE 65, 1 (42).

[41] BVerfGE 65, 1 (amtlicher Leitsatz).

[42] Vgl. BVerfGE 54, 148 (153); 65, 1 (41).

[43] So auch *Günther*, MüKo-StPO, § 98b Rn. 41; *Grever*, KK-StPO, § 98b Rn. 16.

[44] BVerfGE 65, 1 (43).

Rasterfahndung unzweifelhaft derart in die Rechte Betroffener eingreifen, dass die Maßnahme nur noch unter unbedingter Beachtung der Verfahrensvorschriften verfassungsrechtlich zulässig sein kann.

Die Rechtsprechung hatte einen derart gelagerten Fall – soweit ersichtlich – noch nicht zu entscheiden, sodass es in der Praxis bisher an Vergleichsurteilen fehlt.

11.2 Die Verkehrsdatenauskunft

11.2.1 Überblick

Aufgrund verschärfter verfassungs-[45] und europarechtlicher[46] Anforderungen an die anlasslose Vorratsdatenspeicherung von Verkehrs- und Standortdaten stellt der 2015 neu gefasste und 2017 nochmals überarbeitete § 100g StPO eine differenzierte Ermächtigungsgrundlage für die Verkehrsdatenauskunft dar.[47] Ob hierdurch die Anforderungen des Bundesverfassungsgerichts und insbesondere des Europäischen Gerichtshofes erfüllt werden, ist noch nicht abschließend geklärt. Auch der Europäische Gerichtshof dürfte einer Vorratsdatenspeicherung aber nicht per se ablehnend gegenüberstehen, sondern diese bei besonders schweren Straftaten zulassen.[48]

§ 100g StPO regelt in unterschiedlicher Weise die Befugnis der Ermittlungsbehörden zur Einholung der Auskunft über aus geschäftlichen Gründen gespeicherter oder zur Strafverfolgung gesondert in Echtzeit erhobener Telekommunikationsdaten gemäß § 96 Abs. 1 TKG einerseits (§ 100g Abs. 1 StPO) und die Erhebung von gemäß § 113b TKG innerhalb einer Speicherpflicht zunächst anlasslos gespeicherten Verbindungsdaten und Standortdaten (§ 100g Abs. 2 StPO) andererseits sowie die Funkzellenabfrage zur Erhebung von retrograd gespeicherten Standortdaten (§ 100g Abs. 3 StPO).[49] Mithin handelt es sich

---

[45] Vgl. BVerfGE 125, 260.

[46] Besonders brisant sind die gemeinsam verhandelt und entschiedenen Vorabentscheidungsverfahren des EuGH zur Vorlage des britischen High Court in Sachen Digital Rights Ireland Ldt../. Minister for Communications, Marine and Naturale Recourses u. a. und des österreichischen Bundesverfassungsgerichtshofs auf 11.131 Anträge auf Nichtigerklärung des § 102a ÖstTKG hin: EuGH, Urt. v. 08.04.2014 – C-293/12, C-594/12 = NJW 2014, 2169 ff.

[47] Vgl. *Graf*, StPO, § 100g Rn. 3.

[48] *Köhler* in: *Meyer-Goßner/Schmitt*, § 100g Rn. 3; vgl. EuGH, NJW 2014, 2169 (2171).

[49] *Eschelbach* in: S/S/W, StPO, § 100g Rn. 1.

um eine umfassende Ermächtigungsgrundlage zur Erhebung und Verwendung von Verkehrsdaten.

Beim Katalog des § 96 Abs. 1 TKG geht es – abgesehen von den Standortdaten – um Nummern oder Kennungen der beteiligten Anschlüsse oder der Endeinrichtungen, ferner Beginn und Ende der Verbindung nach Datum und Uhrzeit sowie Datenmengen, den in Anspruch genommenen Telekommunikationsdienst, Endpunkte von festgeschalteten Verbindungen und sonstige zum Verbindungsaufbau und Verbindungserhalt sowie zur Abrechnung des Anbieters notwendige Verkehrsdaten einschließlich personenbezogener Berechtigungskennungen.[50]

Im Mobilfunkverkehr ist für die Ermittlungsbehörden vor allem die Erfassung der International Mobile Subscriber Identity (IMSI) sowie die SIM-Karten-Rufnummer von Interesse.[51] Hinzu kommt die elektronische Gerätekennung des Mobilfunkgerätes (IMEI) sowie die Standortdaten, ermittelt aufgrund der Verbindung zur jeweiligen Funkzelle.[52] Im Bereich der mobilen Internetkommunikation sind ebenfalls die zu bestimmten Zeitpunkt zugewiesenen Internetprotokoll-Adressen (dynamischen IP-Adressen) als Anschlusskennung im Sinne des § 96 Abs. 1 S. 1 TKG erfasst.[53]

Die Verkehrsdatenauskunft beschränkt sich dabei nicht nur auf Fälle einer anschließenden Zurverfügungstellung von Informationen. Vielmehr können die Verkehrsdaten auch in Echtzeit vom Anbieter an die Ermittlungsbehörden weitergegeben werden.[54]

Zunächst soll die Auskunft nach § 100g Abs. 1 StPO näher betrachtet werden. Dies betrifft die Erhebung von Telekommunikationsdaten, die nicht anlasslos gespeichert wurden, sondern aus geschäftlichen Gründen oder gesondert für Zwecke der Strafverfolgung im Einzelfall gespeichert und danach gezielt

---

[50] *Eschelbach* in: S/S/W, StPO, § 100g Rn. 8; *Graf*, StPO, § 100g Rn. 9; *Günther*, MüKo-StPO, § 100g Rn. 6; *Wolter/Greco*, SK-StPO, § 100g Rn. 30; *Beulke/Swoboda*, Strafprozessrecht, § 12 Rn. 254a; *Kindhäuser/Schumann*, Strafprozessrecht, § 8 Rn. 93; *Volk/Engländer*, Grundkurs StPO, § 10 Rn. 47a.

[51] *Eschelbach* in: S/S/W, StPO, § 100g Rn. 8; *Graf*, StPO, § 100g Rn. 10; *Wolter/Greco*, SK-StPO, § 100g Rn. 31.

[52] *Graf*, StPO, § 100g Rn. 10; *Günther*, MüKo-StPO, § 100g Rn. 6; *Köhler* in: *Meyer-Goßner/Schmitt*, § 100g Rn. 8 f; *Wolter/Greco*, SK-StPO, § 100g Rn. 31; *Bär*, DRiZ 2007, 218 (218 f.); *Wohlers/Demko*, StV 2003, 241 (242 f.).

[53] *Graf*, StPO, § 100g Rn. 11; *Köhler* in: *Meyer-Goßner/Schmitt*, § 100g Rn. 8; *Wolter/Greco*, SK-StPO, § 100g Rn. 31; *Bär*, DRiZ 2007, 218 (219); *Wohlers/Demko*, StV 2003, 241 (243); *Zöller*, GA 2007, 393 (406).

[54] *Eschelbach* in: S/S/W, StPO, § 100g Rn. 10.

weitergeleitet werden.[55] Dem liegt der allgemeine Gedanke zu Grunde, dass Verkehrsdaten, die der Anbieter für seine Zwecke erheben und speichern darf, auch den Ermittlungsbehörden unter bestimmten Voraussetzung zur Verfügung stehen müssen.[56] Grundsätzlich sollen die Möglichkeiten der Ermittlungsbehörden nicht hinter den technischen Möglichkeiten zurückbleiben.

§ 100g Abs. 2 StPO ermöglicht den Zugriff der Ermittlungsbehörden auf Verkehrsdaten nach § 113b TKG. Aufgrund des § 113b TKG sind alle Telekommunikationsdienstleister verpflichtet, auch ohne konkreten Ermittlungsanlass die Verkehrsdaten aller Bürger zu speichern und für die Ermittlungsbehörden vorrätig zu halten (Vorratsdatenspeicherung).[57] § 100g Abs. 2 S. 1 StPO ermöglicht es den Ermittlungsbehörden, diese Vorratsdaten heraus zu verlangen, wenn der Verdacht für eine besonders schwere Straftat im Sinne des § 100g Abs. 2 S. 2 StPO gegeben ist,[58] diese auch im Einzelfall besonders schwer wiegt und die Erforschung des Sachverhalts oder die Ermittlung des Aufenthaltsortes des Beschuldigten auf andere Weise wesentlich erschwert oder aussichtslos wäre.

Die Funkzellenabfrage hat in § 100g Abs. 3 StPO eine eigenständige Regelung erfahren. Die Voraussetzungen entsprechen je nachdem, ob Daten nach § 96 TKG oder § 113b TKG erhoben werden sollen, im Wesentlichen denen des § 100g Abs. 1 oder 2 StPO. Die einzelnen Funkzellen decken – je nach technischer Ausstattung vor Ort – Bereiche von einigen Metern bis mehreren Kilometern ab. Die Mobiltelefone vernetzen sich dabei automatisch stets mit der nächstgelegenen Funkzelle. Mit der Funkzellenabfrage kann nun ermittelt werden, mit welcher Funkzelle das Mobiltelefon wann verbunden war, unabhängig davon, ob telefoniert wurde oder nicht.[59] Folglich kann durch die Funkzellenabfrage eine grobe Ortung des Mobiltelefons vorgenommen und bei umfassenderer Auslesung der Daten ein Bewegungsprofil erstellt werden. Insoweit kann eine Nähe zur technischen Observation nicht verneint werden.[60]

---

[55] *Eschelbach* in: S/S/W, StPO, § 100g Rn. 11.

[56] *Köhler* in: *Meyer-Goßner/Schmitt*, § 100g Rn. 11.

[57] *Eschelbach* in: S/S/W, StPO, § 100g Rn. 21; *Köhler* in: *Meyer-Goßner/Schmitt*, § 100g Rn. 22; siehe auch das rechtspolitische Plädoyer für die Vorratsdatenspeicherung von *Gall*, DRiZ 2014, 200.

[58] Hierbei handelt es sich um einen abschließenden Katalog, vgl. auch *Graf*, StPO, § 100g Rn. 27.

[59] *Beulke/Swoboda*, Strafprozessrecht, § 12 Rn. 254a; *Zöller*, GA 2007, 393 (402).

[60] Ausdrücklich *Wolter/Greco*, SK-StPO, § 100g Rn. 29: „Mobiltelefone werden zu Peilsendern umfunktioniert"; ebenso *Zöller*, GA 2007, 393 (402); siehe auch *Wohlers/Demko*, StV 2003, 241: „Das Mobiltelefon wird zu einer Art Bewegungsmelder".

11.2.2 Betroffene Rechtsgüter

Die Verkehrsdatenauskunft greift in das Telekommunikationsgeheimnis aus Art. 10 Abs. 1 GG ein.[61] Das aus Art. 2 Abs. 1 i. V. m. Art. 1 Abs. 1 GG folgende Recht auf informationelle Selbstbestimmung kommt neben Art. 10 GG nicht zur Anwendung, weil es sich beim Telekommunikationsgeheimnis um ein spezielles Grundrecht handelt, das den Schutz der Privatheit der Betroffenen im Rahmen der Verkehrsdatenauskunft vollständig abdeckt.[62] Von Art. 10 Abs. 1 GG ist nämlich nicht nur der Inhalt der Kommunikation, sondern auch die Vertraulichkeit der näheren Umstände des Kommunikationsvorgangs geschützt, zu denen insbesondere gehört, ob, wann und wie oft zwischen welchen Personen oder Telekommunikationseinrichtungen Telekommunikation stattgefunden hat oder versucht worden ist.[63] Die Nutzung des Telekommunikationsmediums soll umfassend vertraulich möglich sein.[64] Hierzu zählen auch die Standortdaten von Mobilfunkgeräten im Ruhezustand – also außerhalb aktiver Kommunikation –, weil diese jedenfalls die Erreichbarkeit des Nutzers sicherstellen, also für die fortlaufende Möglichkeit der Aufnahme von Telekommunikation erforderlich sind.[65] Auch hierbei handelt es sich um Verkehrsdaten, sodass eine künstliche Aufspaltung hinsichtlich des Grundrechtsschutzes an dieser Stelle nicht sinnvoll erscheint.

Insbesondere die Vorratsdatenspeicherung kennzeichnet einen massiven Eingriff in die Rechte der Betroffenen.[66] Sie stellt zwar – sofern die Daten nur

[61] BVerfGE 107, 299 (312); 125, 260 (309 f.); BVerfG, NJW 2007, 2749 (2750); *Eschelbach* in: S/S/W, StPO, § 100g Rn. 1; *Gercke*, HK-StPO, § 100g Rn. 1; *Hauk* in: *Löwe-Rosenberg*, StPO, § 100g Rn. 1; *Roxin/Schünemann*, Strafverfahrensrecht, § 36 Rn. 29–30; *Bär*, DRiZ 2007, 218 (219); siehe auch BVerfG, NJW 2007, 3055 (3055); ferner BVerfG, NJW 2006, 3197 (3197).

[62] BVerfGE 67, 157 (171); 100, 313 (358); 107, 299 (312); 125, 260 (310); a. A. entgegen der herrschenden Grundrechtsdogmatik und wohl ausgelöst durch eine unbedachte Aussage in BT-Drucks. 14/7679, S. 1: *Eschelbach* in: S/S/W, StPO, § 100g Rn. 1; *Gercke*, HK-StPO, § 100g Rn. 1; *Hauk* in: *Löwe-Rosenberg*, StPO, § 100g Rn. 1.

[63] BVerfGE 67, 157 (172); 85, 386 (396); 100, 313 (358); 107, 299 (312 f.); 115, 166 (183); 120, 274 (307); 125, 260 (309); BVerfG, NJW 2006, 3197 (3197); *Hauk* in: *Löwe-Rosenberg*, StPO, § 100g Rn. 9.

[64] BVerfGE 100, 313 (358); 107, 299 (313); NJW 2006, 3197 (amtlicher Leitsatz); *Hauk* in: *Löwe-Rosenberg*, StPO, § 100g Rn. 9.

[65] Vgl. *Welp*, GA 2002, 535 (553).

[66] *Eschelbach* in: S/S/W, StPO, § 100g Rn. 21; siehe auch EuGH, NJW 2014, 2169 (2170 f.).

für eine begrenzte Zeit auf Vorrat gespeichert werden – keine im Allgemeinen unzulässige Totalüberwachung dar.[67] Die an ihre Zulässigkeit anzusetzenden verfassungsrechtlichen Voraussetzungen sind aber hoch.

11.2.3 Bedeutung für die Beweisverwertung

Bei Maßnahmen nach § 100g Abs. 1 StPO kann ein Beweisverwertungsverbot regelmäßig nur durch die Unterfallgruppe I.2 begründet werden, mithin durch ein grob fahrlässiges oder vorsätzliches Fehlverhalten der Ermittlungsbeamten.[68] Dem Eingriff in Art. 10 Abs. 1 GG fehlt es nämlich an der für die Unterfallgruppe I.1 erforderlichen Intensität. Ein besonderer Menschenwürdebezug ist bei der Maßnahme nicht zu verzeichnen, sodass allein aus dem Erfolgsunwert eines Verfahrensfehlers bei der Verkehrsdatenauskunft kein Beweisverwertungsverbot folgen kann.

Der Kern des Telekommunikationsgeheimnisses wird nicht betroffen; der Inhalt der Telekommunikation bleibt geheim. Es handelt sich folglich um einen Eingriff im Randbereich des Art. 10 Abs. 1 GG. Nur in die näheren Umstände der Telekommunikation wird eingegriffen, die zwar auch dem Schutz des Art. 10 Abs. 1 GG unterfallen, aber hinsichtlich der Eingriffsschwere deutlich hinter einer Überwachung des Inhalts der Telekommunikation zurückbleiben.

Hingegen ist bei Verstößen gegen den Richtervorbehalt bezüglich der Vorratsdatenspeicherung nach § 100g Abs. 2 StPO aufgrund der herausragenden Grundrechtsbetroffenheit dieses Eingriffs die Unterfallgruppe I.1 einschlägig.[69] Das ergibt sich aus der Strahlkraft einer Vorratsdatenspeicherung, die grundsätzlich alle Bürger erfasst. Dem Richter als Garant der Rechte Betroffener kommt hierbei eine besondere Bedeutung zu. Des Weiteren ist es seine Aufgabe, über den Einzelfall hinaus die Rechtsstaatlichkeit der Ermittlungen zu gewährleisten. Insoweit ist er auch Garant für ein ordnungsgemäßes und faires Verfahren.

Gerade bei einer verdachtslosen Vorratsdatenspeicherung stehen sich verschiedene verfassungsrechtliche Interessen gegenüber. Im Rechtsstaat des Grundgesetzes können den Ermittlungsbehörden nur in schwerwiegenden Einzelfällen

---

[67] BVerfGE 125, 260 (322 ff.); *Eschelbach* in: S/S/W, StPO, § 100g Rn. 1.

[68] In Ansätzen ebenso *Eschelbach* in: S/S/W, StPO, § 101a Rn. 10, jedoch ohne eine nähere Differenzierung vorzunehmen.

[69] Vgl. *Köhler*, in: *Meyer-Goßner/Schmitt*, § 101a Rn. 21 i. V. m. Rn. 6.

anlasslos auf Vorrat gespeicherte Daten zur Verfügung gestellt werden. Andernfalls besteht die Gefahr einer menschenwürdeverletzenden Totalüberwachung durch staatliche Organe.

Diese Dystopie droht in der Bundesrepublik sicherlich nicht, andererseits stellt der Ermittlungsrichter den rechtsstaatlichen Garanten dafür dar, dass derlei Überlegungen bereits in den ersten Ansätzen eine wirksame Grenze gesetzt werden. Jedenfalls zwingt dieser besondere Würdebezug dazu, dass die Verfahrensvorschriften unbedingt einzuhalten sind, sodass nach der Unterfallgruppe I.1 jeder Verfahrensverstoß ein Beweisverwertungsverbot nach sich zieht.

In der Rechtsprechung gab es bisher zu dieser Problematik noch keinen Fall, sodass es an einer Vergleichsgruppe fehlt.

11.3 Die Bestandsdatenauskunft

11.3.1 Überblick

Neben der Verkehrsdatenauskunft eröffnet § 100j Abs. 1 S. 1 StPO die Möglichkeit, im Rahmen der Ermittlungen gegen einen Beschuldigten von den Telekommunikationsanbietern Auskunft über die nach den §§ 95, 111 TKG erhobenen, für die Abrechnung benötigten Daten zu verlangen, soweit dies für die Erforschung des Sachverhaltes oder die Ermittlung des Aufenthaltsortes eines Beschuldigten erforderlich ist.

Zu diesen sogenannten Bestandsdaten gehören gemäß § 111 Abs. 1 Nr. 1 bis 6 TKG insbesondere die Rufnummer oder eine andere Anschlusskennung, Name und Anschrift des Anschlussinhabers, bei natürlichen Personen das Geburtsdatum, bei Festnetzanschlüssen die Anschrift des Anschlusses und bei Mobilfunkanschlüssen, bei denen auch ein Mobilfunkgerät überlassen wird, die IMEI sowie das Datum des Vertragsbeginns. Es geht also gemäß § 3 Nr. 3 TKG um Daten, die zur Begründung, zum Fortlauf und zur Änderung oder Beendigung der vertraglichen Beziehung zwischen Telekommunikationsnutzer und -anbieter benötigt werden.

Die Vorschrift grenzt sich somit dahingehend von § 100g StPO ab, dass es vorliegend um die Bestandsdaten und nicht um Verkehrsdaten geht; die Vorschriften stehen somit in einem Exklusivitätsverhältnis.[70] Gleichwohl gibt es Informationen, die sowohl dem Begriff der Verkehrs- als auch der Bestandsdaten unterfallen.

[70] Vgl. *Eschelbach* in: S/S/W, StPO, § 100j Rn. 1; *Greco*, SK-StPO, § 100j Rn. 3; *Köhler* in: *Meyer-Goßner/Schmitt*, StPO, § 100j Rn. 1.

Insoweit kommt es auch auf die konkrete Zielrichtung des Ermittlungsbestrebens von Polizei und Staatsanwaltschaft an.

Unter den engeren Voraussetzungen des § 100j Abs. 1 S. 2 StPO dürfen Zugangssicherungscodes wie Passwörter, PIN und PUK herausverlangt werden.[71] Hierbei ist es unerheblich, ob die Zugangssicherungscodes im Gerät voreingestellt sind oder es sich um vom Nutzer selbst angelegte Passwörter handelt.[72] Nach § 100j Abs. 2 StPO darf die Auskunft auch anhand der dynamischen IP-Adresse verlangt werden. Insgesamt stellt die Vorschrift somit eine Befugnis der Ermittlungsbehörden zur Bestandsdatenabfrage und eine Auskunftspflicht der Telekommunikationsunternehmen hinsichtlich ihrer Bestandsdaten nach §§ 95, 111 TKG sowie der IP-Adressen dar.[73]

Aufgrund des unvollkommenen Richtervorbehalts in § 100j Abs. 3 S. 1 StPO bedarf es für die hiesige Untersuchung nur einer genaueren Betrachtung der Erfassung von Zugangssicherungscodes nach § 100j Abs. 1 S. 2 StPO. Bei dieser speziellen Form der Bestandsdatenauskunft handelt es sich im Grunde gar nicht um die Abfrage von Telekommunikationsdaten, sondern vielmehr um Zugangsdaten zu Geräten.[74] Sie ermöglichen den Ermittlungsbehörden das Auslesen der im Mobiltelefon und auf der SIM-Karte gespeicherten Daten, aber auch von den auf einer Mobilbox oder in einer Cloud oder sonstigen Server liegenden Daten, soweit das Mobiltelefon entsprechend vernetzt ist.[75]

11.3.2 Betroffene Rechtsgüter

Durch die Maßnahme wird in das Recht des Betroffenen auf informationelle Selbstbestimmung aus Art. 2 Abs. 1 i. V. m. Art. 1 Abs. 1 GG eingegriffen.[76] Eine

---

[71] BVerfGE 130, 151 (208); *Bruns*, KK-StPO, § 100j Rn. 1, 3; *Greco*, SK-StPO, § 100j Rn. 9; *Graf* in: *Graf*, StPO, § 100j Rn. 8; *Günther*, MüKo-StPO, § 100j Rn. 6; *Hauk* in: *Löwe-Rosenberg*, StPO, § 100j Rn. 10; *Köhler* in: *Meyer-Goßner/Schmitt*, StPO, § 100j Rn. 3; *Beulke/Swoboda*, Strafprozessrecht, § 12 Rn. 254 d; *Kindhäuser/Schumann*, Strafprozessrecht, § 8 Rn. 97.

[72] *Greco*, SK-StPO, § 100j Rn. 9; *Hauk* in: *Löwe-Rosenberg*, StPO, § 100j Rn. 10.

[73] *Eschelbach* in: S/S/W, StPO, § 100j Rn. 2.

[74] BVerfGE 130, 151 (208); *Eschelbach* in: S/S/W, StPO, § 100j Rn. 8; *Graf* in: *Graf*, StPO, § 100j Rn. 15; Vgl. auch *Kindhäuser/Schumann*, Strafprozessrecht, § 8 Rn. 97.

[75] *Bruns*, KK-StPO, § 100j Rn. 3.

[76] BVerfG, NJW 2012, 1419 (1422 f.); *Eschelbach* in: S/S/W, StPO, § 100j Rn. 2; *Greco*, SK-StPO, § 100j Rn. 3.

Betroffenheit des Art. 10 Abs. 1 GG muss jedoch ausscheiden,[77] weil Bestandsdaten weder den Inhalt noch die näheren Umstände der Telekommunikation umfassen.[78] Eine Ausnahme gilt hierbei für die Abfrage von IP-Adressen, welche auch im Rahmen der Eingriffsbefugnis des § 100j Abs. 2 StPO in den Schutzbereich des Fernmeldegeheimnisses fallen.[79] Dasselbe muss für die Abfrage der IMEI gelten. Insgesamt ist der Grundrechtseingriff allerdings nicht als gravierend einzustufen;[80] Insoweit fehlt es den Bestandsdaten an einer über den üblichen Ermittlungsmaßnahmen im Zusammenhang stehenden Bezug zu persönlichen Informationen hinausgehender Eingriffsqualität.

Dem steht eine besondere Relevanz der Bestandsdatenauskunft für die effektive Strafverfolgung gegenüber. Die praktische Bedeutung der Vorschrift ist durchaus groß, weil eine Vielzahl von Informationen aufgrund der rasanten Zunahme von mobilen Telekommunikationsverkehr mittels Mobilfunktelefonaten, E-Mails, SMS, Kommunikationsdiensten wie WhatsApp, sozialen Medien wie Facebook und vielen anderen erfasst wird.[81] Straftäter treffen sich zur Absprache der Tat selten vorab persönlich; vielmehr wird auch im kriminellen Milieu hauptsächlich mobil kommuniziert. Zugleich ist die Bedeutung der Auskunft über Zugangssicherungscodes enorm gestiegen, da mittlerweile alle Endgeräte kodiert sind.[82]

11.3.3 Bedeutung für die Beweisverwertung

Daher liegt ein Beweisverwertungsverbot regelmäßig nur bei Einschlägigkeit der Unterfallgruppe I.2 vor, mithin bei einem Verfahrensfehler, den die Ermittlungsbeamten grob fahrlässig oder vorsätzlich verschuldet haben.[83] Denn die Übertragung der Anordnungskompetenz auf den Ermittlungsrichter begründet sich nicht aus

---

[77] BVerfG, NJW 2012, 1419 (1421 f.); a. A. weiterhin: *Eschelbach* in: S/S/W, StPO, § 100j Rn. 2; Graf in: *Graf*, StPO, § 100j Überblick; Roxin/*Schünemann*, Strafverfahrensrecht, § 36 Rn. 29–30.

[78] *Greco*, SK-StPO, § 100j Rn. 3; *Gercke*, GA 2012, 480 (482); vgl. auch BVerfGE 67, 157 (172); 85, 386 (396); 100, 313 (358); 107, 299 (312 f.); 115, 166 (183); 120, 274 (307); 125, 260 (309).

[79] BVerfG, NJW 2012, 1419 (1421 f.).

[80] *Greco*, SK-StPO, § 100j Rn. 6.

[81] *Eschelbach* in: S/S/W, StPO, § 100j Rn. 5.

[82] Vgl. *Eschelbach* in: S/S/W, StPO, § 100j Rn. 5.

[83] So auch *Greco*, SK-StPO, § 100j Rn. 21; vgl. in Ansätzen *Günther*, MüKo-StPO, § 100j Rn. 22.

der Schwere des Grundrechtseingriffs als solchem, sondern verfahrensrechtlich aus dem Umstand, dass der Betroffene zunächst keine Kenntnis erlangt. Hierdurch wird er aber in aller Regel nicht in seinem Recht auf ein faires Strafverfahren übermäßig beeinträchtigt, sodass grundsätzlich der Beweis verwertbar bleiben wird.

Andererseits sind gerade im Bereich der organisierten Kriminalität Fallkonstellationen denkbar, die sich ohne Zugang zu den Sicherungscodes nicht mehr aufklären ließen. Insoweit ist im Einzelfall auch zu überlegen, ob die Unterfallgruppe II.2 einschlägig sein könnte. Eine effektive Strafverfolgung könnte in einzelnen Kriminalitätsformen ohne diese Ermittlungsmaßnahme gar nicht mehr möglich sein.

Die Rechtsprechung hatte bisher über einen solchen Fall noch nicht zu entscheiden, sodass es an einer Vergleichsgruppe fehlt.

12 Klassische Observationsmaßnahmen

Ebenfalls für Ermittlungen im Bereich der organisierten Kriminalität von wichtiger Bedeutung sind Observationen. In klassischer Sicht umfasst dies den verdeckten Einsatz von Beamten und V-Leuten einerseits sowie die Beobachtung einer oder mehrerer Personen von außen.

12.1 Der Einsatz verdeckter Ermittler

Regelmäßig werden verdeckte Ermittler zur Bekämpfung organisierter Kriminalität eingesetzt.[1]

12.1.1 Überblick

Diese Ermittler dürfen zur Aufklärung von Straftaten eingesetzt werden, sofern ein Anfangsverdacht für eine Straftat von erheblicher Bedeutung auf den Gebieten des Betäubungsmittelstrafrechts, Waffenverkehrs, Geld- oder Wertzeichenfälschung oder des Staatsschutzes vorliegt oder die Straftat von erheblicher Bedeutung gewerbs-, gewohnheits- oder bandenmäßig oder in andere Weise organisiert erfolgt ist, § 110a Abs. 1 S. 1 StPO. Aufklärung meint hierbei sowohl die Erforschung des Sachverhalts als auch die Ermittlung des Aufenthaltsortes

[1] Vgl. *Nowrousian*, Heimliches Vorgehen und aktive Täuschung im Ermittlungsverfahren, S. 114: „ermittlungstaktische Notwendigkeit" bei der Verfolgung gewerbsmäßiger BtM-Delikte.

D. Decker, *Systematik der Beweisverwertung*,
https://doi.org/10.1007/978-3-658-34684-3_12

des Beschuldigten.[2] Bei der Aufzählung der Deliktsgruppen handelt es sich um eine abschließende Aufzählung einzelner Strafnormen in Anlehnung an den Straftatenkatalog des § 98a StPO.[3] Hingegen sind die Umschreibungen des § 110a Abs. 1 S. 1 Nr. 3 und 4 StPO im erheblichen Umfang auslegungsbedürftig und insoweit generalklauselartiger zu verstehen.[4]

Insbesondere ist das Merkmal „in anderer Weise organisiert“ als Auffangklausel zu verstehen.[5] Für die praktische Handhabe erscheint die Heranziehung der Liste von „generellen Indikatoren zur Erkennung OK-relevanter Sachverhalte“ (Anlage zur Anl. E RiStBV) nützlich. Im Übrigen bedarf es für die Zuordnung zu diesen Begriffen nicht zwingend einer Subsumtion unter entsprechende Handlungsqualifikationen oder Regelbeispielen; allerdings sollten die hierzu entwickelten Grundsätze allgemein bei der Auslegung herangezogen werden.[6] Gemäß § 110a Abs. 1 S. 2 StPO ist der Einsatz verdeckter Ermittler auch bei Verbrechen im Allgemeinen möglich, sofern aufgrund bestimmter Tatsachen die Gefahr der Wiederholung besteht oder gemäß § 110a Abs. 1 S. 4 StPO es sich um ein Verbrechen von besonderer Bedeutung handelt.

Verdeckte Ermittler sind Beamte des Polizeidienstes, die unter einer ihnen verliehenen, auf Dauer angelegten,[7] veränderten Identität (sog. Legende) ermitteln, § 110a Abs. 2 S. 1 StPO. Sie nehmen unter ihrer Legende am Rechtsverkehr teil (§ 110a Abs. 2 S. 2 StPO)[8] und erhalten, soweit dies für den Aufbau oder die Aufrechterhaltung der Legende erforderlich ist, entsprechende Urkunden (§ 110a Abs. 3 StPO). Diese Legende umfasst Name, Nationalität, Anschrift, familiäre und sonstige persönliche Beziehungen, Zugehörigkeit zu einer Glaubensgemeinschaft, Beruf, berufliche Funktion und Werdegang.[9]

---

[2] *Hilger*, NStZ 1992, 523 (FN 137).

[3] BT-Drs. 12/989, S. 41; *Gercke*, HK-StPO, § 110a Rn. 12; *Hauck* in: *Löwe-Rosenberg*, StPO § 110a Rn. 34; siehe auch den Ansatz von *Bruns*, KK-StPO, § 110a Rn. 17; eher ablehnend: *Zaczyk*, StV 1993, 490 (493).

[4] Vgl. *Hauck* in: *Löwe-Rosenberg*, StPO § 110a Rn. 34, der m. E. ein wenig zu weitgehend von einer Generalklausel spricht.

[5] *Bruns*, KK-StPO, § 110a Rn. 20.

[6] *Hauck* in: *Löwe-Rosenberg*, StPO § 110a Rn. 34.

[7] Zur Betonung, dass nicht der Einsatz, sondern die Legende auf Dauer angelegt sein muss: *Hilger*, FS-Hanack, S. 207 (209).

[8] Zur Kritik, dass „Lug und Trug“ in einem Verfahrensgesetz vorgesehen und zugelassen wird: *Zaczyk*, StV 1993, 490 (492 f.),

[9] *Bruns*, KK-StPO, § 110a Rn. 10; *Eschelbach* in: S/S/W, StPO, § 110a Rn. 6; *Gercke*, HK-StPO, § 110a Rn. 7; *Hegmann* in: *Graf*, StPO, § 110a Rn. 3; *Pegel* in: *Radtke/Hohmann*, StPO, § 110a Rn. 4; *Hauck* in: *Löwe-Rosenberg*, StPO § 110a Rn. 27; *Köhler* in:

Auch bei einem längerdauernden verschleierten Einsatz im Internet liegt ein Auftreten als verdeckter Ermittler vor, sofern der Ermittler unter Verwendung einer auf Dauer angelegten Legende Zutritt zu einem geschlossenen Kommunikationsweg – beispielsweise geschlossene Facebook-Gruppe[10] – erhält und gezielt mit Betroffenen kommuniziert.[11] Ein bloßes „Streifegehen im Internet" lässt sich hingegen unter die Ermittlungsgeneralklausel der §§ 161, 163 StPO subsumieren.[12]

Eine verdeckte Ermittlung liegt also vor, wenn der Ermittlungsauftrag über einzelne wenige, konkret bestimmte Ermittlungshandlungen hinausgeht, eine unbestimmte Vielzahl von Personen getäuscht werden muss und wegen der Art und des Umfangs des Auftrages von vornherein damit zu rechnen ist, dass die Identität des Beamten auch künftig geheim gehalten werden muss.[13]

Hierneben sind noch zahlreiche weitere personenverdeckte Ermittlungsmaßnahmen denkbar. Der gesetzlichen Regelung ist jedoch zu entnehmen, dass keineswegs der gesamte Bereich heimlichen Ermittelns durch Polizeibeamte normiert werden sollte, sondern mit einer verdeckten Ermittlung nur der Einsatz von Polizeibeamten gemeint ist, die unter einer auf Dauer angelegten Legende ermitteln.[14] Daher sind verdeckte Ermittler von anderen Polizeibeamten zu unterscheiden, die nur gelegentlich und ohne Legende verdeckt tätig werden (sogenannte NOEP – nicht offen ermittelnde Polizeibeamte),[15] wie zum Beispiel

---

Meyer-Goßner/Schmitt, StPO, § 110a Rn. 7; *Wolter/Jäger*, SK-StPO, § 110a Rn. 14; *Kindhäuser/Schumann*, Strafprozessrecht, § 8 Rn. 118; *Hilger*, NStZ 1992, 523 (FN 141); *Schneider*, NStZ 2004, 359 (362); *Soine*, NStZ 2003, 225 (227).

[10] *Ostendorf/Frahm/Doege*, NStZ 2012, 529 (537).

[11] BT-Drs. 17/6587, S. 5; *Bruns*, KK-StPO, § 110a Rn. 7; *Hauck* in: *Löwe-Rosenberg*, StPO § 110a Rn. 26; *Köhler* in: *Meyer-Goßner/Schmitt*, StPO, § 110a Rn. 4; *Wolter/Jäger*, SK-StPO, § 110a Rn. 14; *Kudlich*, StV 2012, 560 (566); *Ostendorf/Frahm/Doege*, NStZ 2012, 529 (537); ferner *Soine*, NStZ 2014, 248 (250); Kritisch zur „analogen" Anwendung der §§ 110a ff. StPO im Internet: *Roggan*, NJW 2015, 1995 (1996).

[12] *Ostendorf/Frahm/Doege*, NStZ 2012, 529 (537).

[13] BGHSt 41, 64 (65) m. Anm. *Rogall*, JZ 1996, 260, m. krit. Anm. *Weßlau*, StV 1995, 506; *Gercke*, HK-StPO, § 110a Rn. 8; *Hegmann* in: *Graf*, StPO, § 110a Rn. 2; *Köhler* in: *Meyer-Goßner/Schmitt*, StPO, § 110a Rn. 2.

[14] BGH, NStZ 1996, 450 (450); *Hauck* in: *Löwe-Rosenberg*, StPO § 110a Rn. 10; *Hegmann* in: *Graf*, StPO, § 110a Rn. 5; *Nack*, FS-Hilger, S. 349 (358).

[15] *Bruns*, KK-StPO, § 110a Rn. 6; *Eschelbach* in: S/S/W, StPO, § 110a Rn. 10; *Gercke*, HK-StPO, § 110a Rn. 11; *Hauck* in: *Löwe-Rosenberg*, StPO § 110a Rn. 18; *Hegmann* in: *Graf*, StPO, § 110a Rn. 5; *Köhler* in: *Meyer-Goßner/Schmitt*, StPO, § 110a Rn. 4; *Wolter/Jäger*, SK-StPO, § 110a Rn. 13; *Beulke/Swoboda*, Strafprozessrecht, § 12 Rn. 267; *Kindhäuser/Schumann*, Strafprozessrecht, § 8 Rn. 119; *Roxin/Schünemann*, Strafverfahrensrecht, § 37

als Scheinkäufer in der Drogenszene.[16] Ebenfalls zählt der V-Mann nicht zu den verdeckten Ermittlern, weil er in der Regel kein Beamter der Polizei ist und es jedenfalls am förmlichen Bestellungsakt nach § 110b StPO fehlt.[17]

Ausgangsnorm für die Befugnisse eines verdeckten Ermittlers ist § 110c StPO. Satz 1 der Vorschrift erlaubt das Betreten einer Wohnung unter Verwendung der Legende, sofern dies mit dem Einverständnis des Betroffenen erfolgt. Im Übrigen verweist § 110c S. 3 StPO auf die sonstigen Befugnisse verdeckter Ermittler nach Maßgabe der StPO und anderer Vorschriften. Als Beamter der Polizei hat der verdeckte Ermittler somit auch alle sich aus sonstigen Bestimmungen ergebenen Befugnisse, was im Grunde eine Selbstverständlichkeit ist.[18] Ebenso selbstverständlich, jedoch nicht positiv in § 110c StPO aufgeführt, ist, dass den verdeckten Ermittler auch alle Pflichten eines Polizeibeamten treffen, soweit sie mit dem verdeckten Einsatz vereinbar sind.[19]

12.1.2 Betroffene Rechtsgüter

Verdeckte Ermittler gewinnen ihre Informationen hauptsächlich durch das Mithören des gesprochenen Wortes und durch das Beobachten von Geschehnissen im Allgemeinen.[20] Als Informationszugriffe betreffen Sie damit das allgemeine Persönlichkeitsrecht in Form des Rechts am eigenen Wort und am eigenen Bild gemäß Art. 2 Abs. 1 i. V. m. Art. 1 Abs. 1 GG.[21] Die Informationsbeschaffung kann darüber hinaus auch einen Eingriff in das Recht auf informationelle

---

Rn. 6; *Volk/Engländer*, Grundkurs StPO, § 10 Rn. 60; kritisch: *Günther*, MüKo-StPO, § 110a Rn. 31 bis 33; *Gropp*, ZStW 105 (1993), 405 (421); *Schneider*, NStZ 2004, 359 (359).

[16]BGHSt 41, 64 (66); BGH, NStZ 1996, 450 (450); *Möhrenschlager*, wistra 1992, 326 (330); differenzierend *Hilger*, FS-Hanack, S. 207 (212); *Nack*, FS-Hilger, S. 349 (358).

[17]Statt vieler: *Kühne*, Strafprozessrecht, § 30 Rn. 534; *Köhler* in: *Meyer-Goßner/Schmitt*, StPO, § 110a Rn. 4a jeweils m. w. N.

[18]*Bruns*, KK-StPO, § 110c Rn. 5; *Hauck* in: *Löwe-Rosenberg*, StPO § 110c Rn. 4; *Pegel* in: *Radtke/Hohmann*, StPO, § 110c Rn. 9; *Schneider*, NStZ 2004, 359 (359); *Soine*, NStZ 2003, 225 (227).

[19]*Bruns*, KK-StPO, § 110c Rn. 5.

[20]*Hauck* in: *Löwe-Rosenberg*, StPO § 110a Rn. 12.

[21]*Hauck* in: *Löwe-Rosenberg*, StPO § 110a Rn. 12; *Soine*, NStZ 2003, 225 (225); siehe auch *Günther*, MüKo-StPO, § 110a Rn. 4; a. A.: *Krey/Haubrich*, JR 1992, 309 (315).

Selbstbestimmung darstellen.[22] Schließlich hört der Beamte nicht nur, was die Zielperson sagt, sondern nimmt darüber hinaus zahlreiche Eindrücke wahr. Hierdurch erhebt er umfangreiche Daten über seine Zielperson, wobei der Betroffene wegen der Heimlichkeit der Maßnahme nicht frei über deren Preisgabe und Verarbeitung entscheiden kann.[23]

Zugleich können durch das konkrete Vorgehen des verdeckten Ermittlers im Einzelfall weitere Grundrechte betroffen werden.[24] Zu denken ist etwa an Art. 13 GG, da der verdeckte Ermittler ausdrücklich zum Betreten einer Wohnung unter seiner Legende berechtigt ist.

Ziel des Einsatzes verdeckter Ermittler ist es, in das Innere krimineller Organisationen einzudringen, gegen die aufgrund ihrer professionellen Struktur von außen schwer zu ermitteln ist.[25] Hierzu gewinnt er das Vertrauen bestimmter Zielpersonen, um ihren Lebens- und Tätigkeitsbereich auszuspähen.[26] Der Einsatz verdeckter Ermittler ist zur Aufklärung organisierter Kriminalität unverzichtbar.[27]

Andererseits wird der Beweiswert verdeckter Ermittlungen dadurch relativiert, dass der verdeckte Ermittler in der Hauptverhandlung oftmals zum Selbstschutz nicht auftreten kann und die Einbringung seiner Erkenntnisse im Wege der Beweissurrogation allein zur richterlichen Überzeugung regelmäßig nicht reicht.[28]

12.1.3 Bedeutung für die Beweisverwertung

Ist der verdeckte Ermittler ohne die vorherige Zustimmung des Gerichts eingesetzt worden, so sind die durch ihn gewonnenen Erkenntnisse nicht verwertbar.[29]

---

[22] *Sanchez*, Das Recht auf informationelle Selbstbestimmung und seine Geltung im Strafverfahren, S. 221 und 229; *Schmitz*, Rechtliche Probleme des Einsatzes verdeckter Ermittler, S. 32.

[23] *Sanchez*, Das Recht auf informationelle Selbstbestimmung und seine Geltung im Strafverfahren, S. 221; *Schmitz*, Rechtliche Probleme des Einsatzes verdeckter Ermittler, S. 32.

[24] Vgl. am Beispiel des Art. 13 GG *Frister*, StV 1993, 151 (152 f.).

[25] Vgl. BT-Drs. 12/989, S. 14.

[26] *Ellbogen*, Die verdeckte Ermittlungstätigkeit der Strafverfolgungsbehörden, S. 36.

[27] *Hilger*, NStZ 1992, 523 (523); *Nowrousian*, Heimliches Vorgehen und aktive Täuschung im Ermittlungsverfahren, S. 113 f.

[28] Zu dieser Problematik zusammenfassend *Ellbogen*, Die verdeckte Ermittlungstätigkeit der Strafverfolgungsbehörden, S. 262.

[29] *Bruns*, KK-StPO, § 110b Rn. 11 i. V. m. § 110a Rn. 53; *Gercke*, HK-StPO, § 110a Rn. 25; *Günther*, MüKo-StPO, § 110b Rn. 29 i. V. m. § 100a Rn. 196; *Hegmann* in: *Graf*, StPO,

Die Rolle des Richters als Garant der Rechte Betroffener ist beim Einsatz verdeckter Ermittler im Rahmen des § 110b Abs. 2 StPO in besonderer Weise angesprochen.[30] Durch die besondere Ausgestaltung des Einsatzes verdeckter Ermittler ist einzig durch den Ermittlungsrichter der Einsatz kontrollierbar, weshalb der Richtervorbehalt evident dem Interesse des Betroffenen dient.[31] Mit dem Richtervorbehalt des § 110b StPO hatte der Gesetzgeber damit eine besondere Absicherung der Beschuldigten- und Drittbetroffenenrechte im Auge.[32] Dies gilt nicht nur für den Eingriff in die grundrechtlich geschützten Positionen des Betroffenen, sondern darüber hinaus auch für diejenigen Dritten die durch das weitgehend relativierte Verbot der Begehung von Straftaten durch den verdeckten Ermittler betroffen werden.

Ließe sich ein Verstoß gegen den Richtervorbehalt allein mit dem Hinweis darauf heilen, die materiellen Voraussetzungen des § 110a StPO hätten vorgelegen, wäre dem Richtervorbehalt und die besondere Intention des Gesetzgebers jede Bedeutung genommen.[33] Denn ihr Einsatz ist weitestgehend unkontrolliert und greift weitreichend und andauernd in empfindliche Rechte der Betroffenen und Dritter ein. Dem kann nur mit einem strikten Beweisverwertungsverbot für die ohne richterliche Zustimmung erzielten Erkenntnisse des verdeckten Ermittlers begegnet werden.[34]

Andernfalls wird die Fairness der Ermittlungen im Ganzen in Frage gestellt. Daher ist die Unterfallgruppe I.1 einschlägig, die einen ein Beweisverwertungsverbot begründenden Erfolgsunwert nicht nur bei einem Eingriff mit besonderem Würdebezug, sondern auch bei einem Eingriff, der die Fairness des Verfahrens im Ganzen bedroht, anerkennt. Damit kommt es auf Erwägungen zur Unterfallgruppe II.1 nicht mehr an, da die Figur der hypothetisch rechtmäßigen Beweiserlangung erst in Phase II des Abwägungsvorgangs berücksichtigt werden kann.

Die Rechtsprechung hat sich bezogen auf die Entstehung eines Beweisverwertungsverbotes beim Einsatz verdeckter Ermittler noch nicht eindeutig positioniert. Es lässt sich allenfalls eine gewisse Tendenz herauslesen:

---

§ 110b Rn. 12; *Köhler* in: *Meyer-Goßner/Schmitt*, StPO, § 110b Rn. 11; *Wolter/Jäger*, SK-StPO, § 110b Rn. 13; *Nitz*, JR 1998, 211 (213); vgl. *Zaczyk*, StV 1993, 490 (496 f.); a. A. *Jähnke*, FS-Odersky, S. 427 (436 ff.).

[30] So auch *Hauck* in: *Löwe-Rosenberg*, StPO § 110a Rn. 60.

[31] *Nitz*, JR 1998, 211 (213).

[32] *Hauck* in: *Löwe-Rosenberg*, StPO § 110a Rn. 60.

[33] *Hauck* in: *Löwe-Rosenberg*, StPO § 110a Rn. 61.

[34] *Hauck* in: *Löwe-Rosenberg*, StPO § 110a Rn. 61.

In einem Fall, bei dem das Vorliegen der Eilkompetenz nicht hinreichend durch die Tatsacheninstanz aufgeklärt wurde, hielt der Bundesgerichtshof die weitere Aufklärung für streitentscheidend.[35] Dieses Argument ist aber nur dann einschlägig, wenn der Bundesgerichtshof einem Beweisverwertungsverbot aufgrund der Verletzung des Richtervorbehalts beim Einsatz verdeckter Ermittler grundsätzlich gegenüber offensteht.

Zugleich hielt er in einer anderen Sache fest, dass wenn sich überhaupt ein Verwertungsverbot ergeben sollte, dieses jedenfalls nur für die Angaben des verdeckten Ermittlers über seinen Einsatz und die dabei gemachten Wahrnehmungen gelten würde.[36] Dies ist insoweit richtig, dass der Rechtsverletzung keine Fernwirkung zukommen soll; schade ist es indes, dass daher eine Entscheidung im Übrigen nicht mehr zu treffen war, die hier streitige Frage also offen gelassen werden konnte.

In einer weiteren Entscheidung konnte der Bundesgerichtshof diesen Punkt ebenfalls offen lassen, da er die Widerspruchslösung für anwendbar erklärte und ein solcher nicht erhoben worden war.[37] Hieraus ließe sich vermuten, dass – zumindest nach summarischer Prüfung des Bundesgerichtshofs – ein Beweisverwertungsverbot wohl eher vorliegen dürfte, aber am Widerspruch scheiterte.

Diese Tendenz zielt also eher auf ein Beweisverwertungsverbot ab, auch wenn sich der Bundesgerichtshof hierzu noch nicht klar positioniert hat.

12.2 Die längerfristige Observation

Neben der investigativen Observation durch einen verdeckten Ermittler können die Beamten ihre Erkenntnisse auch aus einer rein passiven Beobachtung gewinnen. Wegen der grundsätzlich geringeren Eingriffsintensität einer passiven Beobachtung steht lediglich die längerfristige Observation unter einem Richtervorbehalt.[38]

[35] BGHSt 41, 64 (67).

[36] BGH, StV 1995, 398 (398).

[37] BGH, StV 1996, 529 (529).

[38] *Erb* in: *Löwe-Rosenberg*, StPO, § 163 f. Rn. 3; *Günther*, MüKo-StPO, § 163 f. Rn. 9; *von Häfen* in: *Graf*, StPO, § 163 f. Rn. 2; *Moldenhauer*, KK-StPO, § 163 f. Rn. 12; *Plöd* in: S/S/W, StPO, § 163 f. Rn. 3; *Köhler* in: *Meyer-Goßner/Schmitt*, StPO, § 163 f. Rn. 1; *Wolter*, SK-StPO, § 163 f. Rn. 5; *Zöller*, HK-StPO, § 163 f. Rn. 2; *Beulke/Swoboda*, Strafprozessrecht, § 12 Rn. 233e; *Kindhäuser/Schumann*, Strafprozessrecht, § 8 Rn. 76 f.; *Roxin/Schünemann*, Strafverfahrensrecht, § 36 Rn. 35; *Hefendehl*, StV 2000, 270 (276); *ders*, StV 2001, 700 (704); *Hilgendorf-Schmidt*, wistra 1989, 208 (210).

12.2.1 Überblick

Eine solche liegt nach der Legaldefinition in § 163f Abs. 1 S. 1 StPO vor, wenn sie durchgehend länger als 24 Stunden oder an mehr als zwei Tagen stattfinden soll. Sie dauert durchgehend länger als 24 Stunden, wenn sie während dieses Zeitraumes nicht nennenswert unterbrochen wird, mithin der Verbleib des Betroffenen fortwährend kontrolliert wird.[39] Ausschlaggebend ist folglich, dass die durch die Maßnahme inzidierte Kontrolle anhält, sodass ein kurzes gewolltes oder nicht gewolltes Aus-dem-Auge-Verlieren nicht sogleich zu einer Unterbrechung der 24-Stunden-Frist führt. Bei der 2-Tages-Alternative kommt es hingegen nur auf den Zeitraum von mehr als zwei Tagen an, wobei die konkrete Dauer – insbesondere Unterbrechungen – und die Intensität der Ausführung grundsätzlich keine Rolle spielen.[40]

Eine längerfristige Observation liegt nicht nur dann vor, wenn diese von vornherein auf eine Überschreitung der soeben dargestellten Fristen gerichtet ist, sondern auch, wenn sich während einer zunächst kurzfristig angelegten Beobachtung die Notwendigkeit einer Fristüberschreitung ergibt.[41] Sodann ist die richterliche Anordnung nach § 163f Abs. 3 StPO einzuholen.[42]

Die Durchführung der Observation kann ohne weitere Voraussetzungen dergestalt vorgenommen werden, dass der Betroffene durch Polizeibeamte – auch inkognito – visuell oder auditiv überwacht wird, wobei auch der Einsatz allgemein gebräuchlicher Verstärkungsmöglichkeiten, wie etwa Ferngläser, möglich ist.[43] Neben dieser einfachen Beobachtung des Betroffenen durch den observierenden Beamten werden die Ermittlungspersonen häufig die Observation mit anderen Maßnahmen kombinieren. Soweit dies der Fall ist, müssen zusätzlich die Tatbestandsvoraussetzungen der mit der Observation kombinierten Ermittlungsmaßnahmen gegeben sein.[44] Die Anordnung nach § 163f StPO ersetzt nicht die

---

[39] *Erb* in: *Löwe-Rosenberg*, StPO, § 163 f. Rn. 5; *Günther*, MüKo-StPO, § 163 f. Rn. 8.

[40] OLG Hamburg, StV 2009, 628 (628); *Erb* in: *Löwe-Rosenberg*, StPO, § 163 f. Rn. 5.

[41] BVerfG, StraFo 2009, 453 (453); OLG Hamburg, StV 2009, 628 (628); *Erb* in: *Löwe-Rosenberg*, StPO, § 163 f. Rn. 4; *Günther*, MüKo-StPO, § 163 f. Rn. 9; *Moldenhauer*, KK-StPO, § 163 f. Rn. 9; *Köhler* in: *Meyer-Goßner/Schmitt*, StPO, § 163 f. Rn. 1a; *Plöd* in: S/S/W, StPO, § 163 f. Rn. 3; *Wolter*, SK-StPO, § 163 f. Rn. 5; *Zöller*, HK-StPO, § 163 f. Rn. 2; *Hilgendorf-Schmidt*, wistra 1989, 208 (210).

[42] *Plöd* in: S/S/W, StPO, § 163 f. Rn. 3; *Köhler* in: *Meyer-Goßner/Schmitt*, StPO, § 163 f. Rn. 1a; vgl. BVerfG, StraFo 2009, 453 (453).

[43] *Erb* in: *Löwe-Rosenberg*, StPO, § 163 f. Rn. 6; *Zöller*, HK-StPO, § 163 f. Rn. 3.

[44] BGHSt 46, 266 (278) m. krit. Anm. *Kühne*, JZ 2001, 1148 (1148) m. krit. Anm. *Bernsmann*, StV 2001, 382 (385); OLG Hamm, NStZ 2009, 347 (348); *Erb* in: *Löwe-Rosenberg*, StPO,

Anordnung weiterer Maßnahmen.[45] Bei diesem kumulativen Auftreten verschiedener Maßnahmen ist zudem der Verhältnismäßigkeitsgrundsatz zu beachten,[46] weil es durch das Zusammenspiel mehrerer Ermittlungsmaßnahmen zu einem sehr intensiven Eingriff in die Rechte des Betroffenen kommen kann.

Die Maßnahme ist nach Maßgabe des § 163f Abs. 1 S. 3 StPO auch gegen Kontaktpersonen zulässig, also solche beteiligte Dritte, bei denen anzunehmen ist, dass sie mit dem Täter in Verbindung stehen oder eine solche Verbindung hergestellt wird. Hierbei handelt es sich um Nichtbeschuldigte, von deren Beobachtung zu erwarten ist, dass sich aufgrund ihrer Verbindung zum Tatverdächtigen neue Erkenntnisse ergeben werden.[47]

Aufgrund der verschärften Formulierung des § 163f Abs. 1 S. 3 StPO „auf Grund bestimmter Tatsachen" gegenüber Satz 1 „tatsächliche Anhaltspunkte" könnte angenommen werden, dass es für die Verbindung zwischen Beschuldigten und Kontaktpersonen einer höheren Wahrscheinlichkeit als eines Anfangsverdachtes bedarf. Dem ist nicht so. Vielmehr sind die Begriffe derart synonym auszulegen, dass es in beiden Fällen eines Anfangsverdachtes für eine Straftat von erheblicher Bedeutung einerseits und für die zwischen Täter und Kontaktperson geforderte Verbindung andererseits bedarf. Allerdings ist der Grundsatz der Verhältnismäßigkeit bei Eingriffen gegenüber Dritten besonders zu beachten.

Zudem stellt § 163f Abs. 2 StPO klar, dass die Maßnahme auch dann durchgeführt werden darf, wenn unbeteiligte Dritte unvermeidbar mitbetroffen werden. Dieser Absatz dürfte insofern nur deklaratorischer Natur sein, weil es sich in der praktischen Anwendung oftmals nicht vermeiden lassen wird, dass bei einer längerfristigen Observation andere Personen mitbeobachtet werden.[48] Bisweilen wird vorgetragen, es ließe sich aus ihr ableiten, dass die Maßnahme möglichst drittschonend angelegt sein soll.[49] Aber auch dies sollte im Bereich grundrechtseinschränkender Eingriffsermächtigungen eine Selbstverständlichkeit sein,

---

§ 163 f. Rn. 7; *Moldenhauer*, KK-StPO, § 163 f. Rn. 11; *Plöd* in: S/S/W, StPO, § 163 f. Rn. 4; *Köhler* in: *Meyer-Goßner/Schmitt*, StPO, § 163 f. Rn. 2; *Zöller*, HK-StPO, § 163 f. Rn. 3; *Demko*, NStZ 2004, 57 (62); *Steinmetz*, NStZ 2001, 344 (349).

[45] *Moldenhauer*, KK-StPO, § 163 f. Rn. 11; *Plöd* in: S/S/W, StPO, § 163 f. Rn. 4.

[46] BGHSt 46, 266 (278); *Moldenhauer*, KK-StPO, § 163 f. Rn. 10; *Köhler* in: *Meyer-Goßner/Schmitt*, StPO, § 163 f. Rn. 2; *Zöller*, HK-StPO, § 163 f. Rn. 3; *Steinmetz*, NStZ 2001, 344 (345); *Gercke*, FS-Mehle, S. 219 (226 f.); vgl. auch BVerfGE 112, 304 (315 ff.).

[47] *Von Häfen* in: *Graf*, StPO, § 163 f. Rn. 4.

[48] Vgl. *Moldenhauer*, KK-StPO, § 163 f. Rn. 18; *Köhler* in: *Meyer-Goßner/Schmitt*, StPO, § 163 f. Rn. 5; *Zöller*, HK-StPO, § 163 f. Rn. 5.

[49] Vgl. *Erb* in: *Löwe-Rosenberg*, StPO, § 163 f. Rn. 10; *Zöller*, HK-StPO, § 163 f. Rn. 5.

sodass die Klausel an dieser Stelle mehr ein gut gemeintes politisches Statement denn eine tatsächliche, juristische Tatbestandsvoraussetzung darstellt.

12.2.2 Betroffene Rechtsgüter

Die längerfristige Observation greift in das allgemeine Persönlichkeitsrecht des Betroffenen aus Art. 2 Abs. 1 i. V. m. Art. 1 Abs. 1 GG ein.[50] Die Intensität des Eingriffs ist dabei abhängig von der jeweiligen Ausgestaltung der Observation im Einzelfall. Sie kann die Intimsphäre betreffen, dann wäre sie ohnehin unzulässig. Des Weiteren kann Sie die Privatsphäre oder die Sozialsphäre betreffen. Je nachdem kommt dem Eingriff eine unterschiedliche Qualität zu. Zudem kommt eine Betroffenheit des Art. 13 Abs. 1 GG in Betracht.[51]

Ebenso wie beim Einsatz verdeckter Ermittler ist die längerfristige Observation oftmals das einzige effektive Mittel, um eine Straftat im Bereich der organisierten Kriminalität aufzuklären. Die Ermittlungsmaßnahme spielt daher für die Effektivität der Strafverfolgung eine wichtige Rolle. Oftmals wird auf sie nicht verzichtet werden können, um eine Tat aufzuklären.

12.2.3 Bedeutung für die Beweisverwertung

Wurde die Observation ohne die notwendige Anordnung durchgeführt oder wurde die zulässige Dauer der Maßnahme überschritten, unterliegen die gewonnenen Erkenntnisse nach einer in der Literatur verbreiteten Ansicht[52] stets einem Verwertungsverbot.

Dem kann nach der hier entwickelten Systematik nicht zugestimmt werden. Vielmehr kommt es bei der längerfristigen Observation auf eine konkrete Abwägung im Einzelfall an. Die längerfristige Observation ist in ihrer Anwendung zu vielschichtig, um ein einheitliches Ergebnis pro oder contra eines Beweisverwertungsverbots für jede denkbare Fallkonstellation darlegen zu können.[53] Vielmehr kommt es auf die konkrete Ausgestaltung der Observation an.

---

[50] Vgl. *Hohenhaus*, Die strafprozessuale Observation, S. 157 ff.

[51] *Hohenhaus*, Die strafprozessuale Observation, S. 165 ff.

[52] *Erb* in: *Löwe-Rosenberg*, StPO, § 163 f. Rn. 19; *Köhler* in: *Meyer-Goßner/Schmitt*, StPO, § 163 f. Rn. 10; *Plöd* in: S/S/W, StPO, § 163 f. Rn. 14; *Zöller*, HK-StPO, § 163 f. Rn. 14; vgl. *Steinmetz*, NStZ 2001, 344 (347 f.).

[53] So auch *Günther*, MüKo-StPO, § 164 Rn. 42.

Handelt es sich beispielsweise um eine dreitägige Beobachtung im öffentlichen Raum im Sinne einer Art „gezielten Streife“, ist bereits gemäß § 163f Abs. 1 S. 1 Nr. 2 StPO von einer längerfristigen Observation zu sprechen. In diesem Fall ist die Eingriffsintensität in das allgemeine Persönlichkeitsrecht durch Verletzung der sogenannten Sozialsphäre gering, sodass eine Beweisverwertungsverbot allenfalls bei Einschlägigkeit der Unterfallgruppe I.2 in Betracht kommt, mithin bei einem grob fahrlässigen oder vorsätzlichen Fehlverhalten der Ermittlungsbeamten.

Wird hingegen der Betroffene lückenlos – öffentlich wie privat – über Wochen oder Monate hinweg beobachtet, ohne dass eine richterliche Anordnung vorliegt, darf regelmäßig von einem Beweisverwertungsverbot ausgegangen werden. Denn in derartigen Fällen gewinnt die Maßnahme einen besonderen Würdebezug, weshalb nach der Unterfallgruppe I.1 ein Beweisverwertungsverbot vorliegt.

Die Abgrenzung dürfte indes jenseits dieser plakativen Beispiele schwierig sein. Hier wird es auf eine Bewertung der Eingriffsintensität im Einzelfall ankommen. Insoweit stellt sich die Frage, ab wann von der „roten Zone“ gesprochen werden kann, in der der aufgefundene Beweis nur dann verwertbar bleibt, wenn die Vorschriften strengstens beachtet werden, also die Unterfallgruppe I.1 einschlägig ist.

Diese Auffassung wird von der Rechtsprechung geteilt, es kommt auf eine spezifische Einzelfallabwägung an.[54] So kommt ein Beweisverwertungsverbot beispielsweise nicht in Betracht, wenn ohne richterliche Anordnung an vier Tagen der Betroffene ab dem Verlassen seiner Wohnungstür im öffentlichen Raum wegen des Verdachts des BtM-Handels im besonders schweren Fall beobachtet wird, soweit den ermittelnden Beamten keine bewusste Umgehung des Richtervorbehaltes vorzuwerfen ist.[55] In einem anderen Verfahren wurde ein Beweisverwertungsverbot bejaht, weil der observierende Beamte bewusst den Richtervorbehalt des § 163f Abs. 3 StPO umgangen hat.[56]

[54] OLG Hamburg, StV 2009, 628 (629); AG Frankfurt/M, StV 2013, 380 (381).

[55] OLG Hamburg, StV 2009, 628 (628 ff.).

[56] AG Frankfurt/M, StV 2013, 380 (380 f.).

13 Technische Observation

Neben diesen beiden klassischen Maßnahmen der polizeilichen Beobachtung enthält die StPO mittlerweile mannigfaltige Möglichkeiten der Observation unter Zuhilfenahme von technischen Mitteln.

13.1 Die Telekommunikationsüberwachung

Innerhalb dieses Katalogs an Eingriffsbefugnisse für die technische Observation nimmt die Überwachung der Telekommunikation in Praxis und Literatur die größte Rolle ein.

13.1.1 Überblick

§ 100a Abs. 1 S. 1 StPO gestattet den Ermittlungsbehörden, die Telekommunikation zu überwachen und aufzuzeichnen. Telekommunikation ist im Vergleich mit § 3 Nr. 22 TKG[1] der technische Vorgang des Aussendens, Übermittelns und Empfangens von Nachrichten jeglicher Art in Form von Zeichen, Sprache, Bilder oder Tönen mittels technischer Einrichtungen oder Systeme, die als Nachrichten identifizierbare elektromagnetische oder optische Signale senden, übertragen, vermitteln, empfangen, steuern oder kontrollieren können.[2] Gleichwohl taugt

[1] *Eisenberg/Nischan*, JZ 1997, 74 (77) sprechen von einer Orientiertungshilfe.

[2] BGH, NStZ 1997, 247 (247 f.); NJW 2003, 2034 (2034); *Bruns*, KK-StPO, § 100a Rn. 4; *Eschelbach* in: S/S/W, StPO § 100a Rn. 1 f.; *Graf* in: *Graf*, StPO, § 100a Rn. 3, 18; *Hauk* in: *Löwe-Rosenberg*, StPO, § 100a Rn. 29; *Köhler* in: *Meyer-Goßner/Schmitt*, StPO, § 100a Rn. 6; *Beulke/Swoboda*, Strafprozessrecht, § 12 Rn. 253; *Kindhäuser/Schumann*, Strafprozessrecht,

D. Decker, *Systematik der Beweisverwertung*,
https://doi.org/10.1007/978-3-658-34684-3_13

diese Definition nur in Verbindung mit einer teleologischen Reduktion auf eine Individual- beziehungsweise gruppenindividuelle Kommunikation, sodass insbesondere die von § 3 Nr. 22 TKG umfassten Begrifflichkeiten des Fernsehens oder des Rundfunks keine Telekommunikation im Sinne des § 100a StPO darstellen.[3] An Instrumenten der Massenkommunikation gibt es naturgemäß keinen Vertraulichkeitsschutz.

Es werden also alle die mit dem Versenden und Empfangen von Nachrichten mittels Telekommunikationsanlagen in Zusammenhang stehenden Vorgänge erfasst,[4] wobei es keine Rolle spielt, ob die Kommunikation zwischen zwei Personen oder einer geschlossenen Benutzergruppe stattfindet (Gruppenchat, Videokonferenz, nicht allgemein zugängliche Social-Media-Gruppen).[5] Der Begriff Nachricht meint hierbei zur Abgrenzung von der Presse- und Rundfunkfreiheit aus Art. 5 Abs. 1 S. 2 GG mit dem Schutz des Fernmeldegeheimnisses aus Art. 10 Abs. 1 GG ein für eine bestimmte Person oder Personenkreis zielgerichtet versendetes Kommunikationssignal.

Nicht erfasst werden automatische Datenübertragungen von System zu System ohne Vorhandensein eines menschlichen Kommunikationspartners,[6] weil es insoweit schon an einem Grundrechtsträger für den Eingriff durch eine Maßnahme nach § 100a StPO fehlt.[7] Mithin ist der verfassungsrechtliche Schutzbereich der Telekommunikation nicht eröffnet. Voraussetzung ist daher, dass mindestens[8] eine Person mittels der Teletechnik[9] Kommunikation betreibt.[10] Handelt es sich nur

---

§ 8 Rn. 80; *Roxin/Schünemann*, Strafverfahrensrecht, § 36 Rn. 3; *Volk/Engländer*, Grundkurs StPO, § 10 Rn. 40; *Bär*, DRiZ 2007, 218 (220); zustimmend aber kritisch: *Gercke*, HK-StPO, § 100a Rn. 10; *Eisenberg/Nischan*, JZ 1997, 74 (77 f.); *Vassilaki*, JR 2000, 446 (446); vgl. auch BR-Drucks. 369/97, S. 46; ferner BVerfGE 46, 120 (140 ff.).

[3] Hierzu ausführlich *Günther*, MüKo-StPO, § 100a Rn. 26 bis 34.

[4] BGH, NJW 2003, 2034 (2034 f.); *Eschelbach* in: S/S/W, StPO § 100a Rn. 2; *Köhler* in: *Meyer-Goßner/Schmitt*, StPO, § 100a Rn. 6; vgl. auch BVerfGE 120, 274 (307).

[5] So bereits zutreffend subsumiert bei *Vassilaki*, JR 2000, 446 (447 f.).

[6] *Hauk* in: *Löwe-Rosenberg*, StPO, § 100a Rn. 29; *Roxin/Schünemann*, Strafverfahrensrecht, § 36 Rn. 4; *Vassilaki*, JR 2000, 446 (447); a. A.: BGH, NStZ 1997, 247 (247); NJW 2003, 2034 (2035); *Bruns*, KK-StPO, § 100a Rn. 4; *Graf* in: *Graf*, StPO, § 100a Rn. 20; *Bär*, DRiZ 2007, 218 (220).

[7] *Vassilaki*, JR 2000, 446 (446).

[8] Der Meinungsstreit, ob Telekommunikation auch zwischen Mensch und Computer stattfinden kann oder stets zwei Menschen erforderlich sind, braucht an dieser Stelle nicht geklärt zu werden; hierzu prägnant aber *Vassilaki*, JR 2000, 446 (446 f.) m. w. N.

[9] BGHSt 31, 296 (297).

[10] *Hauk* in: *Löwe-Rosenberg*, StPO, § 100a Rn. 29; *Vassilaki*, JR 2000, 446 (446).

um automatisierte Übertragungen von System zu System, ist ein Zugriff unter den leichteren Voraussetzungen der §§ 100g, 100i oder 100j StPO möglich.

Ebenso wenig können die Ermittlungsbehörden auf die Cloud eines Betroffenen mittels Telekommunikationsüberwachung zugreifen.[11] Das Cloudcomputing mag das spezifische Gefahrenpotential einer Telekommunikation teilen.[12] Letztlich geht es aber jedenfalls nicht nur um Kommunikation,[13] sondern um einen viel weitergehenden Austausch von Daten, die auf einem externen Server gespeichert werden. Sofern eine Überwachung des Cloudcomputing hinsichtlich persönlicher Mediendateien (Fotos, Videos etc.) oder tagebuchartiger Textdateien erfolgt, dient sie vor allem der Ermittlung von Hintergründen zur Person des Betroffenen.[14] Demgemäß ist beim Cloudcomputing das Grundrecht auf Gewährleistung der Vertraulichkeit und Integrität informationstechnischer Systeme aus Art. 2 Abs. 1 i. V. m. Art. 1 Abs. 1 GG betroffen.[15] Zumindest sachlich geht das Cloudcomputing über den Begriff der Telekommunikation hinaus. Richtigerweise bedarf es für einen Zugriff auf die Cloud eines Betroffenen der erhöhten Anforderungen der Online-Durchsuchung.[16]

Die herkömmliche Telekommunikationsüberwachung[17] nach § 100a Abs. 1 S. 1 StPO erlaubt das Abfangen eines laufenden Telekommunikationssignals. Es geht um die Überwachung des technischen Vorgangs der Datenübermittlung vom Absenden des Signals bis zum Empfang beim Adressaten.[18] Sie ist somit bis zu dem Moment begrenzt, an dem die Nachricht beim Empfänger angekommen ist.[19] Kommunikation erfolgt aber heute größtenteils im Internet IP-basiert und verschlüsselt über

[11] So aber BVerfG, NJW 2016, 3508 (3510) m. abl. Anm. *Eidam*, NJW 2016, 3511 (3511 f.).

[12] So etwa BVerfG, NJW 2016, 3508 (3510).

[13] Umfassend gegen eine Betroffenheit von Art. 10 GG: *Eidam*, NJW 2016, 3511 (3512).

[14] *Roggan*, StV 2017, 821 (823).

[15] BVerfGE 141, 220 (303) (Erster Senat).

[16] BVerfGE 141, 220 (303) (Erster Senat); *Roggan*, StV 2017, 821 (823); a. A.: BVerfG (3. Kammer des Zweiten Senats), NJW 2016, 3508 (3510). Zwischen den beiden Entscheidungen des Bundesverfassungsgerichts liegen zweieinhalb Monate. Da in NJW 2016, 3508 die Entscheidung BVerfGE 141, 220 (303) nicht einmal zitiert wird, obwohl die Senate hier unterschiedlicher Auffassung sind, kann dies nur so verstanden werden, dass der Zweite Senat die Entscheidung des Ersten Senats nicht kannte.

[17] Zur Begrifflichkeit als „herkömmliche bzw. klassische Telekommunikation" siehe *Roggan*, StV 2017, 821 (821).

[18] *Bruns*, KK-StPO, § 100a Rn. 5; *Eschelbach* in: S/S/W, StPO § 100a Rn. 4; vgl. *Gercke*, HK-StPO, § 100a Rn. 11; *Hauk* in: *Löwe-Rosenberg*, StPO, § 100a Rn. 59; vgl. BGH, NJW 2003, 2034 (2035).

[19] *Bruns*, KK-StPO, § 100a Rn. 5; *Eschelbach* in: S/S/W, StPO § 100a Rn. 4.

Internet-Telefonie (Voice-Over-IP) oder Messenger-Dienste, weshalb die Ermittlungsbehörden das Signal in aller Regel nur noch verschlüsselt erlangen können.[20]

Damit Maßnahmen nach § 100a StPO weiter erfolgsversprechend sind, muss die Überwachung und Aufzeichnung der Telekommunikation „an der Quelle“ erfasst werden, folglich vor ihrer Verschlüsselung am Absendesystem oder nach ihrer Entschlüsselung am Empfangssystem.[21] Andernfalls besteht für die Ermittlungsbehörden kaum die Möglichkeit, den Inhalt der Telekommunikation auszulesen. Die Verschlüsselungstechnik im privaten und wirtschaftlichen Bereich ist bereits derart fortgeschritten, dass eine Entschlüsselung in Echtzeit – was zum Abfangen während des Übertragungsvorgangs mittels herkömmlicher Telekommunikation erforderlich wäre – nicht möglich ist oder für die Ermittlungsbehörden zur effektiven Strafverfolgung jedenfalls zu aufwendig wäre.[22]

Nachdem bisher über die Zulässigkeit und die Rechtsgrundlage einer solchen Quellen-Telekommunikationsüberwachung (Quellen-TKÜ) großer Streit bestand,[23] findet sich nunmehr[24] in § 100a Abs. 1 S. 2 und 3 StPO eine spezialgesetzliche Ermächtigungsgrundlage für derlei Eingriffe bei der Informationsbeschaffung und -verwertung im Strafverfahren.[25]

Konkret erlaubt § 100a Abs. 1 S. 2 StPO, dass mit technischen Mitteln in von dem Betroffenen genutzte informationstechnische Systeme eingegriffen werden kann, wenn dies zur Überwachung und Aufzeichnung insbesondere in unverschlüsselter Form erforderlich ist. Dazu ist zwingend die Infiltration des zu überwachenden informationstechnischen Systems erforderlich.[26] Das bedeutet, dass die Strafverfolgungsbehörden ermächtigt werden, heimlich eine Überwachungssoftware auf dem informationstechnischen Gerät des Betroffenen zu installieren

---

[20] *Graf* in: *Graf*, StPO, § 100a Rn. 105; *Köhler* in: *Meyer-Goßner/Schmitt*, StPO, § 100a Rn. 14b.

[21] *Roxin/Schünemann*, Strafverfahrensrecht, § 36 Rn. 3; *Eschelbach* in: S/S/W, StPO § 100a Rn. 1, 39; *Köhler* in: *Meyer-Goßner/Schmitt*, StPO, § 100a Rn. 14b.

[22] Vgl. *Eschelbach* in: S/S/W, StPO § 100a Rn. 39.

[23] Vgl. zum alten Recht statt vieler: *Roxin/Schünemann*, Strafverfahrensrecht, § 36 Rn. 3 m. w. N.

[24] Vgl. zur Kritik am Ablauf des Gesetzgebungsverfahrens prägnant *Blechschmitt*, StraFo 2017, 361 (361).

[25] BT-Drucks. 18/12785, S. 54; *Eschelbach* in: S/S/W, StPO, § 100a Rn. 42; *Volk/Engländer*, Grundkurs StPO, § 10 Rn. 40; *Blechschmitt*, StraFo 2017, 361 (362); *Roggan*, StV 2017, 821 (821); *Singelnstein/Derin*, NJW 2017, 2646 (2647).

[26] *Eschelbach* in: S/S/W, StPO § 100a Rn. 39; *Blechschmitt*, StraFo 2017, 361 (62); *Roggan*, StV 2017, 821 (821); *Singelnstein/Derin*, NJW 2017, 2646 (2647 f.).

(sog. „Staatstrojaner"),[27] um eine von dem Betroffenen und seinem Kommunikationspartner aktuell verschlüsselt geführte Kommunikation in unverschlüsselter Form zu überwachen und aufzuzeichnen.[28] Die Daten werden also entweder abgefangen, bevor sie verschlüsselt und versendet werden, oder nachdem sie beim Empfänger angekommen und entschlüsselt worden sind.[29] Dies soll nach dem Wortlaut des § 100a Abs. 1 S. 2 StPO aber nur dann zulässig sein, wenn es zur Überwachung und Aufzeichnung in unverschlüsselter Form erforderlich ist. Das ist immer dann der Fall, wenn die Beteiligten verschlüsselt kommunizieren. Da mittlerweile sämtliche gängigen Kommunikationswege der internetgestützten Kommunikation verschlüsselt erfolgen, dürfte die Erforderlichkeitsklausel in der Praxis nahezu immer erfüllt sein und insoweit nicht zu einer eingeschränkten Anwendung des Staatstrojaners führen.[30]

Im Verhältnis der § 100a Abs. 1 S. 2 und 3 StPO stellt Satz 2 die Ermächtigungsgrundlage dar, wenn sich die Überwachung und Aufzeichnung auf dem informationstechnischen System auf eine gerade stattfindende Kommunikation während des Übertragungsvorgangs bezieht.[31] Ergänzend erlaubt Satz 3 das Überwachen und Speichern von auf dem informationstechnischen System gespeicherten Inhalten und Umständen beendeter Telekommunikation, soweit während des laufenden Übertragungsvorgangs ein Überwachen und Speichern in verschlüsselter Form hätte stattfinden können. Es handelt sich also um das verdeckte Ausforschen von gespeicherten Inhalten, bei der eine laufende Telekommunikation keine Rolle mehr spielt.[32]

In beiden Alternativen geht es um das Abgreifen von Daten beim Empfänger in unverschlüsselter Form. Insoweit besteht die eigentliche Nähe der Quellen-TKÜ gar nicht zu der Telekommunikationsüberwachung, sondern eher bei der Online-Durchsuchung.[33] Die zeitliche Beschränkung des Satzes 2 auf laufende Telekommunikation und die inhaltliche Beschränkung des Satzes 3 auf dasjenige,

---

[27] *Eschelbach* in: S/S/W, StPO § 100a Rn. 41; *Pohlmann/Riedel*, DRiZ 2018, 52 (53); *Roggan*, StV 2017, 821 (821).

[28] *Graf* in *Graf*, StPO, § 100a Rn. 112.

[29] BT-Drucks. 18/12785, S. 54; *Eschelbach* in: S/S/W, StPO § 100a Rn. 41; *Pohlmann/Riedel*, DRiZ 2018, 52 (54); *Roggan*, StV 2017, 821 (822); *Singelnstein/Derin*, NJW 2017, 2646 (2647).

[30] *Köhler* in: *Meyer-Goßner/Schmitt*, StPO, § 100a Rn. 14e.

[31] *Graf* in: *Graf*, StPO, § 100a Rn. 109.

[32] *Roggan*, StV 2017, 821 (822).

[33] So auch *Eschelbach* in: S/S/W, StPO § 100a Rn. 2; *Köhler* in: *Meyer-Goßner/Schmitt*, StPO, § 100a Rn. 14g; *Blechschmitt*, StraFo 2017, 361 (364); *Roggan*, StV 2017, 821 (824); *Freiling/Safferling/Rückert*, JR 2018, 9 (11).

was über unverschlüsselte Kommunikationswege mit der herkömmlichen Telekommunikationsüberwachung erfasst hätte werden können, lässt die Verortung beim § 100a StPO jedoch praxisgerecht erscheinen.

Gleichwohl ist die Quellen-TKÜ in ihrer grundrechtlichen Eingriffsintensität nicht mit der herkömmlichen Telekommunikationsüberwachung vergleichbar.[34] Vielmehr handelt es sich jedenfalls beim § 100a Abs. 1 S. 3 StPO um eine deutlich eingriffsintensivere Ermittlungsmaßnahme.[35] Diese Art verkappte Online-Durchsuchung unter den leichteren Voraussetzungen des § 100a StPO im Vergleich zum § 100b StPO ist verfassungsrechtlich kritisch zu sehen.[36] Technisch gesehen handelt es sich auch bei der Quellen-TKÜ um eine Online-Durchsuchung, weil diese einen Eingriff in das betroffene informationstechnische System erfordert.[37] Inwieweit die inhaltlichen Schranken der Quellen-TKÜ die Verortung beim § 100a StPO verfassungsrechtlich rechtfertigen, ist noch offen. Jedenfalls kommt dem Richtervorbehalt an dieser Stelle eine herausragende Bedeutung zu, wenn man die Maßnahme zulassen will.[38]

13.1.2 Betroffene Rechtsgüter

Die herkömmliche Telekommunikationsüberwachung greift in die Unverletzlichkeit des Fernmeldegeheimnisses aus Art. 10 Abs. 1 GG ein.[39] Dieses gewährleistet die Vertraulichkeit der individuellen Kommunikation, wenn diese aufgrund der räumlichen Trennung auf technische Hilfsmittel ohne menschliche Unterstützung bei der Übertragung angewiesen und deshalb in besonderer Weise der

[34] *Köhler* in: *Meyer-Goßner/Schmitt*, StPO § 100a Rn. 14g; *Freiling/Safferling/Rückert*, JR 2018, 9 (12); a. A.: *Graf* in: *Graf*, StPO, § 100a Rn. 115;

[35] Zur aktuellen Kritik siehe *Roggan*, StV 2017, 821 (824).

[36] Für eine Verfassungswidrigkeit des § 100a Abs. 1 S. 3 StPO: *Blechschmitt*, StraFo 2017, 361 (362).

[37] *Singelnstein/Derin*, NJW 2017, 2646 (2647).

[38] Für eine Verfassungswidrigkeit der Quellen-TKÜ: *Singelnstein/Derin*, NJW 2017, 2646 (2648).

[39] BVerfGE 107, 299 (312); 129, 208 (240); BVerfG, NJW 2007, 2749 (2750); BGHSt 27, 355 (357); *Bruns*, KK-StPO, § 100a Rn. 2; *Eschelbach* in: S/S/W, StPO § 100a Rn. 1; *Günther*, MüKo-StPO, § 100a Rn. 8; *Hauk* in: *Löwe-Rosenberg*, StPO, § 100a Rn. 14; *Köhler* in: *Meyer-Goßner/Schmitt*, StPO, § 100a Rn. 1; *Wolter/Greco*, SK-StPO, § 100a Rn. 12; *Beulke/Swoboda*, Strafprozessrecht, § 12 Rn. 253; *Bär*, DRiZ 2007, 218 (220); *Singelnstein/Derin*, NJW 2017, 2646 (2647); a. A.: BGHSt 31, 296 (298); *Bruns*, KK-StPO, § 100a Rn. 5; *Gercke*, HK-StPO, § 100a Rn. 1; *Graf* in: *Graf*, StPO, § 100a Rn. 7; *Volk/Engländer*, Grundkurs StPO, § 10 Rn. 40; *Deckers*, StraFo 2002, 109 (110).

Gefahr des Zugriffs Dritter ausgesetzt ist.[40] Art. 10 Abs. 1 GG schützt insoweit vor den spezifischen Risiken des der Kontroll- und Einwirkungsmöglichkeit des Teilnehmers entzogenen Übertragungsvorgangs,[41] jedoch nicht das Vertrauen der Kommunikationspartner zueinander.[42] Prominentes Beispiel für diesen Ansatz ist die Rechtsprechung[43] zu der sogenannten Hörfalle, die insoweit zulässig ist, dass nur ein Dritter – nämlich eine Ermittlungsperson – das Gespräch mit Zustimmung eines Teilnehmers mithört, ohne dass eine Überwachung im Sinne des § 100a StPO vorgenommen wird, respektive in den Schutzbereich des Art. 10 GG eingegriffen wird.[44]

Bei der Quellen-TKÜ liegt in der Variante des § 100a Abs. 1 S. 2 StPO ebenfalls ein Eingriff in Art. 10 Abs. 1 GG vor,[45] während es sich in der Variante des § 100a Abs. 1 S. 3 StPO um einen Eingriff in das Grundrecht auf Gewährleistung der Vertraulichkeit und Integrität informationstechnischer Systeme aus Art. 2 Abs. 1 i. V. m. Art. 1 Abs. 1 GG[46] handelt.[47] Letztlich gemeint damit ist der verfassungsrechtliche Schutz gegen Beeinträchtigungen der IT-Sicherheit.[48]

---

[40] BVerfGE 85, 386 (396); 107, 299 (313); BVerfG, NJW 2002, 3619 (3620); 2006, 976 (978); *Bruns*, KK-StPO, § 100a Rn. 2; *Gercke*, HK-StPO, § 100a Rn. 2; *Günther*, MüKo-StPO, § 100a Rn. 10; *Badura*, FS-Amelung, S. 529 (534); *Beulke/Meininghaus*, FS-Widmaier, S. 63 (64); *Franke*, JR 2000, 468 (469); *Welp*, NStZ 1994, 294 (295).

[41] BVerfGE 124, 43 (54 f.); BVerfG, NJW 2002, 3619 (3620); *Köhler* in: *Meyer-Goßner/Schmitt*, StPO, § 100a Rn. 1; *Wolter/Greco*, SK-StPO, § 100a Rn. 12.

[42] BVerfGE 85, 386 (398); BVerfG, NJW 2002, 3619 (3620); BGHSt 39, 335 (340); 42, 139 (154); OLG Hamm, NStZ 1988, 515 (515); *Bruns*, KK-StPO, § 100a Rn. 3; *Gercke*, HK-StPO, § 100a Rn. 3; *Köhler* in: *Meyer-Goßner/Schmitt*, StPO, § 100a Rn. 1.

[43] BGHSt 39, 335 (338, 340 f.); 42, 139 (145 ff.); OLG Hamm, NStZ 1988, 515 (515).

[44] BVerfG, NJW 2002, 3619 (3620 f.); BGHSt 39, 335 (338 f.) m. Anm. *Welp*, NStZ 1994, 294 (295); BGHSt 42, 139 (153 f.) m. krit. Anm. *Rieß*, NStZ 1996, 505 (505 f.); OLG Hamm, NStZ 1988, 515 (515) m. abl. Anm. *Amelung*, NStZ 1988, 515 (515 f.); *Bruns*, KK-StPO, § 100a Rn. 3; *Gercke*, HK-StPO, § 100a Rn. 3; *Köhler* in: *Meyer-Goßner/Schmitt*, StPO, § 100a Rn. 1; *Volk/Engländer*, Grundkurs StPO, § 10 Rn. 40; *Franke*, JR 2000, 468 (469); *Kudlich*, JuS 1997, 696 (697 f.); *Sternberg-Lieben*, JURA 1995, 299 (302 f.); krit.: *Eschelbach* in: S/S/W, StPO § 100a Rn. 38; *Lisken*, NJW 1994, 2069 (2070); a. A.: *Günther*, MüKo-StPO, § 100a Rn. 82; *Amelung/Pauli*, MDR 1980, 801 (802 f.); *Tietje*, MDR 1994, 1078 (1078 ff.).

[45] *Graf* in: *Graf*, StPO, § 100a Rn. 109; BVerfGE 120, 274 (309); *Eschelbach* in: S/S/W, StPO, § 100a Rn. 42; *Blechschmitt*, StraFo 2017, 361 (364); *Roggan*, StV 2017, 821 (821).

[46] Erstmals BVerfGE 120, 274 (302 ff.).

[47] *Eschelbach* in: S/S/W, StPO § 100a Rn. 42; *Köhler* in: *Meyer-Goßner/Schmitt*, StPO, § 100a Rn. 14b; vgl. auch *Singelnstein/Derin*, NJW 2017, 2646 (2647); etwas ungenau bei *Blechschmitt*, StraFo 2017, 361 (362) „zugleich"; a. A.: *Graf* in: *Graf*, StPO, § 100a Rn. 114.

[48] Ebenfalls zu dieser moderneren und besser verständlichen Begrifflichkeit: *Pohlmann/Riedel*, DRiZ 2018, 52 (53).

In der zweiten Variante handelt es sich nämlich nicht mehr um einen Eingriff in die Fernmeldefreiheit des Art. 10 Abs. 1 GG, weil die Telekommunikation bereits abgeschlossen ist.[49]

Der Schutzbereich des Art. 10 Abs. 1 GG bezieht sich soweit nicht auf die außerhalb eines laufenden Kommunikationsvorgangs im Herrschaftsbereich des Kommunikationsteilnehmers gespeicherten Inhalte und Umstände der Telekommunikation.[50] Vielmehr wird nur der besonders schutzbedürftige Übertragungsvorgang von Art. 10 Abs. 1 GG erfasst. Vorliegend wird aber der Datenbestand und das informationstechnische System unmittelbar in seiner Sicherheit betroffen, indem Sicherheitsmechanismen wie Firewalls durch die Ausnutzung von Softwareschwachstellen umgangen werden.[51] Die Abgrenzung ist bei der Quellen-TKÜ also danach zu führen, ob eine noch laufende oder eine bereits beendete Telekommunikation von der Maßnahme erfasst wird.[52]

Allerdings lässt sich auch in der Variante des § 100a Abs. 1 S. 2 StPO in der vorherigen heimlichen Installation des Staatstrojaners ein der Ermittlungsmaßnahme vorgelagerter Eingriff in das Grundrecht auf Gewährleistung der Vertraulichkeit und Integrität informationstechnischer Systeme erkennen.[53] Denn bereits das Aufspielen der Schadsoftware durch die Ermittlungsbehörden stellt eine aktive Beeinträchtigung der IT-Sicherheit des betroffenen informationstechnischen Systems dar.[54]

Andererseits bietet die Telekommunikationstechnik ideale Möglichkeiten für eine Absprache zur Deliktsvorbereitung und -durchführung, weil über Tatsache und Inhalt der Kommunikation keine stofflichen Aufzeichnungen entstehen und sich die Beteiligten nicht für Dritte visuell erkennbar treffen müssen.[55] Parallel zur sich stetig erweiternden Nutzung elektronischer Kommunikation in der Gesellschaft ist auch das Bedürfnis der Strafverfolgungsbehörden gewachsen, in diesen Bereichen Informationen abzuschöpfen.[56] Die Telekommunikationsüberwachung hat sich in den vergangenen Jahren als kaum noch entbehrliches Mittel

---

[49] Vgl. BVerfGE 120, 274 (307); *Beulke/Meininghaus*, FS-Widmaier, S. 63 (65).

[50] Vgl. *Wolter/Greco*, SK-StPO, § 100a Rn. 14.

[51] *Pohlmann/Riedel*, DRiZ 2018, 52 (53).

[52] So auch BT-Drucks. 18/12785, S. 54; *Eschelbach* in: S/S/W, StPO, § 100a Rn. 42.

[53] So auch BVerfGE 120, 274 (308).

[54] *Pohlmann/Riedel*, DRiZ 2018, 52 (53).

[55] *Kühne*, Strafprozessrecht, § 30 Rn. 520.

[56] *Kühne*, Strafprozessrecht, § 30 Rn. 520.

zur Bekämpfung schwerer Kriminalität entwickelt.[57] Sie wird mittlerweile über 20.000 Mal im Jahr angeordnet und durchgeführt.[58]

13.1.3 Bedeutung für die Beweisverwertung

Zur Feststellung, wann ein Verstoß gegen den Richtervorbehalt bei der herkömmlichen Telekommunikationsüberwachung zu einem Beweisverwertungsverbot führt, dürfte in einem ersten gedanklichen Schritt ein Blick zu den Ausführungen bei der Postbeschlagnahme erlaubt sein. So macht es für den Betroffenen hinsichtlich der Qualität des Eingriffs grundsätzlich keinen Unterschied, ob seine postalische Kommunikation oder seine Telekommunikation überwacht wird. Gleichwohl ergab sich dort die wesentliche Argumentation für eine Verwertbarkeit aufgrund der Nähe zur Beschlagnahme und der damit einhergehenden Fernwirkungsproblematik. Dies ist bei der Telekommunikationsüberwachung nicht der Fall. Dem hat der Gesetzgeber auch durch die höheren Anforderungen des § 100a StPO Rechnung getragen.

Auf der anderen Seite muss aber das Strafverfolgungsinteresse besondere Bedeutung erlangen. Die vorangegangenen Ausführungen zur Telekommunikationsüberwachung haben vor allem gezeigt, dass die Strafverfolgungsbehörden in Zeiten einer immer mehr zunehmenden Digitalisierung gerade auch im Bereich der Kriminalität an ihre Grenzen gelangen. Wäre nicht einmal die herkömmliche Telekommunikationsüberwachung zulässig, wäre eine effektive Strafverfolgung im Rahmen der Katalogtaten des § 100a StPO in aller Regel nicht mehr möglich. Insoweit wird in bestimmten Fallkonstellationen die Unterfallgruppe II.2 einschlägig sein, mithin besteht in einzelnen Konstellationen die Gefahr einer absoluten Hinderung der Strafverfolgung.

Daher wird bei der herkömmlichen Telekommunikationsüberwachung regelmäßig kein Beweisverwertungsverbot vorliegen.[59] Ausgenommen sind selbstverständlich die Fälle, die sich unter der Unterfallgruppe I.2 subsumieren lassen – also ein vorsätzlich oder grob fahrlässigen Fehlverhalten der Ermittlungsbeamten –,[60] sowie das Verwertungsverbot aus § 100d Abs. 2 StPO.

---

[57] *Hauk* in: *Löwe-Rosenberg*, StPO, § 100a Rn. 28.

[58] *Volk/Engländer*, Grundkurs StPO, § 10 Rn. 39.

[59] a. A.: *Hauk* in: *Löwe-Rosenberg*, StPO, § 100a Rn. 231; *Wolter/Greco*, SK-StPO, § 100a Rn. 64; *Volk/Engländer*, Grundkurs StPO, § 10 Rn. 46; *Jäger*, StV 2002, 243 (244 f.).

[60] So auch *Bruns*, KK-StPO, § 100a Rn. 51; *Eschelbach* in: S/S/W, StPO § 100a Rn. 28; *Günther*, MüKo-StPO, § 100a Rn. 196; *Köhler* in: *Meyer-Goßner/Schmitt*, StPO, § 100a

Neben dem speziell geregelten § 100d StPO dürfte für die Unterfallgruppe I.1 aber kein Raum sein. Ein anderweitiger Eingriff mit besonderen Würdebezug lässt sich nicht darstellen.

Im Rahmen der Quellen-TKÜ dürfte diese Frage aber anders zu beantworten sein.[61] In der Variante des § 100a Abs. 1 S. 2 StPO gelten die obigen Ausführungen entsprechend, dies gilt aber nicht für die Variante des § 100a Abs. 1 S. 3 StPO. Der Eingriff in das Grundrecht auf Gewährleistung der Vertraulichkeit und Integrität informationstechnischer Systeme aus Art. 2 Abs. 1 i. V. m. Art. 1 Abs. 1 GG ist von besonderem verfassungsrechtlichen Gewicht. Regelmäßig wird in die Rechte des Betroffenen fortlaufend und rückwirkend eingegriffen.

Insoweit hat der Eingriff einen besonderen Würdebezug im Sinne der Unterfallgruppe I.1. Bezüglich der Art und Weise des Grundrechtseingriffs besteht bei der Quellen-TKÜ nach § 100a Abs. 1 S. 3 StPO eine besondere Nähe zur Online-Durchsuchung. Dementsprechend ist diese Unterfallgruppe einschlägig, sodass jede Verletzung des Richtervorbehalts zu einem Beweisverwertungsverbot führen muss.

Die Rechtsprechung ist hinsichtlich der herkömmlichen Telekommunikationsüberwachung zu denselben Ergebnissen gelangt.[62] Sofern der Richtervorbehalt bewusst umgangen oder willkürlich Gefahr im Verzug angenommen wird, liegt ein Beweisverwertungsverbot vor.[63] Im Übrigen verneint die Rechtsprechung regelmäßig ein Verwertungsverbot.[64] Zu der im Sommer 2017 eingeführten Quellen-TKÜ gibt es – soweit ersichtlich – noch keine veröffentlichte bundes- oder obergerichtliche Rechtsprechung betreffend die Verletzung des Richtervorbehalts.

Rn. 35; jedenfalls bei willkürlicher Annahme von Gefahr im Verzug: *Gercke*, HK-StPO, § 100a Rn. 46; für eine Unterscheidung nach absoluter und relativer Unzuständigkeit: *Jäger*, GA 2008, 473 (497).

[61] Vgl. auch *Köhler* in: *Meyer-Goßner/Schmitt*, StPO, § 100a Rn. 35a.

[62] So BGHSt 44 243 (249); LG Mannheim, StV 2002, 242 (242 f.); vgl. auch BGHSt 51, 1 (3); noch offengelassen bei BGHSt 31, 304 (307 f.); anders jedoch der 4. Strafsenat in BGHSt 35, 32 (34): „Das Fehlen einer richterlichen Anordnung führt [stets] zur Unverwertbarkeit [...]", wobei auch BGHSt 31, 304 zitiert wird, obwohl dort ausdrücklich offengelassen.

[63] Zum Beweisverwertungsverbot, wenn zur Umgehung des Richtervorbehalts ein V-Mann gezielt eingesetzt wird: BGHSt 31, 304 (308).

[64] BGHSt 44, 243 (249 f.); LG Mannheim, StV 2002, 242 (243); vgl. BGH, wistra 2006, 311 (312 f.).

13.2 Die Online-Durchsuchung

Neben der Quellen-TKÜ erlaubt § 100b StPO nach langem rechtspolitischen Streit[65] seit dem 24.08.2017, dass auch ohne Wissen des Betroffenen mit technischen Mitteln in ein von ihm genutzten informationstechnischen System eingegriffen werden darf und Daten daraus erhoben werden dürfen. Hierin liegt nunmehr die Ermächtigungsgrundlage der Ermittlungsbehörden für die sogenannte Online-Durchsuchung.[66]

Die Einführung der Maßnahme darf als Reaktion des Gesetzgebers auf die Zunahme von islamistischen Terroranschlägen in Deutschland und Europa verstanden werden.[67] Inwieweit sich das politische Konkurrenzverhältnis von Freiheit und Sicherheit in Deutschland hierdurch verschoben hat, kann im Rahmen dieses Kapitels nicht geklärt werden. Es wird aber schnell deutlich, dass es sich zusammen mit dem großen Lauschangriff um die wohl eingriffsintensivste Ermittlungsmaßnahme handelt.

13.2.1 Überblick

Bei der Online-Durchsuchung handelt es sich um den verdeckten Zugriff der Ermittlungsbehörden auf ein von dem Betroffenen genutztes informationstechnisches System.[68] Hierbei geht die Online-Durchsuchung weiter als die zuvor besprochene Quellen-TKÜ: Erfasst sind nicht nur Kommunikationsdaten, sondern alle im System oder einer Cloud[69] gespeicherte Daten.[70] Hieraus lässt sich zudem das gesamte Nutzungsverhalten des Betroffenen analysieren.[71]

---

[65] Vgl. überblicksartig *Graf* in: *Graf*, StPO, § 100b Rn. 3 ff.

[66] *Eschelbach* in: S/S/W, StPO, § 100b Rn. 7; *Graf* in: *Graf*, StPO, § 100b Rn. 11; *Köhler* in: *Meyer-Goßner/Schmitt*, StPO, § 100b Rn. 1; *Blechschmitt*, StraFo 2017, 361 (362); *Roggan*, StV 2017, 821 (825); *Soine*, NStZ 2018, 497 (497); *Singelnstein/Derin*, NJW 2017, 2646 (2647).

[67] so auch *Graf* in: *Graf*, StPO, § 100b Rn. 5.

[68] *Eschelbach* in: S/S/W, StPO, § 100b Rn. 1; *Graf* in: *Graf*, StPO, § 100b Rn. 1; *Köhler* in: *Meyer-Goßner/Schmitt*, StPO, § 100b Rn. 1; *Soine*, NStZ 2018, 497 (498); *Singelnstein/Derin*, NJW 2017, 2646 (2646 f.).

[69] *Roggan*, StV 2017, 821 (825 f.); *Soine*, NStZ 2018, 497 (499).

[70] *Eschelbach* in: S/S/W, StPO, § 100b Rn. 2; *Graf* in: *Graf*, StPO, § 100b Rn. 1; *Köhler* in: *Meyer-Goßner/Schmitt*, StPO, § 100b Rn. 1; *Roggan*, StV 2017, 821 (825).

[71] *Graf* in: *Graf*, StPO, § 100b Rn. 1; *Köhler* in: *Meyer-Goßner/Schmitt*, StPO, § 100b Rn. 1; *Roggan*, StV 2017, 821 (825).

Nicht erlaubt ist hingegen das heimliche Aktivieren von Kamera- oder Mikrofonfunktionen des informationstechnischen Systems (insbesondere bei Notebook und Smartphone).[72] Der Wortlaut des § 100b Abs. 1 StPO legt nahe, dass nur Daten aus dem System erhoben werden dürfen, mithin nur eine passive Kenntnisnahme der aktuellen Datensätze erlaubt ist.[73] Zulässig ist nur die Erhebung aus dem System, nicht mittels des Systems.[74] Zum Aktivwerden sind die Ermittlungsbehörden daher nicht berufen.[75]

Der Zugriff auf das informationstechnische System erfolgt – wie bei der Quellen-TKÜ – mittels der heimlichen Installation von staatlicher Schadsoftware (Staatstrojaner).[76] An dieser Stelle kann zu den Ausführungen bei der Quellen-TKÜ Bezug genommen werden.

Die Maßnahme darf sich nur gegen den Beschuldigten oder gegen derartig beteiligte Dritte richten, von denen auf Grund bestimmter Tatsachen anzunehmen ist, dass der Beschuldigte ihre informationstechnischen Systeme benutzt und die Online-Durchsuchung beim Beschuldigten allein nicht zum Ermittlungsziel führen wird, § 100b Abs. 3 S. 1 und 2 StPO. Hiervon dürften regelmäßig Inhaber von Cloudservern erfasst werden, weil sie als Diensteanbieter typischerweise ihren Kunden erlauben, ihre informationstechnischen Systeme zu benutzen.[77] Überdies stellt § 100b Abs. 3 S. 3 StPO klar, dass die Maßnahme auch dann durchgeführt werden darf, wenn unbeteiligte Dritte unvermeidbar mitbetroffen werden. Dies zeigt das besondere Eingriffsgewicht der Maßnahme im Vergleich zu anderen, eher punktuellen Eingriffsmechanismen.[78] Je nachdem, wie weit der Begriff der „Benutzung" zu verstehen ist, lässt sich damit jede Person umschreiben, die

---

[72] *Köhler* in: *Meyer-Goßner/Schmitt*, StPO, § 100b Rn. 2; *Volk/Engländer*, Grundkurs StPO, § 10 Rn. 47c; *Roggan*, StV 2017, 821 (826); *Singelnstein/Derin*, NJW 2017, 2646 (2647).

[73] *Köhler* in: *Meyer-Goßner/Schmitt*, StPO, § 100b Rn. 2; *Roggan*, StV 2017, 821 (826); *Singelnstein/Derin*, NJW 2017, 2646 (2647); *Soine*, NStZ 2018, 497 (502) a. A.: *Eschelbach* in: S/S/W, StPO, § 100b Rn. 4, sieht diese Wortauslegung nicht als gegeben.

[74] *Volk/Engländer*, Grundkurs StPO, § 10 Rn. 47c; *Singelnstein/Derin*, NJW 2017, 2646 (2647).

[75] *Köhler* in: *Meyer-Goßner/Schmitt*, StPO, § 100b Rn. 2; *Soine*, NStZ 2018, 497 (502).

[76] *Köhler* in: *Meyer-Goßner/Schmitt*, StPO, § 100b Rn. 3; *Volk/Engländer*, Grundkurs StPO, § 10 Rn. 47c; *Blechschmitt*, StraFo 2017, 361 (362); *Singelnstein/Derin*, NJW 2017, 2646 (2647); vgl. auch *Soine*, NStZ 2018, 497 (500 f.).

[77] *Köhler* in: *Meyer-Goßner/Schmitt*, StPO, § 100b Rn. 10; *Roggan*, StV 2017, 821 (826) *Soine*, NStZ 2018, 497 (499).

[78] *Köhler* in: *Meyer-Goßner/Schmitt*, StPO, § 100b Rn. 11; vgl. auch *Eschelbach* in: S/S/W, StPO, § 100b Rn. 3.

mit dem Beschuldigten informationstechnisch verbunden ist.[79] Zum einen sind alle sozialen Kontakte des Betroffenen potentiell mitbetroffen,[80] zum anderen ist das Ausmaß gegen völlig unbeteiligte Dritte insbesondere im Bereich des Cloudcomputing gar nicht mehr überschaubar.

Inhaltliche Grenzen setzt neben dem Kernbereichsschutz des § 100d StPO – soweit ersichtlich – einzig und allein der verfassungsrechtliche Grundsatz der Verhältnismäßigkeit. In welcher Form und in welchem Umfang der Datenzugriff rechtlich möglich sein soll, ist im Gesetz nicht näher bestimmt.[81] Sofern die Vorschrift also nicht doch noch durch das Bundesverfassungsgericht aufgehoben wird, darf mit einer austradierten Einzelfallrechtsprechung zur praktischen Anwendung der Online-Durchsuchung gerechnet werden. Insoweit stellt sich auch die Frage nach der Wahrung des Bestimmtheitsgebots. Es kann der Vorwurf nach einer Ermittlungsgeneralklausel im IT-Bereich erhoben werden. Denn § 100b StPO gestattet die Erfassung von personengebundenen und sonstigen Daten des Betroffenen oder Dritter im technisch-realisierbar größtmöglichen Umfang.[82] Dann wäre die freiheitlich demokratische Grundordnung tatsächlich um der Sicherheit willen auf dem Rückzug. Eine restriktive Auslegung und Anwendung des § 100b StPO ist folglich aus übergeordnetem Verfassungsrecht geboten,[83] wenn man die Vorschrift nicht ohnehin für verfassungswidrig halten möchte.[84]

---

[79] *Blechschmitt*, StraFo 2017, 361 (364).

[80] *Köhler* in: *Meyer-Goßner/Schmitt*, StPO, § 100b Rn. 11.

[81] *Eschelbach* in: S/S/W, StPO, § 100b Rn. 2.

[82] *Eschelbach* in: S/S/W, StPO, § 100b Rn. 2; vgl. *Singelnstein/Derin*, NJW 2017, 2646 (2647).

[83] Menschenwürde, Demokratieprinzip, Rechtsstaatsprinzip, Freiheitsgrundsatz.

[84] Für eine Verfassungswidrigkeit des § 100b StPO: *Blechschmitt*, StraFo 2017, 361 (364); *Roggan*, StV 2017, 821 (826 ff.); zumindest kritisch: *Gercke*, HK-StPO, § 100b Rn. 7; *Singelnstein/Derin*, NJW 2017, 2646 (2647); von rechtshistorischen Interesse bereits im Jahr 2008: *Beulke/Meininghaus*, FS-Widmaier, S. 63 (72): „Im Ergebnis bleibt somit festzuhalten, dass die enorme zusätzliche Belastung gepaart mit der fragwürdigen kriminalistischen Eignung gegen die Einführung einer heimlichen Online-Durchsuchung streitet. Der Gesetzgeber sollte, allen Unkenrufen zum Trotz, standhaft bleiben und auf eine Verankerung in der StPO verzichten."

13.2.2 Betroffene Rechtsgüter

Die Online-Durchsuchung greift äußerst schwerwiegend in das Grundrecht auf Gewährleistung der Vertraulichkeit und Integrität informationstechnischer Systeme aus Art. 2 Abs. 1 i. V. m. Art. 1 Abs. 1 GG ein.[85] Die Maßnahme dürfte kaum noch verfassungsrechtlich zu rechtfertigen sein, da sie die Erstellung eines vollständigen Verhaltens- und Persönlichkeitsprofils des Betroffenen erlaubt.[86] Die Gefahr eines „gläsern werdenden Bürgers" scheint sich damit verwirklicht zu haben. Jedenfalls sieht Eschelbach[87] hierin eine Betroffenheit der Menschenwürde, weil der Bürger spätestens dann zum bloßen Objekt staatlicher Gewalt gemacht wird, wenn die Strafverfolgungsbehörden durch das Mittel einer Rundumüberwachung im Ergebnis mehr Informationen über die Persönlichkeit des Betroffenen haben als dieser selbst.[88]

Durch die Online-Durchsuchung besteht zumindest die Möglichkeit, detaillierte Informationen über die persönlichen Verhältnisse und die Lebensführung des Betroffenen zu erfassen, die mitunter höchstpersönliche Aufzeichnungen umfassen.[89] Es bleibt abzuwarten, ob die Anforderungen der Maßnahme und eine deutliche Zurückhaltung in der praktischen Anwendung zu einer Restriktion auf das verfassungsrechtlich zulässige Maß führen werden. Insoweit mag eine verfassungskonforme Auslegung der Vorschrift möglich sein.

Andererseits besteht rechtspolitisch akuter Bedarf an dieser Ermittlungsmaßnahme.[90] Die völlige Umgestaltung menschlicher Daseinsformen, Lebensgewohnheiten und zwischenmenschlicher Kommunikation durch das Internet mit allzeit verfügbaren Informations- und Kommunikationsmöglichkeiten hat schnell dazu geführt, dass auch Straftäter jeglicher Art – erst Recht terroristische und anderweitig organisierte Täter – diese Kanäle nutzen, um ihre Taten zu planen und vorzubereiten, sowie die dazu erforderliche Kommunikation mit Mittätern verschlüsselt zu

---

[85] *Eschelbach* in: S/S/W, StPO, § 100b Rn. 3; *Gercke*, HK-StPO, § 100b Rn. 1; *Graf* in: *Graf*, StPO, § 100b Rn. 1; *Köhler* in: *Meyer-Goßner/Schmitt*, StPO, § 100b Rn. 1; *Blechschmitt*, StraFo 2017, 361 (364); *Soine*, NStZ 2018, 497 (497 f.); *Singelnstein/Derin*, NJW 2017, 2646 (2647).

[86] *Eschelbach* in: S/S/W, StPO, § 100b Rn. 5.

[87] *Eschelbach* in: S/S/W, StPO, § 100b Rn. 5.

[88] Vgl. BVerfG, NJW 2004, 999 (1004); BGH, NJW 2009, 3448 (3458); *Steinmetz*, NStZ 2001, 344 (344 f.).

[89] *Soine*, NStZ 2018, 497 (497).

[90] *Hofmann*, NStZ 2005, 121 (125).

führen.[91] Dementsprechend sind herkömmliche Ermittlungsmethoden regelmäßig erfolglos.[92]

Eine herkömmliche Telekommunikationsüberwachung wird an dieser Stelle aus dort benannten Gründen wirkungslos sein. Auch eine Beschlagnahme und Durchsuchung einer IT-Anlage kann hier nicht weiterhelfen, denn diese offene Ermittlungsmaßnahme vermag allenfalls den aktuellen Tatplan stoppen, während entsprechende Täter dann nur andere Wege suchen, um ihr Ziel zu erreichen.[93] Ohne die Möglichkeiten der Online-Durchsuchung drohen die Ermittlungsbehörden gegenüber terroristischen und anderweitig organisierten Straftätern immer weiter ins Hintertreffen zu geraten.[94]

13.2.3 Bedeutung für die Beweisverwertung

Bereits bei der Quellen-TKÜ wurde die besondere Bedeutung des Richtervorbehaltes betont. Insbesondere wurde die Qualität eines Eingriffs in das Recht auf Gewährleistung der Vertraulichkeit und Integrität informationstechnischer Systeme dargestellt und die Gefahr eines „gläsern werdenden Bürgers" angesprochen. Tatsächlich scheint mit der Einführung der Online-Durchsuchung das bisher in Deutschland durch die Dogmatik der praktischen Konkordanz gut gewählte Gleichgewicht zwischen Sicherheit und Freiheit bedroht zu sein. Dabei ist es gerade eine Lehre der deutschen Geschichte, dass es Freiheit in einem absoluten Sicherheitsstaat nicht geben kann. Allein ein unabhängiger und neutraler Richter kann die Gefahren für den Einzelnen und für die freiheitlich demokratische Grundordnung angemessen mit dem immensen Bedarf an effektiven Ermittlungsmaßnahmen im IT-Bereich ins Verhältnis setzen.

Der Gesetzgeber sah die Notwendigkeit der Übertragung der Anordnungskompetenz sogar in einer solchen auf eine Strafkammer. Nicht einmal der Ermittlungsrichter genügte dem Gesetzgeber. Geht man nun weiter davon aus, dass der verfassungsrechtlich höchst bedenkliche § 100b StPO in Zeiten des internationalen Terrorismus rechtspolitisch nicht nur gewollt, sondern auch vor dem Hintergrund der wehrhaften Demokratie erforderlich ist, vermag vielleicht die zuständige Kammer als Garant der Rechte Betroffener und der Grundfesten unseres Rechtsstaates ein ausreichendes Bollwerk bilden.

---

[91] *Graf* in: *Graf*, StPO, § 100b Rn. 6.

[92] So auch *Graf* in: *Graf*, StPO, § 100b Rn. 6.

[93] *Graf* in: *Graf*, StPO, § 100b Rn. 6.

[94] *Hofmann*, NStZ 2005, 121 (121).

Vor diesem Hintergrund ist für die Abwägungslehre die Einschlägigkeit der Unterfallgruppe I.1 weitgehend evident. Ein Grundrechtseingriff mit besonderem Würdebezug liegt vor, sodass der Verstoß gegen die Anordnungskompetenz der Strafkammer immer zu einem Beweisverwertungsverbot führen muss.[95] Hierbei wird im besonderen Maße die Prüfungsreihenfolge bei der Anwendung der Abwägungslehre in den drei Phasen deutlich. Wäre nämlich nicht schon in der ersten Phase die Unterfallgruppe I.1 einschlägig, läge oftmals wegen der Unterfallgruppe II.2 kein Beweisverwertungsverbot vor. Denn die Ermittlungsmaßnahme schafft für die Beamten neue Möglichkeiten, ohne die in manchen Konstellationen bisher eine Strafverfolgung absolut ausgeschlossen war.

Auch zu Verletzungen des Richtervorbehalts bei der Online-Durchsuchung gibt es – soweit ersichtlich – noch keine bundes- oder obergerichtliche Rechtsprechung.

13.3 IMSI-Catcher

Weitaus akzeptierter als die Online-Durchsuchung ist hingegen der Einsatz des sogenannten IMSI-Catchers nach § 100i StPO.

13.3.1 Überblick

Gemäß § 100i Abs. 1 StPO dürfen durch technische Mittel die Gerätenummer eines Mobilfunkgerätes und die Kartennummer der darin verwendeten SIM-Karte sowie der Standort eines Mobilfunkgerätes ermittelt werden. Primär geht es beim § 100i StPO darum, die zuvor unbekannte IMEI und IMSI zur Erforschung des Sachverhalts oder zur Ermittlung des Aufenthaltsorts des Beschuldigten festzustellen.[96] Auf Grundlage dieser Informationen können sodann die Rufnummer und der Name des Mobilfunkteilnehmers beim Mobilfunkanbieter erfragt werden.[97] Zudem regelt die Vorschrift die Erfassung von Positions- und Standortmeldungen von Mobilfunkgeräten.[98] Durch eine Maßnahme nach

[95] *Eschelbach* in: S/S/W, StPO, § 100b Rn. 31; *Graf* in: *Graf*, StPO, § 100b Rn. 45; *Soine*, NStZ 2018, 497 (504).

[96] *Bruns*, KK-StPO, § 100i Rn. 3; *Gercke*, HK-StPO, § 100i, Rn. 4; *Hauck* in: *Löwe-Rosenberg*, StPO, § 100i Rn. 24.

[97] *Bruns*, KK-StPO, § 100i Rn. 3; *Wolter/Greco*, SK-StPO, § 100i Rn. 1.

[98] *Köhler* in: *Meyer-Goßner/Schmitt*, StPO, § 100i Rn. 1.

§ 100i StPO kann der Standort eines Mobilfunkgerätes recht präzise ermittelt werden.[99] Zusammenfassend ist es möglich, allein aufgrund einer ungefähren Ahnung, wo sich ein bisher unbekannter Tatverdächtiger mit seinem Mobiltelefon, dessen Daten ebenso unbekannt sind, befindet, Name und Rufnummer desjenigen zu ermitteln, seinen Standort anzupeilen und darauf beruhend zahlreiche weitere Ermittlungsmaßnahmen wie Telekommunikationsüberwachungen[100] und Durchsuchungen anzuordnen. Diese vielfältige und weitgehende technische Ermittlungsmaßnahme wird gemeinhin als „IMSI-Catcher" bezeichnet.[101]

Die Erhebung von personenbezogenen Daten Dritter ist anlässlich einer solchen Maßnahme allerdings nur zulässig, wenn dies aus technischen Gründen unvermeidbar ist, § 100i Abs. 2 S. 1 StPO. Im Übrigen darf sich die Maßnahme nur gegen den Beschuldigten oder gegen derart beteiligte Dritte richten, von denen anzunehmen ist, dass sie für den Beschuldigten bestimmte oder von ihm herrührende Mitteilungen entgegennehmen oder weitergeben oder dass der Beschuldigte ihr Mobilfunkendgerät nutzt, § 100i Abs. 3 S. 1 StPO i. V. m. § 100a Abs. 3 StPO.

Mit Hilfe des IMSI-Catchers können die IMEI- und die IMSI-Nummer eines sich mindestens im Standby-Modus befindlichen Mobilfunkgerätes sowie sein Standort ermittelt werden.[102] Technisch wird dieses Vorgehen unter Einsatz einer Messtechnik ermöglicht, die alle in einem gewissen Bereich befindlichen Mobilfunkgeräte zu einer Anmeldung und letztlich zu einer Datenpreisgabe veranlasst.[103] Ist bekannt, wo etwa sich das gesuchte Mobilfunkgerät befindet, und ist es mindestens auf Standby geschaltet, können die IMEI und die IMSI dadurch ermittelt werden, dass durch das Messgerät eine Funkzelle mit variabler Reichweite simuliert wird.[104] Weil der IMSI-Catcher im Vergleich mit den Funkzellen

---

[99] *Bruns*, KK-StPO, § 100i Rn. 4; *Gercke*, HK-StPO, § 100i, Rn. 4; *Günther*, MüKo-StPO, § 100i Rn. 22.

[100] *Bruns*, KK-StPO, § 100i Rn. 2; *Gercke*, HK-StPO, § 100i, Rn. 1; *Hauk* in: *Löwe-Rosenberg*, StPO, § 100i Rn. 1, 24; *Hegmann* in: *Graf*, StPO, § 100i Rn. 2; *Beulke/Swoboda*, Strafprozessrecht, § 12 Rn. 254c.

[101] *Bruns*, KK-StPO, § 100i Rn. 1; *Eschelbach* in: S/S/W, StPO, § 100i Rn. 1; *Gercke*, HK-StPO, § 100i, Rn. 1; *ders*, StraFo 2003, 76 (78); *Günther*, MüKo-StPO, § 100i Rn. 1; *Hauk* in: *Löwe-Rosenberg*, StPO, § 100i Rn. 1; *Wolter/Greco*, SK-StPO, § 100i Rn. 1; *Beulke/Swoboda*, Strafprozessrecht, § 12 Rn. 254c; *Kindhäuser/Schumann*, Strafprozessrecht, § 8 Rn. 96; *Puschke/Singelnstein*, NJW 2008, 113 (115); *Ruhmannseder*, JA 2007, 47 (48); *ders*, JA 2009, 57 (61); *Sankol*, JuS 2006, 698 (703).

[102] *Eschelbach* in: S/S/W, StPO, § 100i Rn. 3; *Hegmann* in: *Graf*, StPO, § 100i Rn. 2; *Köhler* in: *Meyer-Goßner/Schmitt*, StPO, § 100i Rn. 1.

[103] *Eschelbach* in: S/S/W, StPO, § 100i Rn. 3; *Hauk* in: *Löwe-Rosenberg*, StPO, § 100i Rn. 2.

[104] *Bruns*, KK-StPO, § 100i Rn. 5; *Eschelbach* in: S/S/W, StPO, § 100i Rn. 1; *Gercke*, HK-StPO, § 100i, Rn. 1; *Günther*, MüKo-StPO, § 100i Rn. 6; *Hauk* in: *Löwe-Rosenberg*,

des Netzbetreibers mit einer stärkeren Leistung arbeitet, verbindet sich jedes eingeschaltete Mobilfunkgerät im Empfangsbereich der simulierten Funkzelle automatisch mit dem IMSI-Catcher.[105] Dieser löst daraufhin eine automatisierte Identifizierungsprozedur – ein sogenanntes „location update" – bei den verbundenen Mobilfunkgeräten aus, welche nunmehr die IMSI und die IMEI an die vermeintlich neue Funkzelle übermitteln.[106]

Die Daten sämtlicher Mobiltelefone, die mit dem IMSI-Catcher verbunden sind, werden gespeichert.[107] In der Folge wird dieser Vorgang regelmäßig nach einem Standortwechsel der Zielperson solange wiederholt, bis nur noch ein Mobiltelefon übrig bleibt, das bei allen Messungen eine Verbindung zum IMSI-Catcher hergestellt hat.[108] Auf diese Weise kann das Mobiltelefon der Zielperson identifiziert werden.[109] Hieraus wird deutlich, dass die Zielperson in der Praxis regelmäßig während des Einsatzes des IMSI-Catchers observiert werden muss, damit die Ermittlungspersonen wissen, wo sich der Betroffene ungefähr aufhält.[110]

Diese Messtechnik kann auch dazu benutzt werden, durch mehrere Peilungen den Standort eines sich mindestens im Standby-Modus befindlichen Mobilfunkgerätes festzustellen.[111] Dieses Vorgehen ist möglich, sobald in einem ersten Schritt die IMSI und die IMEI des Mobilfunkgerätes bekannt geworden sind. Durch die eigene Ortsveränderung und die langsame Verringerung der Sendeleistung des IMSI-Catchers von mehreren hundert auf wenige Metern Reichweite lässt sich der Betroffene recht genau lokalisieren.[112]

StPO, § 100i Rn. 5; *Wolter/Greco*, SK-StPO, § 100i Rn. 8; *Gercke*, StraFo 2003, 76 (78); *Ruhmannseder*, JA 2007, 47 (48).

[105] *Bruns*, KK-StPO, § 100i Rn. 5; *Günther*, MüKo-StPO, § 100i Rn. 6; *Wolter/Greco*, SK-StPO, § 100i Rn. 8; *Ruhmannseder*, JA 2007, 47 (48 f.).

[106] *Bruns*, KK-StPO, § 100i Rn. 5; *Günther*, MüKo-StPO, § 100i Rn. 6; *Wolter/Greco*, SK-StPO, § 100i Rn. 8; *Ruhmannseder*, JA 2007, 47 (49).

[107] *Günther*, MüKo-StPO, § 100i Rn. 6.

[108] *Günther*, MüKo-StPO, § 100i Rn. 7.

[109] *Eschelbach* in: S/S/W, StPO, § 100i Rn. 1.

[110] *Eschelbach* in: S/S/W, StPO, § 100i Rn. 1; *Günther*, MüKo-StPO, § 100i Rn. 7.

[111] *Gercke*, HK-StPO, § 100i, Rn. 1; *Hauk* in: *Löwe-Rosenberg*, StPO, § 100i Rn. 5; *Wolter/Greco*, SK-StPO, § 100i Rn. 9; *Ruhmannseder*, JA 2007, 47 (49).

[112] *Wolter/Greco*, SK-StPO, § 100i Rn. 9.

13.3.2 Betroffene Rechtsgüter

Umstritten ist allerdings, in welches Grundrecht durch diese Maßnahmen eingegriffen wird. Der wohl herrschenden Meinung,[113] wonach die Maßnahmen nach § 100i StPO keine Eingriffe in das Fernmeldegeheimnis aus Art. 10 Abs. 1 GG darstellen, weil die Maßnahmen unabhängig von einem tatsächlich stattfindenden oder versuchten Kommunikationsvorgang zwischen Menschen durchgeführt werden, ist eine Absage zu erteilen. Sie fußt allem voran auf einen Beschluss des Bundesverfassungsgerichts,[114] dem hier aus zahlreichen Gründen nicht gefolgt werden kann.

Mit diesem Nichtannahmebeschluss hat das Bundesverfassungsgericht die seinerzeit herrschende Rechtsprechung abgelehnt, die hier in modifizierter Form jedoch weiterhin vertreten wird. Dabei ist es bemerkenswert, dass durch die Zuordnung zum allgemeinen Persönlichkeitsrecht die Verletzung des bezüglich Art. 10 GG bestehenden Zitiergebots kurzerhand umgangen werden konnte, sodass die Vorschrift nicht schon allein wegen ihrer formellen Verfassungswidrigkeit aufgehoben werden musste.[115] Im Übrigen drängt sich die Frage auf, ob die Entscheidung in der wenig öffentlichkeitswirksamen Form eines Nichtannahmebeschlusses in der Kammerbesetzung mit drei Richtern die adäquate Verfahrensweise war, um die zentrale Frage nach der Relevanz des Art. 10 GG beim Einsatz des IMSI-Catchers zu beantworten.[116]

Zudem dürfte diese Entscheidung aus dem Jahr 2006 mit der Strafprozessrechtsreform von 2008 schon wieder materiell überholt worden sein und daher nur eine kurze Zwischensequenz darstellen.[117] Gleichwohl beharrt die heute herrschende Meinung auf die damalige Einschätzung eines § 100i StPO, den es heutzutage gar nicht mehr so gibt und dessen neue Fassung insbesondere in seiner grundrechtlichen Ausprägung nicht mehr mit der alten Fassung vergleichbar ist.

---

[113] BVerfG, NJW 2007, 351 (353 f.) m. Anm. *Heintschel-Heinegg*, JA 2007, 75 (75 f.); *Hermes* in: *Dreier*, GG, Art. 10 Rn. 44; *Bruns*, KK-StPO, § 100i Rn. 5; *Eschelbach* in: S/S/W, StPO, § 100i Rn. 5; *Günther*, MüKo-StPO, § 100i Rn. 3, 14; *ders*, NStZ 2005, 485 (491 f.); *Hauk* in: *Löwe-Rosenberg*, StPO, § 100i Rn. 7 ff.; *Hegmann* in: *Graf*, StPO, § 100i Überblick; *Köhler* in: *Meyer-Goßner/Schmitt*, StPO, § 100i Rn. 2; *Roxin/Schünemann*, Strafverfahrensrecht, § 36 Rn. 38; *Badura*, FS-Amelung, S. 529 (540); vgl. auch *Kudlich*, JuS 2001, 1165 (1167 f.); *Welp*, Überwachung und Kontrolle, S. 29 ff.; Weßlau, ZStW 113 (2001), 681 (688 ff.).

[114] BVerfG, NJW 2007, 351 (353 f.).

[115] *Gercke*, HK-StPO, § 100i, Rn. 2; *Wolter/Greco*, SK-StPO, § 100i Rn. 13; vgl. *Günther*, NStZ 2005, 485 (FN 1).

[116] *Nachbaur*, NJW 2007, 335 (335).

[117] So auch *Wolter/Greco*, SK-StPO, § 100i Rn. 12.

An dieser Stelle soll an die Ausführungen zur Verkehrsdatenauskunft erinnert werden, in dessen Rahmen festgestellt wurde, dass im Mobilfunkverkehr die IMSI sowie die SIM-Karten-Rufnummer, die IMEI und die Standortdaten, ermittelt aufgrund der Verbindung zur jeweiligen Funkzelle, zu den Verkehrsdaten gehören. Des Weiteren wurde festgestellt, dass nach ständiger Rechtsprechung des Bundesverfassungsgerichts zur Verkehrsdatenauskunft[118] von Art. 10 Abs. 1 GG nicht nur der Inhalt der Kommunikation, sondern auch die Vertraulichkeit der näheren Umstände des Kommunikationsvorgangs geschützt sind, zu denen insbesondere gehört, ob, wann und wie oft zwischen welchen Personen oder Telekommunikationseinrichtungen Telekommunikation stattgefunden hat oder versucht worden ist. Zu diesen näheren Umständen der Kommunikation gehören auch die soeben bezeichneten Daten im Mobilfunkverkehr.

Es ist von der heute herrschenden Meinung nunmehr aber mehr als inkonsequent, denselben Eingriff wie bei der Verkehrsdatenauskunft unter dem speziellen Gesichtspunkt des IMSI-Catchers plötzlich anders zu beurteilen. Der einzige Unterschied liegt nämlich nicht in der Qualität des Eingriffs, sondern in der Art der Ausführung: Im dortigen Fall wird um Auskunft bei den jeweiligen Mobilfunkanbietern ersucht, im hiesigen Fall werden die Daten durch ein technisches Mittel von den Ermittlungsbehörden selbst gewonnen. Dies macht aber für den Betroffenen bezüglich des Eingriffs in seine Rechte keine qualitativen Unterschiede.

Damit die grundrechtliche Argumentation im Rahmen der Ermittlungsmaßnahmen – und damit auch in dieser Arbeit – letztlich kohärent bleibt, muss daher der bis zur Entscheidung des Bundesverfassungsgerichts noch überwiegenden Gegenansicht[119] in einer an das aktuelle Recht angepassten Modifizierung[120] gefolgt

---

[118] BVerfGE 67, 157 (172); 85, 386 (396); 100, 313 (358); 107, 299 (312 f.); 115, 166 (183); 120, 274 (307); 125, 260 (309); BVerfG, NJW 2006, 3197 (3197).

[119] BGH, NJW 2001, 1587 (1587 f.); LG Aachen, StV 1999, 590 (590); LG Dortmund, NStZ 1998, 577 (577); LG Hamburg, NStZ-RR 1999, 82 (83 f.); LG Ravensburg, NStZ-RR 1999, 84 (84 f.); VG Darmstadt, NJW 2001, 2273 (2274); *Gercke*, HK-StPO, § 100i, Rn. 2; *ders*, StraFo 2003, 76 (78); *ders*, Bewegungsprofile anhand von Mobilfunkdaten im Strafverfahren, S. 70 f.; *Wolter/Greco*, SK-StPO, § 100i Rn. 3; *Keller*, Die Ermittlung der Kennung des Standortes von Mobilfunkgeräten im Spannungsfeld zwischen Kriminalitätsbekämpfung und Verfassungsmäßigkeit, S. 146 ff.; *Nachbaur*, NJW 2007, 335 (336 f.); *Wolter*, FS-Rudolphi, S. 733 (744).

[120] Insoweit wird hier ausdrücklich nicht vertreten, dass der IMSI-Catcher eine Art Telekommunikationsüberwachung im Sinnes des § 100a StPO darstellt; so aber ursprünglich vertreten von: BGH, NJW 2001, 1587 (1587 f.) m. abl. Anm. *Bernsmann*, NStZ 2002, 103 (103 f.); LG Aachen, StV 1999, 590 (590) m. abl. Anm. *Bernsmann/Jansen*, StV 1999, 591 (591 ff.); LG

werden.[121] Es darf nicht verkannt werden, dass die neu gefassten §§ 100g, 100i StPO grundrechtsdogmatisch eng miteinander verzahnt und § 100g StPO nach der herrschenden Meinung in den Schutzbereich des Art. 10 GG fällt.[122] Hiernach wird der Schutz des Art. 10 GG auf die hier streitigen Mobilfunkverbindungsdaten als nähere Umstände der Telekommunikation erstreckt.

Der heute herrschenden Meinung unterläuft der argumentative Fehler, dass die Telekommunikation im Sinne des § 100a StPO synonym mit dem Fernmeldeverkehr des Art. 10 GG verstanden wird. Allerdings darf nicht der Versuch unternommen werden, den Schutz des Art. 10 GG vom Begriff der Telekommunikation her über § 100a StPO oder über das TKG definieren zu wollen.[123] Es ist normhierarchisch und rechtslogisch unmöglich, die Reichweite eines grundrechtlichen Schutzbereichs über die Reichweite einer strafprozessualen oder sonstigen Ermächtigungsgrundlage zu definieren.[124] Vielmehr zwingt die Betroffenheit eines Grundrechts dazu, den Eingriff gerade an einer Befugnisnorm zu messen.[125] Dementsprechend sind die Begriffe selbstständig und unabhängig voneinander aufgrund ihrer unterschiedlichen Zielrichtungen auszulegen.[126]

Der Schutzbereich des Art. 10 GG sollte daher eher weit verstanden werden, um einen genügenden Schutz des Bürgers zu gewährleisten;[127] § 100a StPO stellt hingegen die Befugnis zum Eingriff in dieses Grundrecht dar und ist schon allein wegen seiner Funktion als Eingriffsbefugnis in die Rechte des Bürgers restriktiv auszulegen.[128] Der in Art. 10 GG benannte Schutzbereich des Fernmeldeverkehrs geht folglich weiter als die Eingriffsbefugnis des § 100a StPO in diesen Schutzbereich. Es kommt dementsprechend entgegen der heute herrschenden Meinung

---

Dortmund, NStZ 1998, 577 (577); LG Hamburg, NStZ-RR 1999, 82 (83 f.); LG Ravensburg, NStZ-RR 1999, 84 (84 f.).

[121] Methodisch kritisch zur Argumentation über § 100g StPO: *Hauk* in: *Löwe-Rosenberg*, StPO, § 100i Rn. 11.

[122] *Wolter/Greco*, SK-StPO, § 100i Rn. 12.

[123] So auch *Keller*, Die Ermittlung der Kennung und des Standorts von Mobilfunkgeräten im Spannungsfeld zwischen Kriminalitätsbekämpfung und Verfassungsmäßigkeit, S. 147.

[124] *Hauk* in: *Löwe-Rosenberg*, StPO, § 100i Rn. 11.

[125] *Kudlich*, JuS 2001, 1165 (1167).

[126] *Hauk* in: *Löwe-Rosenberg*, StPO, § 100i Rn. 8.

[127] Ausführlich zum Schutzgedanken einer „Privatheit auf Distanz“: *Hauk* in: *Löwe-Rosenberg*, StPO, § 100i Rn. 9 ff.

[128] Vgl. *Volk/Engländer*, Grundkurs StPO, § 10 Rn. 40.

gar nicht darauf an, dass das automatische Datenversenden ohne menschliche Veranlassung nicht dem Begriff der Telekommunikation entspricht.[129]

Auch neuere Senatsentscheidungen des Bundesverfassungsgerichts,[130] wonach bei fehlender oder eingeschränkter Privatsphäre des Betroffenen durch Grundrechtseingriffe im Fernmeldeverkehr der engere Art. 10 GG einschlägig ist und sodann bei einer heimlichen Ermittlungsmaßnahme allein eine bereichsspezifische und bestimmte Befugnisnorm – wie hier § 100i StPO – in Betracht kommt, sprechen dafür, dass auch § 100i StPO in das Grundrecht aus Art. 10 GG eingreift.[131]

Zu den näheren Umständen der Telekommunikation und damit zum Schutzbereich des Art. 10 GG gehören die hier streitigen Daten jedenfalls dann, wenn aktuell Telekommunikation stattfindet. Im Rahmen des Mobilfunkverkehrs ist es unstreitig, dass die IMSI und IMEI sowie die jeweiligen Funkzellenverbindungsdaten zu den Verkehrsdaten gehören.

Im Standby-Modus außerhalb einer Kommunikationsanbahnung fällt es schwer, die bloße Kommunikationsbereitschaft in den Schutzbereich des Art. 10 GG fallen zu lassen. Insoweit stellt sich die Frage, ob es für den Grundrechtsschutz einen Unterschied machen kann, wenn die Einbuße an Privatheit nicht telekommunikations-, sondern fernmeldetechnisch bedingt ist.

Nach ständiger Senatsrechtsprechung des Bundesverfassungsgerichts soll Art. 10 GG einen Ausgleich für die technisch bedingte Einbuße an Privatheit schaffen und knüpft deshalb an ein Telekommunikationsgerät als Spezifikum des sachlichen Schutzbereiches an.[132] Das Spezifikum der Mobilfunkkommunikation ist aber gerade die fernmeldetechnische Notwendigkeit einer fortlaufenden Datenübertragung mit der jeweils nächsten Funkzelle. Insofern liegt es zunächst einmal nahe, auch den für den Ablauf der Mobilfunkkommunikation notwendigen Datenfluss dem Fernmeldegeheimnis als nähere Umstände der Kommunikation zuzuordnen.[133]

An dieser Stelle zeigt sich die Abgrenzung zum allgemeinen Persönlichkeitsrecht in der Bezugnahme zur Fernmeldetechnik. Mitnichten wird ein

---

[129] So aber BVerfG, NJW 2007, 351 (353); *Eschelbach* in: S/S/W, StPO, § 100i Rn. 5; *Günther*, MüKo-StPO, § 100i Rn. 14; *ders*, NStZ 2005, 485 (491).

[130] Vgl. BVerfGE 115, 166 (198); BVerfG, NJW 2009, 2431 (2432 f.).

[131] *Wolter/Greco*, SK-StPO, § 100i Rn. 12.

[132] BVerfGE 115, 166 (184 f.).

[133] *Gercke*, Bewegungsprofile anhand von Mobilfunkdaten im Strafverfahren, S. 70.

kommunikationsübersteigender Persönlichkeitsschutz in Art. 10 GG hineininterpretiert.[134] Soweit besteht der Anknüpfungspunkt nämlich nicht in einem Eingriff in die informationelle Selbstbestimmung, sondern in der fernmeldetechnischen Notwendigkeit der fortlaufenden Datenübertragung, welche zwar nicht Telekommunikation ist, aber dennoch den weitergehenden Schutzbereich des Fernmeldegeheimnisses eröffnet.

Schließlich geht es bei Maßnahmen im Zeitpunkt des Standby-Modus des Mobilfunkgerätes nicht nur um die Empfangsbereitschaft eines Mobiltelefons als Maschine und nicht allein um die Ausforschung der Empfangsbereitschaft, sondern um die Empfangsbereitschaft der dahinterstehenden Person selbst.[135] Dementsprechend kann es für den Grundrechtsschutz auch keinen Unterschied machen, ob ein Wille besteht oder gar ein Versuch unternommen wird, Telekommunikation zu betreiben, oder es schlichtweg das Mobilfunkgerät ist, das fernmeldetechnisch bedingt einen Datenaustausch mit der nächsten Funkzelle betreibt.[136] Insofern ist nicht nur das Gerät als empfangsbereit anzusehen; vielmehr signalisiert der Nutzer durch das Einschalten und Mitnehmen seines Mobilfunkgerätes seine eigene Empfangsbereitschaft.[137]

Bei der Person des Mobilfunknutzers besteht ein zeitlich übergeordneter Wille, im durch Art. 10 GG geschützten Rahmen des Fernmeldegeheimnisses fortlaufend erreichbar zu sein und Kommunikation im Bedarfsfall führen zu können.[138] Andernfalls hätte der Betroffene sein Mobilfunkgerät ausgeschaltet oder gleich zuhause gelassen. Dadurch, dass er es aber bei sich führt, ist er auch den spezifischen Gefahren einer Telekommunikation ausgesetzt, vor denen Art. 10 GG schützen will.[139]

---

[134] So der Vorwurf bei *Hauk* in: *Löwe-Rosenberg*, StPO, § 100i Rn. 18.

[135] *Wolter/Greco*, SK-StPO, § 100i Rn. 12; *Nachbaur*, NJW 2007, 335 (337); vgl. *Keller*, Die Ermittlung der Kennung und des Standorts von Mobilfunkgeräten im Spannungsfeld zwischen Kriminalitätsbekämpfung und Verfassungsmäßigkeit, S. 147 f.

[136] So auch *Wolter/Greco*, SK-StPO, § 100i Rn. 12; *Gercke*, Bewegungsprofile anhand von Mobilfunkdaten im Strafverfahren, S. 70; *Keller*, Die Ermittlung der Kennung und des Standorts von Mobilfunkgeräten im Spannungsfeld zwischen Kriminalitätsbekämpfung und Verfassungsmäßigkeit, S. 147; a. A.: BVerfG, NJW 2007, 351 (354).

[137] *Keller*, Die Ermittlung der Kennung und des Standorts von Mobilfunkgeräten im Spannungsfeld zwischen Kriminalitätsbekämpfung und Verfassungsmäßigkeit, S. 148.

[138] Vgl. *Nachbaur*, NJW 2007, 335 (337): „Wer ein Mobiltelefon im Standby-Modus mit sich führt, signalisiert damit seine Kommunikationsbereitschaft."

[139] So auch *Gercke*, Bewegungsprofile anhand von Mobilfunkdaten im Strafverfahren, S. 71; a. A.: BVerfG, NJW 2007, 351 (354).

Das Bundesverfassungsgericht verkennt in der hier kritisierten Kammerentscheidung die Reichweite des Gefährdungspotentials der Mobilfunkkommunikation, die umfassend fernmeldespezifisch ist und eine weitergehende Dynamik als statische Telekommunikationsgeräte aufweist. Das Grundrecht des Fernmeldegeheimnisses ist seinerseits gegenüber technischen Entwicklungen, wie sie sich durch eine immer durchgreifendere Digitalisierung und Mobilität des Fernmeldeverkehrs zeigen, offen und dynamisch.[140] Mithin werden die Spezifika des Mobilfunks vom Bundesverfassungsgericht in der Kammerentscheidung nicht erkannt.

Es ist nämlich die Verbindung von dem Wunsch auf fortlaufende Erreichbarkeit und Kommunikationsbereitschaft mit dem Vertrauen auf die Vertraulichkeit dieses gesamten Umstandes, die diesen unter dem Gesichtspunkt der näheren Umstände der Kommunikation dem Schutzbereich des Fernmeldegeheimnisses aus Art. 10 GG unbedingt zuordnet. Darauf, ob der Betroffene aktuell Kommunikation betreibt oder sich das Mobilfunkgerät im Standby-Modus befindet, kann es nicht ankommen.

Hinsichtlich der betroffenen Grundrechte kann somit abschließend festgestellt werden, dass mit den Methoden des IMSI-Catchers ein Eingriff in Art. 10 GG besteht, der in seinem Gewicht mit der Verkehrsdatenauskunft nach § 100g StPO vergleichbar ist. Diese Feststellung ist wesentlich, damit das in dieser Arbeit aufgestellte Konzept einer systematisch fundierten Abwägungslehre auch in diesen Fallgruppen zu schlüssigen Ergebnissen führt.

Andererseits ist festzustellen, dass der Einsatz des IMSI-Catchers im Rahmen organisierter Kriminalität nicht mehr aus einem effektiven Ermittlungskonzept hinwegzudenken ist. Ein Vorgehen mittels IMSI-Catcher ist nämlich immer dann notwendig, wenn die Rufnummer des Beschuldigten nicht bekannt ist und auf einfachere Weise nicht erlangt werden kann, weil der Beschuldigte das Mobiltelefon eines unbekannten Dritten nutzt, die SIM-Karte getauscht hat oder eine neue SIM-Karte unter falschen Personalien erworben hat.[141]

Hauptanwendungsfall ist die Situation, dass sich ein mutmaßlicher Täter nach polizeilichen Erkenntnissen an einem bestimmten Ort mit einem Mobilfunkgerät aufhält und mit Hilfe des IMSI-Catchers seine IMSI und IMEI festgestellt

[140] So bereits zutreffend BGH, NJW 2001, 1587 (1587).

[141] *Günther*, MüKo-StPO, § 100i Rn. 21; *Hauk* in: *Löwe-Rosenberg*, StPO, § 100i Rn. 1; *Köhler* in: *Meyer-Goßner/Schmitt*, StPO, § 100i Rn. 1; *Wolter/Greco*, SK-StPO, § 100i Rn. 1; *Ruhmannseder*, JA 2007, 47 (49).

werden, um sodann eine Telekommunikationsüberwachung oder sonstige Überwachungsmaßnahmen einzurichten.[142] Angesichts der zunehmenden Verwendung mehrerer, oft nicht registrierter SIM-Karten durch organisiert handelnde Straftäter steigt die Bedeutung des IMSI-Catchers als Ermittlungsinstrument nach wie vor.[143] Das Ermittlungspotential des IMSI-Catchers zur Erfassung bisher unbekannter IMSI und IMEI ist demnach erheblich, auch wenn die Maßnahme ein wenig umständlich und antiquiert wirkt.[144]

13.3.3 Bedeutung für die Beweisverwertung

Bei Maßnahmen nach § 100i StPO liegt regelmäßig nur in der Unterfallgruppe I.2 ein Beweisverwertungsverbot vor,[145] also wenn die Ermittlungsbeamten vorsätzlich oder grob fahrlässig einen Verfahrensfehler begehen. Hierzu kann auf die Ausführungen zur Verkehrsdatenauskunft entsprechend Bezug genommen werden.

Allerdings ist in vielen Fällen die Fernwirkungsproblematik relevant.[146] Denn Maßnahmen mittels eines IMSI-Catchers werden in der Regel nur als Vorbereitungshandlung für weitere Ermittlungsmaßnahmen verwendet.[147] Dies gilt jedoch nicht immer.[148] Einen Fall, bei dem es ausnahmsweise unmittelbar auf Erkenntnisse aufgrund dieser Maßnahme ankam und bei dem Fehler hinsichtlich der Anordnung aufgetreten sind, lag den Gerichten bisher aber noch nicht vor.

---

[142] *Hauck* in: *Löwe-Rosenberg*, StPO, § 100i Rn. 25; *Ruhmannseder*, JA 2007, 47 (49).

[143] *Bruns*, KK-StPO, § 100i Rn. 2.

[144] *Eschelbach* in: S/S/W, StPO, § 100i Rn. 1.

[145] *Eschelbach* in: S/S/W, StPO, § 100i Rn. 21; *Hauck* in: *Löwe-Rosenberg*, StPO, § 100i Rn. 57; *Hegmann* in: *Graf*, StPO, § 100i Rn. 20.

[146] *Eschelbach* in: S/S/W, StPO, § 100i Rn. 21; *Günther*, MüKo-StPO, § 100i Rn. 49; *Hauck* in: *Löwe-Rosenberg*, StPO, § 100i Rn. 57; *Hegmann* in: *Graf*, StPO, § 100i Rn. 20.

[147] *Eschelbach* in: S/S/W, StPO, § 100i Rn. 21; *Günther*, MüKo-StPO, § 100i Rn. 49; *Hegmann* in: *Graf*, StPO, § 100i Rn. 20.

[148] Beispiel: Der Täter wird mit seinem Opfer mit einem Helikopter unter Einsatz eines IMSI-Catchers verfolgt. Diese befinden sich nämlich in einem Waldstück außer Sichtweite der verfolgenden Beamten am Boden. In der Nähe eines Flusses geht das Signal zum Opferhandy verloren. Wenig später wird das Opfer tot im Fluss gefunden. Zum Beweis der Tatsache, dass der Täter zum Zeitpunkt des gewaltsamen Todes des Opfers der einzige Mensch am Tatort war, werden die Ergebnisse des IMSI-Catchers in den Prozess eingeführt.

13.4 Großer Lauschangriff

Ist eine Zielperson – etwa durch den Einsatz eines IMSI-Catchers – identifiziert, wird es regelmäßig auf eine weitergehende Observierung durch die Ermittlungsbeamten ankommen. Insbesondere kann es erforderlich werden, das in einer Wohnung nicht öffentlich gesprochene Wort mit technischen Mitteln abzuhören und aufzuzeichnen.

13.4.1 Überblick

Eine solche Wohnraumüberwachung wird durch § 100c Abs. 1 StPO gestattet und gemeinhin als „großer Lauschangriff"[149] bezeichnet.

Nichtöffentlich wird dasjenige Wort gesprochen, das nicht für einen größeren, unbestimmten oder durch persönliche oder sachliche Beziehungen miteinander verbundenen Personenkreis wahrnehmbar ist[150] und vom Betroffenen mit sich selbst, im Zwiegespräch oder innerhalb eines begrenzten Teilnehmerkreises geführt wird.[151] Das Merkmal ergibt sich folglich aus einer Kumulation zweier Anforderungen: Das Wort muss einerseits an einen bestimmten oder bestimmbaren Adressaten gerichtet sein und andererseits darf es nicht für andere wahrnehmbar sein. Der Begriff deckt sich weitgehend mit dem entsprechenden Tatbestandsmerkmal des § 201 StGB.[152]

---

[149] Siehe zunächst *Roxin*, FS-Böttcher, S. 160 (FN. 1) und *Krause*, FS-Hanack, S. 221 (FN. 2); hierauf *Mozek*, Der „große Lauschangriff", S. 5 ff. und *Denninger*, StV 1998, 401 (401); sodann BVerfGE 109, 279 (281); *Bruns*, KK-StPO, § 100c Rn. 2; *Eschelbach* in: S/S/W, StPO, § 100c Rn. 4; *Gercke*, HK-StPO, § 100c Rn. 1; *Hauk* in: *Löwe-Rosenberg*, StPO, § 100c Rn. 22; *Hegmann* in: *Graf*, StPO, § 100c Rn. 1; *Köhler* in: *Meyer-Goßner/Schmitt*, StPO, § 100c Rn. 2; *Beulke/Swoboda*, Strafprozessrecht, § 12 Rn. 266; *Kindhäuser/Schumann*, Strafprozessrecht, § 8 Rn. 107; *Kühne*, Strafprozessrecht, § 30 Rn. 530; *Roxin/Schünemann*, Strafverfahrensrecht, § 36 Rn. 42; *Volk/Engländer*, Grundkurs StPO, § 10 Rn. 51; *Raum/Palm*, JZ 1994, 447 (447); *Denninger*, GS-Lisken, S. 13 (13); *Dittrich*, NStZ 1998, 336 (336); *Frister*, StV 1996, 454 (454); *Haas*, NJW 2004, 3082 (3082); *Hassemer*, DRiZ 1992, 357 (357); *Schlegel*, GA 2007, 648 (653).

[150] *Hegmann* in: *Graf*, StPO, § 100c Rn. 5; *Köhler* in: *Meyer-Goßner/Schmitt*, StPO, § 100c Rn. 3; vgl. *Wolter*, SK-StPO, § 100c Rn. 37.

[151] *Hauk* in: *Löwe-Rosenberg*, StPO, § 100c Rn. 92; vgl. *Gercke*, HK-StPO, § 100c Rn. 10.

[152] *Gercke*, HK-StPO, § 100c Rn. 10; *Hauk* in: *Löwe-Rosenberg*, StPO, § 100c Rn. 92; *Hegmann* in: *Graf*, StPO, § 100c Rn. 5; *Köhler* in: *Meyer-Goßner/Schmitt*, StPO, § 100c Rn. 3; *Hilger* NStZ 1992, 457 (FN. 96); Vgl. dazu *Lenckner/Eisele* in: Schönke/Schröder, StGB § 201 Rn. 5 ff.; *Fischer*, StGB, § 201, Rn. 3.

Gleichwohl kann hier nicht ohne Weiteres von einer begrifflichen Akzessorietät gesprochen werden. Vielmehr können sich im Detail Auslegungsunterschiede aufgrund der unterschiedlichen Zwecksetzungen der Vorschriften ergeben.[153] So dürfte vom § 100c StPO nicht nur das gesprochene Wort im eigentlichen Sinne, sondern auch sonstige Laute mit oder ohne erkennbaren Wortgehalt erfasst sein.[154] Wo das strafbarkeitsbegründende Analogieverbot dem § 201 StGB Grenzen setzt, kommt es bei der Auslegung des § 100c StPO auf den Gesetzeszweck – nämlich eine zunächst einmal recht umfassende akustische Überwachung – an.

Anders als bei der Telekommunikationsüberwachung ist auch das Selbstgespräch vom Gesprächsbegriff des § 100c StPO umfasst.[155] Mithin kommt es nicht unbedingt auf das Vorhandensein eines Adressaten des Wortes an. Auch das innere Entäußern von Überlegungen und Gefühlen im Sinne eines gesprochenen Gedankenmonologs wird von § 100c StPO erfasst. Hieraus lässt sich aber keine Ermächtigung für Eingriffe in die Intimsphäre des Betroffenen ableiten, sondern dass die hohen Anforderungen der §§ 100c ff. StPO beim Selbstgespräch Anwendung finden.

Mithin geht es um keine zusätzlichen Erkenntnisquellen am Rande der Maßnahme – wie es etwa bei den sogenannten Zufallsfunden der Fall ist –, sondern um die Zielrichtung derselben. Handelt es sich somit um einen dem § 100c StPO primär zugehörigen Informationsfluss, muss sich das Selbstgespräch im Regelungsgeflecht der §§ 100c ff. StPO dem Kernbereich privater Lebensgestaltung gemäß § 100d StPO zuordnen lassen und ist dementsprechend im Ergebnis gerade nicht verwertbar.[156]

Durch die Zugehörigkeit des Selbstgesprächs zum Gesprächsbegriff des § 100c StPO wird ein erhöhter Schutz der Intimsphäre aktiviert. Allgemein setzt § 100d StPO in Bezug auf den Schutz des Kernbereichs privater Lebensgestaltung dem großen Lauschangriff Grenzen, sodass die Vorschrift in ihrer jetzigen Fassung wohl verfassungskonform ausgestaltet ist.[157]

---

[153] *Hauk* in: *Löwe-Rosenberg*, StPO, § 100c Rn. 92.

[154] So auch *Hauk* in: *Löwe-Rosenberg*, StPO, § 100c Rn. 93.

[155] BGHSt 50, 206 (210); *Bruns*, KK-StPO, § 100c Rn. 13; *Eschelbach* in: S/S/W, StPO, § 100c Rn. 8; *Gercke*, HK-StPO, § 100c Rn. 10; *Hegmann* in: *Graf*, StPO, § 100c Rn. 5; *Wolter*, SK-StPO, § 100c Rn. 37.

[156] BVerfGE 109, 279 (331); BGHSt 50, 206 (210); *Eschelbach* in: S/S/W, StPO, § 100c Rn. 8; *Gercke*, HK-StPO, § 100c Rn. 10; *Roxin/Schünemann*, Strafverfahrensrecht, § 36 Rn. 48; vgl. *Bruns*, KK-StPO, § 100c Rn. 13.

[157] Vgl. *Kühne*, Strafprozessrecht, § 30 Rn. 530.1 f.

Der große Lauschangriff betrifft den Schutzbereich der Wohnung im Sinne des Art. 13 Abs. 1 GG und ist daher mit der grundgesetzlichen Begrifflichkeit der Wohnung identisch.[158] Insoweit kann auf die Ausführungen zur Wohnungsdurchsuchung verwiesen werden.

Das Vorgehen nach § 100c StPO erfordert zumeist die Installation von Peilgeräten, Mikrofonen und Sendern.[159] Mithin muss die Wohnung des Betroffenen vorab „verwanzt" werden. § 100c StPO erlaubt nicht ausdrücklich diese notwendigen Vorbereitungshandlungen. Daher ist umstritten, ob sich diese in einer Art Annexkompetenz unter § 100c StPO messen lassen oder die Ermittlungspersonen in den Möglichkeiten des Einbringens von Überwachungsgerätschaften mehr oder weniger weit beschränkt sind.

Soweit ersichtlich vertritt allein Kühne[160] die Auffassung, dass den Ermittlungspersonen keine weiteren grundrechtseinschränkenden Maßnahmen zur Vorbereitung einer akustischen Wohnraumüberwachung zur Verfügung stünden. Vielmehr dürften diese nicht unter Verletzung von Haus- und Besitzrecht vorgenommen werden. Grundrechtseinschränkende Vorschriften wie der § 100c StPO seien grundrechtseinschränkend zu interpretieren, weshalb sie einer extensiven Auslegung und Annahme von Annexkompetenzen unzugänglich seien. Etwas anderes könne allenfalls dann gelten, wenn die Maßnahme auf andere Weise faktisch nicht umsetzbar wäre. Dies sei aber nicht der Fall, weil die Ermittlungspersonen beispielsweise mit den Mitteln der kriminalistischen List den Betroffenen selbst dazu bringen könnten, Überwachungsgeräte mit in seine Wohnung zu nehmen. Daher gelte, dass Grundrechtseinschränkungen entsprechend Art 19 Abs. 1 GG nur durch konkrete und insoweit ausdrückliche Gesetze etabliert werden können, nicht aber interpretatorisch aus unbestimmten Gesetzen zu erschließen seien.

Der Bundesgerichtshof geht hingegen mit Teilen der Lehre von einer umfassenden Annexkompetenz aus.[161] Mit dem Abhören seien weitere notwendigerweise verbundene Maßnahmen gestattet, wozu auch das heimliche Betreten der

[158] *Bruns*, KK-StPO, § 100c Rn. 6; *Hauk* in: *Löwe-Rosenberg*, StPO, § 100c Rn. 99; *Wolter*, SK-StPO, § 100c Rn. 33; *Hilger* NStZ 1992, 457 (Fn. 95).

[159] *Kühne*, Strafprozessrecht, § 30 Rn. 531.

[160] *Kühne*, Strafprozessrecht, § 30 Rn. 531.

[161] BGH, NStZ 1998, 157 (157); m. krit. Anm. *Heger*, JR 1998, 163 (164 f.); 3021 (3022); *Bruns*, KK-StPO, § 100c Rn. 4; *Hegmann* in: *Graf*, StPO, § 100c Rn. 3; *Köhler* in: *Meyer-Goßner/Schmitt*, StPO, § 100c Rn. 7; *Kindhäuser/Schumann*, Strafprozessrecht, § 8 Rn. 110 i. V. m. Rn. 105; *Meyer/Hetzer*, NJW 1998, 1017 (1026); *Schlegel*, GA 2007, 648 (654).

Wohnung zum Verwanzen gehöre.[162] Weil der Gesetzgeber mit der Vorschrift die akustische Wohnraumüberwachung ermöglichen wollte, sei davon auszugehen, dass er konkludent damit die Ermächtigung für solche Vorbereitungs- und Begleitmaßnahmen erteilt hat, die mit einem derartigen Abhören typischerweise unerlässlich verbunden sind.[163] Letztlich sei zwar nicht ausdrücklich geregelt, aber im Rahmen einer Annexkompetenz zulässig, dass die Ermittlungspersonen die Wohnung unbemerkt zum Zwecke der Installation der technischen Mittel betreten oder andere, mit der Überwachung notwendigerweise verbundene Maßnahmen durchführen.[164] Auch weitergehende Eingriffe in andere Grundrechte seien zunächst einmal erfasst; eine Einschränkung der Ermittlungspersonen ergäbe sich demgemäß nur aus der Wahrung des Verhältnismäßigkeitsgrundsatzes in Bezug auf die Auswahl der verschiedenen kriminalistischen und technischen Möglichkeiten.[165]

Nach der hier favorisierten Auffassung besteht eine Annexkompetenz, soweit sich der damit einhergehende Grundrechtseingriff qualitativ nicht verschiebt.[166] Daher sind Vorbereitungsmaßnahme, die typischerweise zur Durchführung der Maßnahme erforderlich sind, durch § 100c StPO gestattet, soweit nicht in den Schutzbereich eines anderen Grundrechts eingegriffen wird.[167] Wird in verschiedene Grundrechte eingegriffen, so müssen die Voraussetzungen, unter denen eingegriffen werden kann, selbstständig geregelt werden.[168]

Auf diese Weise wird der Vorbehalt des Gesetzes gewahrt, ohne dass eine extensive Auslegung von grundrechtsbeschränkenden Ermächtigungsgrundlagen erforderlich wird. Daher kann diese vermittelnde Ansicht dogmatisch überzeugen. Vorbereitungs- und Begleitmaßnahmen können, soweit sie ihrerseits selbstständig über die ausdrücklich vorgesehenen Grundrechtsbeschränkungen hinaus in

---

[162] BT-Drucks. 13/8651, S. 13; *Köhler* in: *Meyer-Goßner/Schmitt*, StPO, § 100c Rn. 7; *Meyer/Hetzer*, NJW 1998, 1017 (1026); *Schlegel*, GA 2007, 648 (654).

[163] BGH, NStZ 1998, 157 (157).

[164] *Bruns*, KK-StPO, § 100c Rn. 4; *Hegmann* in: *Graf*, StPO, § 100c Rn. 3; *Kindhäuser/Schumann*, Strafprozessrecht, § 8 Rn. 110 i. V. m. Rn. 105; krit. *Eschelbach* in: S/S/W, StPO, § 100c Rn. 7.

[165] Vgl. BGH, NStZ 1998, 157 (157).

[166] LG Freiburg, NJW 1996, 3021 (3022); *Hauk* in: *Löwe-Rosenberg*, StPO, § 100c Rn. 97; *Gercke*, HK-StPO, § 100c Rn. 7; *Wolter*, SK-StPO, § 100c Rn. 40; im Ergebnis ebenso *Gropp*, JZ 1998, 501 (505), *Schneider*, NStZ 1999, 388 (389), welche von „typischerweise erforderlichen“ Maßnahmen sprichen, die von der Annexkompetenz erfasst sein sollen.

[167] LG Freiburg, NJW 1996, 3021 (3022); *Hauk* in: *Löwe-Rosenberg*, StPO, § 100c Rn. 97; ähnlich bei *Gercke*, HK-StPO, § 100c Rn. 7; *Wolter*, SK-StPO, § 100c Rn. 40.

[168] BGHSt 8, 144 (147); LG Freiburg, NJW 1996, 3021 (3022).

weitere Grundrechte des Betroffenen eingreifen, nicht auf eine Annexkompetenz als Grundlage gestützt werden.[169] Für das Betreten der Wohnung zur Sicherung der zu überwachenden Räumlichkeiten, zum Anbringen, Warten und Abbau einer Wanze oder einer anderen Abhöranlage, zu deren Anschluss an das Stromnetz, zur Auswechselung erforderlicher Batterien und dergleichen ergeben sich solche Bedenken folglich nicht, da der Schutzbereich des Grundrechts aus Art. 13 Abs. 1 GG beim Anbringen und Benutzen der Wanze betroffen bleibt, mag auch die Eingriffsart sich ändern.[170]

Optische Ermittlungsmaßnahmen – wie etwa das zusätzliche Anbringen von versteckten Kameras – sind innerhalb einer Wohnung jedoch unzulässig.[171] Hierzu fehlt es an einer gesonderten Ermächtigungsgrundlage,[172] weil sich § 100c StPO nur auf die akustische Überwachung bezieht. Eine gesetzliche Ermächtigung für einen derartigen „Spähangriff" dürfte im Übrigen auch verfassungswidrig sein.[173]

Grundsätzlich darf sich die Maßnahme nur gegen den Beschuldigten richten und nur in dessen Wohnung durchgeführt werden, § 100c Abs. 2 S. 1 StPO. Jedoch gestattet § 100c Abs. 2 S. 2 StPO die Wohnraumüberwachung in Wohnungen anderer Personen, wenn aufgrund bestimmter Tatsachen anzunehmen ist, dass sich der Beschuldigte dort aufhält und die Maßnahme in der Wohnung des Beschuldigten allein nicht zur Erforschung des Sachverhalts oder zur Ermittlung des Aufenthaltsortes eines Mitbeschuldigten genügen wird. § 100c Abs. 3 StPO stellt klar, dass die Maßnahme auch dann durchgeführt werden darf, wenn andere Personen unvermeidbar betroffen werden. Dies bedeutet aber im Umkehrschluss ebenfalls, dass die akustische Wohnraumüberwachung unzulässig ist, wenn diese zu einer vermeidbaren Beeinträchtigung Dritter führt.[174]

---

[169] LG Freiburg, NJW 1996, 3021 (3022).

[170] *Hauk* in: *Löwe-Rosenberg*, StPO, § 100c Rn. 10.

[171] *Gercke*, HK-StPO, § 100c Rn. 12; *Hauk* in: *Löwe-Rosenberg*, StPO, § 100c Rn. 11; *Köhler* in: *Meyer-Goßner/Schmitt*, StPO, § 100c Rn. 2; *Eisenberg*, NStZ 2002, 638 (638 f.); *Meyer/Hetzer*, NJW 1998, 1017 (1026).

[172] *Hauk* in: *Löwe-Rosenberg*, StPO, § 100c Rn. 11.

[173] Vgl. *Frister*, StV 1996, 454 (454).

[174] BVerfGE 109, 279 (357).

13.4.2 Betroffene Rechtsgüter

Die akustische Wohnraumüberwachung stellt einen besonders schweren Eingriff in die Unverletzlichkeit der Wohnung aus Art. 13 Abs. 1 GG dar.[175] Der verfassungsändernde Gesetzgeber musste sie ausdrücklich in Art 13 Abs. 3 und 4 GG vorsehen.[176] Des Weiteren können Dritte, die sich nicht auf den spezielleren Schutz des Art. 13 GG berufen können, in ihrem allgemeinen Persönlichkeitsrecht betroffen werden.[177] Zudem können je nach Einzelfall sonstige spezielle Grundrechte wie beispielsweise der Schutz der Familie über Art. 6 GG oder die Religionsfreiheit aus Art. 4 GG betroffen sein.[178]

Darüber hinaus ist der große Lauschangriff aufgrund seines qualitativ und quantitativ umfassenden Eingriffscharakters in Verbindung mit der heimlichen Ausführung im höchsten Maße menschenwürderelevant.[179] In der Literatur wurde daher eingehend erörtert, ob § 100c StPO zugleich die Menschenwürde verletzt:

Dies soll nicht der Fall sein.[180] Vielmehr handelt es sich im Grundsatz um die von Verfassung wegen zulässige Verwirklichung des Allgemeininteresses an einer effektiven Strafverfolgung, wenn Zielpersonen wegen des Verdachts bestimmter schwerwiegender Straftaten überwacht werden. Über den Betroffenen wird nicht von staatlicher Seite in der Weise verfügt,[181] dass er zum bloßen Objekt des Ermittlungsverfahrens gemacht wird.[182]

Nicht selten ist der Mensch bloßes Objekt der Verhältnisse, der Gesellschaft oder des Rechts, sofern er ohne Rücksicht auf seine Interessen sich fügen muss.[183] Dies führt aber nicht stets zur Relativierung seiner Würde. Die Menschenwürde wird nicht schon dadurch verletzt, dass jemand zum Adressaten von Maßnahmen

---

[175] BVerfGE 109, 279 (325, 353); BVerfG, wistra 2007, 337 (337); *Hauk* in: *Löwe-Rosenberg*, StPO, § 100c Rn. 99; *Hegmann* in: *Graf*, StPO, § 100c Rn. 5; *Volk/Engländer*, Grundkurs StPO, § 10 Rn. 51; *Denninger*, StV 1998, 401 (401); *Gusy*, JuS 2004, 457 (459); *Raum/Palm*, JZ 1994, 447 (450); a. A.: *Gercke*, HK-StPO, § 100c Rn. 1.

[176] Vgl. aus rechtshistorischer Sicht *Raum/Palm*, JZ 1994, 447 (451 f.); vgl. ferner zum damals höchst brisanten Fall des Atomwissenschaftlers Dr. Traube: *de Lazzer/Rohlf*, JZ 1977, 207 (207 ff.).

[177] BVerfGE 109, 279 (326); BVerfG, wistra 2007, 337 (337).

[178] BVerfGE 109, 279 (326); BVerfG, wistra 2007, 337 (338).

[179] *Denninger*, StV 1998, 401 (402).

[180] BVerfGE 109, 279 (311); *Hauk* in: *Löwe-Rosenberg*, StPO, § 100c Rn. 26 f.

[181] *Hauk* in: *Löwe-Rosenberg*, StPO, § 100c Rn. 27.

[182] Vgl. BVerfGE 109, 279 (312); *Gusy*, JuS 2004, 457 (458); ferner BVerfGE 30, 1 (25 f.); 45, 187 (228); 72, 105 (116).

[183] BVerfGE 30, 1 (25 f.).

der Strafverfolgung wird, die er dulden muss,[184] sondern erst dann, wenn durch die Art der ergriffenen Maßnahme die Subjektqualität des Betroffenen grundsätzlich in Frage gestellt wird.[185] Dies käme in Betracht, wenn der Staat durch die gesetzliche Regelung zu erkennen gäbe, dass er in Wahrheit eine schützenswerte Privatsphäre des Einzelnen im Konfliktfall gar nicht erst anerkennen will.[186] Die konkrete Ausgestaltung des großen Lauschangriffs ist vor diesem Hintergrund für sich genommen gerade nicht dazu geeignet, den Betroffenen zum bloßen Objekt staatlichen Handelns zu degradieren.[187]

Vielmehr stellt sich bei eingriffsintensiven Observationsmaßnahmen die Frage, ob der von staatlicher Seite unantastbare, unmittelbar aus der Menschenwürde folgende[188] Kernbereich privater Lebensgestaltung[189] betroffen wird.[190] Hierfür besteht über § 100d StPO ein besonderer Kernbereichsschutz. Dazu gehört die Möglichkeit, innere Vorgänge wie Empfindungen und Gefühle sowie Überlegungen, Ansichten und Erlebnisse höchstpersönlicher Art zum Ausdruck zu bringen, ohne Angst haben zu müssen, dass staatliche Stellen dies überwachen.[191]

Es gibt einen solchen Bereich jedes Menschen, der unverfügbar ist.[192] Insoweit benötigt der Mensch für seine vertrauliche Kommunikation einen räumlichen Rückzugsort jedenfalls dort, wo die Rechtsordnung um der höchstpersönlichen Lebensgestaltung willen einen besonderen Schutz einräumt und der Bürger auf diesen Schutz vertraut, mithin die Wohnung im Sinne des Art. 13 Abs. 1 GG.[193]

Dortige Eingriffe können nur dann vor Art. 1 Abs. 1 GG standhalten, wenn nicht der Wesensgehalt dieses Gedankens berührt wird. Hingegen zeigt sich in der Wechselwirkung mit dem Art. 13 Abs. 3 bis 6 GG, dass der räumliche Schutz der Wohnung nicht absolut ist.[194] Verfassungsrechtlich ist der große Lauschangriff

[184] BVerfGE 30, 1 (26); 109, 279 (312 f.); *Denninger*, StV 1998, 401 (403).

[185] BVerfGE 30, 1 (26); 109, 279 (312 f.).

[186] *Denninger*, StV 1998, 401 (404).

[187] BVerfGE 109, 279 (313); *Hauk* in: *Löwe-Rosenberg*, StPO, § 100c Rn. 28; *Denninger*, StV 1998, 401 (404).

[188] BVerfGE 109, 279 (311); *Gercke*, GA 2015, 339 (340); *Perne*, DRiZ 2004, 286 (286); *Weßlau*, GS-Lisken, S. 47 (52) siehe auch *Bludovsky*, Rechtliche Probleme bei der Beweiserhebung und Beweisverwertung im Zusammenhang mit dem Lauschangriff nach § 100c Abs. 1 Nr. 3 StPO, S. 64.

[189] Erstmals: BVerfGE 6, 32 (41).

[190] BVerfGE 109, 279 (313).

[191] BVerfGE 109, 279 (313).

[192] *Gercke*, GA 2015, 339 (350).

[193] BVerfGE 109, 279 (314).

[194] Vgl. *Gusy*, JuS 2004, 457 (459).

daher schon per se bedenklich, weil er bereits per definitionem nah am Wesensgehalt der Unverletzlichkeit der Wohnung liegt.[195] Zudem sind die Assoziationen, die zwangsläufig auf die Abhörpraktiken totalitärer Staaten und insbesondere der ehemaligen DDR weisen, äußerst schwierig,[196] was seinerzeit insbesondere von Seiten der Anwaltschaft betont wurde.[197] Mithin steht und fällt die verfassungsrechtliche Zulässigkeit des großen Lauschangriffs mit der Qualität des Kernbereichsschutzes in ihrer Dogmatik und praktischen Anwendung.

Dies führt zu folgendem Problem: Selbst wenn die Überwachung wegen eines Eingriffs in den Kernbereich privater Lebensgestaltung abgebrochen wird, hat zunächst ein Angehöriger der Strafverfolgungsbehörde diesbezügliche Äußerungen zur Kenntnis genommen. Es fand also zunächst einmal eine Verletzung des absolut geschützten Kernbereichs privater Lebensgestaltung statt, der zwar zum Abbruch der Überwachung und zum Beweisverwertungsverbot führt,[198] bei dem aber dennoch mehr zurückbleibt als das ungute Gefühl, der Staat könnte zu weit gegangen sein.[199] Mag dieses Problem für die Revision durch die Annahme eines absoluten Beweisverwertungsverbotes praxisgerecht zu lösen sein, verbleibt für den Verfassungsrechtler die schwierig zu entscheidende Frage, ob die Menschenwürde in derartigen Fällen faktisch unumgänglich angetastet werden darf oder derartige Eingriffe gleichwohl verfassungswidrig sind.[200]

Eine Lösung darüber zu suchen, dass ein nur kurzes und ungewolltes Eindringen in den Kernbereich die Menschenwürde noch nicht tangiert, weil der einzelne in seiner Lebensweise hierdurch nicht beeinträchtigt wird, greift zu kurz.[201] Heißt es doch, dass die Menschenwürde unantastbar ist, muss dies bedeuten, dass der

---

[195] *Kühne*, Strafprozessrecht, § 30 Rn. 532.

[196] *Kühne*, Strafprozessrecht, § 30 Rn. 532.

[197] *Dombek*, NJ 1998, 119 (119): „Der Vorstand der RAK Berlin sieht die Gefahr, dass die Bundesrepublik sich einem Zustand nähert, den sie im Fall des Überwachungs- und Schnüffelstaates DDR mit Abscheu bekämpft hat."

[198] Vgl. *Perne*, DRiZ 2004, 286 (289); *Weßlau*, GS-Lisken, S. 47 (56 f.).

[199] Kritisch auch *Roxin*, FS-Böttcher, S. 159 (168 f.): „Aber der Kernbereich der privaten Lebensgestaltung wird nicht nur in dem schmalen Zeitraum bis zum Abbruch der Überwachung sondern insofern vollständig betroffen, als der Bürger nun in keinem Augenblick mehr wissen kann, ob seine in der Privatwohnung in vertrautem Kreise getane Äußerungen nicht staatlicherseits abgehört werden."

[200] Ausführlich zu diesem „Dilemma des vorherigen Eingriffs": *Bludovsky*, Rechtliche Probleme bei der Beweiserhebung und Beweisverwertung im Zusammenhang mit dem Lauschangriff nach § 100c Abs. 1 Nr. 3 StPO, S. 77 ff.

[201] So aber *Bludovsky*, Rechtliche Probleme bei der Beweiserhebung und Beweisverwertung im Zusammenhang mit dem Lauschangriff nach § 100c Abs. 1 Nr. 3 StPO, S. 90.

Schutzbereich nicht einmal angetastet werden darf. Auf einen bestimmten Mindestgrad der Beeinträchtigung im Sinne einer Bagatellschwelle darf es bei der Menschenwürde gerade nicht ankommen.

Überzeugender scheint hingegen die Überlegung von Denninger,[202] wonach durch eine kompensatorische Verfahrensgestaltung – hier: sofortiger Abbruch der Überwachung und absolutes Beweisverwertungsverbot – der Staat den Betroffenen in seine Stellung als „Rechtsperson", als Subjekt in dem gegen ihn gerichteten Verfahren, wiedereinsetzt und zum Ausdruck bringt, dass er zu keinem Zeitpunkt des Verfahrens die Subjektqualität des Betroffenen in Frage gestellt hat. Auf diese Weise lässt sich vertreten, dass der Kernbereich überhaupt nicht angetastet wird und § 100c StPO nicht verfassungswidrig ist.

Fraglich ist in diesem Zusammenhang zudem, ob die Gefahr einer unzulässigen Rundumüberwachung[203] aufgrund einer typischerweise erfolgenden Kumulierung mit anderen Maßnahmen besteht.[204] Die Menschenwürde wird nämlich auch dann verletzt, wenn sich eine Überwachung über einen längeren Zeitraum erstreckt und derart umfassend ist, dass nahezu lückenlos alle Bewegungen und Lebensäußerungen des Betroffenen registriert werden.[205] Zur Lösung dieser Gefährdung nimmt die Rechtsprechung im Ergebnis überzeugend an, dass dann, wenn die einzelnen Voraussetzungen der jeweiligen Maßnahme erfüllt sind, keine besonderen weiteren Eingriffsvoraussetzungen aus dem Zusammentreffen mehrerer Maßnahmen folgen.[206] Die Kumulation von Ermittlungsmethoden, die unterschiedliche Zielrichtungen verfolgen, ist demnach nur bei der Prüfung der Verhältnismäßigkeit zu berücksichtigen.[207] Es kommt also nur – aber dort im besonderen Maße – bei der Frage der Anordnung im Einzelfall auf eine Abwägung an, bei der das aus

---

[202] *Denninger*, StV 1998, 401 (405).

[203] Vgl. BVerfGE 65, 1 (43); 109, 279 (323); 112, 304 (319); BVerfG, wistra 2007, 337 (340); BGHSt 54, 70 (104); *Eschelbach* in: S/S/W, StPO, § 100c Rn. 25; *Gercke*, HK-StPO, § 100c Rn. 12.

[204] Vgl. BGHSt 46, 266 (274).

[205] BVerfGE 109, 279 (323); 112, 304 (319); 130, 1 (24); 141, 220 (280); BVerfG, wistra 2007, 337 (340).

[206] BVerfGE 112, 304 (319); BGHSt 46, 266 (276 f.); 54, 70 (105 f.); OLG Düsseldorf, NStZ 1998, 268 (269); zustimmend *Steinmetz*, NStZ 2001, 344 (345); krit. *Comes*, StV 1998, 569 (570).

[207] BGHSt 46, 266 (276); 54, 70 (106); OLG Düsseldorf, NStZ 1998, 268 (270), *Hauk* in: *Löwe-Rosenberg*, StPO, § 100c Rn. 151; *Steinmetz*, NStZ 2001, 344 (345).

der Kumulation der Maßnahmen resultierende schwerere Gewicht des Eingriffs gegenüber dem Strafverfolgungsinteresse ins Verhältnis zu setzen ist.[208]

Zusammenfassend verbleibend ist somit ein schwerwiegender Eingriff in Art. 13 GG, der mit anderen speziellen Grundrechten wie etwa Art. 4, 6 GG konspirieren kann, sowie eine Betroffenheit des allgemeinen Persönlichkeitsrechts derjenigen Dritten, die sich nicht auf Art. 13 GG berufen können. Nach der hiesigen verfassungsrechtlichen Prüfung handelt es sich somit um eine Maßnahme, die nach ihrer jetzigen Ausgestaltung verfassungskonform ist, aber in der Praxis einer restriktiven Anwendung bedarf.

Die verfassungsrechtliche Brisanz der Maßnahme und ihre nur schwer zu rechtfertigende Eingriffsintensität verhält sich bedenklich diametral zu ihrer Relevanz für eine effektive Strafverfolgung. Diese darf durchaus in Frage gestellt werden.[209] Die tatsächliche Anwendung des § 100c StPO ist in der Praxis sehr zurückhaltend und zahlenmäßig äußerst gering.[210] Im Übrigen bestehen schon Bedenken hinsichtlich der Geeignetheit der Maßnahme: Jedenfalls die führenden Köpfe der organisierten Kriminalität, denen der Eingriff zentral gilt, werden sich durch Störsender oder schlicht durch die Verlegung ihres planerischen Wirkens aus dem Wohnbereich heraus schützen, weshalb die Maßnahme weit überwiegend leerlaufen dürfte.[211]

Der prozessuale Nutzen des großen Lauschangriffs ist daher eher bescheiden, was die Notwendigkeit eines solchen Eingriffs nicht gerade belegt.[212] Keinesfalls ist die Maßnahme für eine effektive Strafverfolgung unverzichtbar, wie der Gesetzgeber selbst behauptet.[213] Vielmehr zeigen empirische Untersuchungen, dass circa vier Fünftel der Wohnraumüberwachungen erfolglos verlaufen oder sich im weiteren Lauf der Ermittlungen als nicht erforderlich herausstellen.[214] Vergleicht man die Anzahl der nach den einzelnen Observationsmaßnahmen geordnet durchschnittlich verurteilter Täter, so ist die akustische Wohnraumüberwachung die erfolgloseste.[215]

---

[208] Besonders lesenswert *Comes*, StV 1998, 569 (571 f.); sodann BVerfGE 141, 220 (280 f.); BGHSt 46, 266 (277); 54, 70 (106); *Hauk* in: *Löwe-Rosenberg*, StPO, § 100c Rn. 153;

[209] Kritisch: *Denninger*, StV 1998, 401 (402); *Hassemer*, DRiZ 1992, 357 (358); *Krause*, FS-Hanack, S. 221 (231 f.).

[210] *Kühne*, Strafprozessrecht, § 30 Rn. 532.

[211] *Kühne*, Strafprozessrecht, § 30 Rn. 532; *Mozek*, Der „große Lauschangriff“, S. 107.

[212] *Köhler* in: *Meyer-Goßner/Schmitt*, StPO, § 100c Rn. 1; *Kühne*, Strafprozessrecht, § 30 Rn. 532.

[213] Vgl. BT-Drucks. 15/4533, S. 10 f.

[214] *Meyer-Wieck*, Der Große Lauschangriff, S. 281 f.

[215] *Krause*, FS-Hanack, S. 221 (228).

Angesichts der schwierigen Grundrechtsrelevanz sowie des erheblichen praktischen Aufwands bei der Durchführung eines großen Lauschangriffs stehen Aufwand und Ertrag kaum noch in einem akzeptablen Verhältnis zueinander.[216] Es stellt sich nicht ganz zu Unrecht die Frage, ob die akustische Wohnraumüberwachung überhaupt noch ein effektives Mittel der Strafverfolgung darstellen kann.[217]

Das Festhalten an dieser Maßnahme durch den Gesetzgeber hat nach hiesigem Verständnis daher allenfalls rechtspolitischen Symbolcharakter[218] und soll der Abschreckung Krimineller dienen. Insoweit darf konstatiert werden, dass die Gefahr eines großen Lauschangriffs kriminellen Akteuren zumindest dergestalt Schwierigkeiten bereitet, dass sie gezwungen sind, gewissermaßen prophylaktisch umzudisponieren.

Andererseits darf auch nicht verkannt werden, dass der große Lauschangriff in der Vergangenheit bei schlecht organisierten Kriminellen – selbst gegenüber Mitgliedern der Terrororganisation „Al Qaida"[219] – durchaus schon Erfolg erzielte. Ob die wenigen durchaus brisanten Einzelfallerfolge die Maßnahme rechtspolitisch rechtfertigen können, braucht in dieser Arbeit aber nicht beantwortet werden. Jedenfalls ist aber mit Leutheusser-Schnarrenberger, Bundesministerin der Justiz und für Verbraucherschutz a. D.[220] zu fordern, dass sich der Gesetzgeber von der bedenklichen Auffassung verabschieden sollte, „dass das Grundgesetz mit seinen Interpretationen gewissermaßen ein Gefängnis sei, aus dem es zu Gunsten der Inneren Sicherheit auszubrechen und die Grenzen des grundgesetzlich Möglichen auszutesten gelte".

---

[216] *Gercke*, HK-StPO, § 100c Rn. 5; *Wolter*, SK-StPO, § 100c Rn. 10; vgl. auch *Haas*, NJW 2004, 3082 (3083).

[217] *Weßlau*, GS-Lisken, S. 47 (47).

[218] So auch *Gercke*, HK-StPO, § 100c Rn. 5.

[219] BGHSt 54, 70 (71 ff.), wobei es sich um zwei Jihad-Rückkehrern aus Afghanistan handelte, welche in Deutschland die Rekrutierung von Jihadisten und die Beschaffung von Geld durch zahlreiche Betrügereien für die „Al Qaida" übernahmen.

[220] *Leutheusser-Schnarrenberger*, GS-Lisken, S. 99 (101).

13.4.3 Bedeutung für die Beweisverwertung

Auch bei der hiesigen Maßnahme kommt dem Richtervorbehalt allerhöchste Bedeutung zu. Wie bereits im Rahmen der Wohnungsdurchsuchung[221] festgestellt, handelt es sich um den einzigen grundgesetzlich fixierten Richtervorbehalt. Der Richter ist von Verfassung wegen gehalten, über die Anordnung zu entscheiden, weshalb dem Richtervorbehalt eine einzigartige Qualität zukommt.[222] Darüber hinaus hat auch hier der Gesetzgeber das Erfordernis einer Kammerentscheidung nach § 100e Abs. 2 StPO gesehen. Insoweit wird auf die Ausführungen zur Online-Durchsuchung Bezug genommen. Zudem greift die Maßnahme massiv in die Rechte des Betroffenen ein.

Zusammen mit der Online-Durchsuchung handelt es sich um die eingriffsintensivste Ermittlungsmaßnahme überhaupt. Hierneben kann ihr aber nicht das regelmäßig hohe Interesse für die effektive Strafverfolgung zugesprochen werden. Vielmehr wird die Maßnahme regelmäßig leerlaufen oder nur unterstützende Wirkung haben. Des Weiteren findet sie in der praktischen Strafverfolgung kaum Anwendung.

Wie auch bei der Online- und der Wohnungsdurchsuchung ist stets die Unterfallgruppe I.1 einschlägig. Die Maßnahme greift derart stark in die Rechte des Betroffenen ein, dass jede Verfahrensverletzung allein wegen dieses Erfolgsunwerts zu einem Beweisverwertungsverbot führen muss.[223] Die Rechtsprechung hatte einen solchen Fall allerdings noch nicht zu entscheiden.

13.5 Kleiner Lauschangriff

Als Gegenstück zum großen Lauschangriff sieht der § 100f Abs. 1 StPO den sogenannten „kleinen Lauschangriff" vor.[224]

---

[221] Für eine Angleichung der verfassungsrechtlichen Diskussion bei der Wohnraumdurchsuchung und der Wohnraumüberwachung ebenfalls *Weßlau*, GS-Lisken, S. 47 (58).

[222] *Gusy*, JuS 2004, 457 (460).

[223] So auch *Bludovsky*, Rechtliche Probleme bei der Beweiserhebung und Beweisverwertung im Zusammenhang mit dem Lauschangriff nach § 100c Abs. 1 Nr. 3 StPO, S. 333; *Eschelbach* in: S/S/W, StPO, § 100c Rn. 23; *Gercke*, HK-StPO, § 100c Rn. 22; *Köhler* in: *Meyer-Goßner/Schmitt*, StPO, § 100c Rn. 14; wohl auch *Bruns*, KK-StPO, § 100c Rn. 19 i. V. m. § 100d Rn. 32; *Krause*, FS-Hanack, S. 221 (243).

[224] *Günther*, MüKo-StPO, § 100f Rn. 1, 3; *Hauck* in: Löwe-Rosenberg, StPO, § 100 f Rn. 1; *Beulke/Swoboda*, Strafprozessrecht, § 12 Rn. 265; *ders./Ruhmannseder*, StV 2011, 252 (253); *Kindhäuser/Schumann*, Strafprozessrecht, § 8 Rn. 101; *Singelnstein*, NStZ 2014, 305 (309).

13.5.1 Überblick

Als kleiner Lauschangriff wird das Abhören und Aufzeichnen des nichtöffentlich gesprochenen Wortes des Betroffenen außerhalb von Wohnungen bezeichnet. Damit stellt § 100f StPO die Voraussetzungen für das Abhören außerhalb der durch Art. 13 Abs. 1 GG in besonderer Weise geschützten Wohnung im weiteren Sinne auf.[225] Mithin stehen der kleine und der große Lauschangriff in einem Exklusivitätsverhältnis zueinander.[226]

Als technische Mittel der akustischen Überwachung kommen insbesondere Richtmikrophone und Wanzen in Betracht. Die zur Verwendung erforderlichen Vorbereitungsmaßnahmen sind entsprechend den Ausführungen zur akustischen Wohnraumüberwachung als Annexkompetenz umfasst, soweit kein qualitativ unterschiedlicher Grundrechtseingriff hinzutritt. Bleibt das beschränkte Grundrecht gleich, so sind die Vorbereitung und das eigentliche Verwenden gestattet; greift die technisch erforderliche Vorbereitungsmaßnahme dagegen rechtlich in ein anderes Grundrecht ein, lässt sich diese nicht auf § 100f StPO stützen.[227]

Der kleine Lauschangriff findet regelmäßig auf öffentlichen Plätzen, in allgemein zugänglichen Räumen oder innerhalb von Verkehrsmitteln statt.[228] Gerade letzteres ist von besonderer praktischer Bedeutung und genau an dieser Stelle ist das Ausmaß der Annexbefugnisse der Ermittlungsbehörden umstritten.

Nach hiesiger Auffassung[229] kommt es darauf an, dass die Vorbereitungsmaßnahmen qualitativ nicht in andere Grundrechte eingreifen dürfen, hier vor allem nicht in Art. 14 GG, der Beeinträchtigungen des Eigentums exemplarisch an einem Kraftfahrzeug des Betroffenen schützt. Die Annexkompetenz endet, wenn die Vorbereitungsmaßnahmen in andere verfassungsrechtlich geschützte Rechtspositionen eingreifen als die Hauptmaßnahme.[230]

Dies bedeutet dann aber für das Verwanzen eines Kraftfahrzeugs als Hauptanwendungsfall des kleinen Lauschangriffs konsequenterweise, dass das Fahrzeug

---

[225] *Bruns*, KK-StPO, § 100f Rn. 1; *Eschelbach* in: S/S/W, StPO, § 100 f Rn. 2; *Hauck* in: Löwe-Rosenberg, StPO, § 100f Rn. 1, 5; *Hegmann* in: *Graf*, StPO, § 100f Rn. 1; *Köhler* in: *Meyer-Goßner/Schmitt*, StPO, § 100f Rn. 1; *Wolter/Greco*, SK-StPO, § 100f Rn. 7; *Beulke/Ruhmannseder*, StV 2011, 252 (253); *Hilger*, NStZ 1992, 457 (FN. 95); *Singelnstein*, NStZ 2014, 305 (309).

[226] Vgl. *Günther*, MüKo-StPO, § 100f Rn. 8; *Hauck* in: Löwe-Rosenberg, StPO, § 100f Rn. 1.

[227] *Gercke*, StPO, § 100f Rn. 5; *Hauck* in: Löwe-Rosenberg, StPO, § 100f Rn. 7.

[228] *Eschelbach* in: S/S/W, StPO, § 100f Rn. 2.

[229] Ähnlich bei *Eschelbach* in: S/S/W, StPO, § 100f Rn. 2 f.; *Kühne* JZ 2001, 1148 (1148); *Steinhögl*, StV 1998, 535 (535 f.); vgl. auch LG Freiburg, NJW 1996, 3021 (3022).

[230] *Eschelbach* in: S/S/W, StPO, § 100f Rn. 3.

hierfür weder mit Gewalt aufgebrochen noch in eine Werkstatt verbracht werden darf, um es zu verwanzen. Das ohne Sachbeschädigung erfolgende Öffnen des Kraftfahrzeugs – etwa mittels eines falschen Schlüssels oder eines Funksignals – zum Einbau der Wanze vor Ort, ohne es zwischenzeitlich fortzuschaffen, ist allerdings von § 100f StPO umfasst, weil dieses Vorgehen gar nicht erst einen Eingriff in den Schutzbereich des Art. 14 GG darstellt.[231] Auf die Verfügbarkeit oder die Substanz der Sache wird nämlich nicht eingewirkt.[232]

Die für eine weitergehende Annexkompetenz plädierende Gegenansicht[233] führt vor allem ins Feld, dass es nicht auf die betroffenen Grundrechte ankommt,[234] sondern auf die Typizität der Vorbereitungsmaßnahme in Ansehung des Lauschangriffs. Hierauf kann es aber rechtslogisch gerade nicht ankommen, denn es sind die Ermittlungsbehörden, die bestimmen, welche Maßnahmen in der Praxis typischerweise im Vorfeld eines Lauschangriffs durchzuführen sind. Mithin würden die Ermittlungsbehörden den Inhalt ihrer Annexkompetenz selbst bestimmen können. Das kann nicht richtig sein. Eine Ermächtigungsgrundlage als Rechtfertigung eines Grundrechtseingriffs definiert sich nicht vom Eingriff her, sondern stellt vielmehr von sich aus klar, welche Eingriffe von ihr erfasst und damit erlaubt sein sollen.

Ebenso wenig macht es einen Unterschied, ob der Eingriff „nur geringfügig in den Rechtskreis des Betroffenen eingreift" und ihm „in Hinblick auf den hohen Rang des staatlichen Strafanspruchs zugemutet werden" kann.[235] Die Gegenansicht übersieht dabei, dass Grundrechtseingriffe – unabhängig ihrer Intensität

---

[231] Im Ergebnis so auch *Eschelbach* in: S/S/W, StPO, § 100f Rn. 3.

[232] Vgl. *Wendt* in: *Sachs*, GG, Art. 14 Rn. 52 und FN. 256.

[233] Sowohl für ein Öffnen im Allgemeinen als auch ein zwischenzeitliches Fortschaffen des Kraftfahrzeugs: BGHSt 46, 266 (273 f.) m. abl. Anm. *Bernsmann*, StV 2001, 382 (385); AG Kaufbeuren, StV 1998, 534 (534); m. abl. Anm. *Steinhögl*, StV 1998, 535 (535 f.); *Günther*, MüKo-StPO, § 100f Rn. 33; *Köhler* in: *Meyer-Goßner/Schmitt*, StPO, § 100f Rn. 4; *Krey*, FS-Kohlmann, S. 627 (637 f.); *Mahnkopf/Döring*, NStZ 1994, 556 (557); *Schneider*, NStZ 1999, 388 (390); *Leister*, Stillschweigende Annexkompetenzen bei strafprozessualen Grundrechtseingriffen, S. 325 ff.; für ein Öffnen im Allgemeinen, aber gegen ein zwischenzeitliches Fortschaffen: BGH, NJW 1997, 2189 (2189) m. Anm. *Gropp*, JZ 1998, 501 (505), m. Anm. *Heger*, JR 1998, 163 (163 f.); *Gercke*, HK-StPO, § 100f Rn. 5; *Hegmann* in: Graf, StPO, § 100f Rn. 4; *Wolter/Greco*, SK-StPO, § 100f Rn. 7; *Martensen*, JuS 1999, 433 (436 f.); *Singelnstein*, NStZ 2014, 305 (310 f.); jedenfalls für das Öffnen im Allgemeinen: *Beulke/Swoboda*, Strafprozessrecht, § 12 Rn. 265; *Kindhäuser/Schumann*, Strafprozessrecht, § 8 Rn. 105; *Janker*, NJW 1998, 269 (270).

[234] BGH, NJW 1997, 2189 (2189).

[235] So aber wörtlich BGH, NJW 1997, 2189 (2189).

– dem Vorbehalt des Gesetzes unterliegen.[236] Bildet eine Vorschrift eine Ermächtigung für Eingriffe in ein bestimmtes Grundrecht auf eine bestimmte Weise, kann eine Annexkompetenz jedenfalls nicht weiter gehen als der Schutzbereich dieses bestimmten Grundrechts.

Eingriffe in andere Grundrechte mit dem Argument, der Gesetzgeber hätte es so gewollt und es sei ja nicht so schlimm,[237] zu rechtfertigen, ist ein totalitärer Gedankengang[238] und mit dem Rechtsstaat des Grundgesetzes nicht vereinbar. Der von der Gegenansicht verwendete Begriff der mitumfassten Begleitmaßnahmen zum kleinen Lauschangriff ist in dieser Hinsicht nicht nur verharmlosend, sondern verdeckt allein des Ergebnisses wegen die dahinterstehende verfassungsrechtliche Problematik ihrer Argumentation.[239]

Gegen die gesetzliche Einführung einer solchen Ermächtigungsgrundlage de lege ferenda bestehen hingegen keine verfassungsrechtlichen Bedenken; bis jetzt gibt es eine solche aber nicht.

13.5.2 Betroffene Rechtsgüter

Ohne Berücksichtigung weitergehender Maßnahmen betrifft der kleine Lauschangriff als solches das allgemeine Persönlichkeitsrecht des Betroffenen aus Art. 2 Abs. 1 i. V. m. Art. 1 Abs. 1 GG,[240] wobei in der Literatur Uneinigkeit dahingehend besteht, ob in concreto das Recht am eigenen Wort[241] oder das Recht auf informationelle Selbstbestimmung[242] betroffen ist. Dies tut aber für die weitere Untersuchung nichts zur Sache.

---

[236] Vgl. *Kühne*, JZ 2001, 1148 (1148): „Muss man dem BGH wirklich darauf hinweisen, dass Art. 19 Abs. 1 GG jeden einzelnen Fall einer Grundrechtseinschränkung unter den Gesetzesvorbehalt stellt?"

[237] So aber BGH, NJW 1997, 2189 (2189) und besonders ausdrücklich *Heger*, JR 1998, 163 (164): „Bedenkt man, dass hier [...] lediglich ein Eingriff in das Eigentumsrecht aus Art. 14 GG des Betroffenen in Betracht kommt [...], erscheint die Differenzierung des BGH richtig zu sein"; noch weitergehend später BGHSt 46, 266 (274).

[238] Vgl. auch *Kühne*, JZ 2001, 1148 (1148): „rasanter Weg in einen Überwachungsstaat".

[239] *Kühne*, JZ 2001, 1148 (1148).

[240] *Eschelbach* in: S/S/W, StPO, § 100f Rn. 3; *Günther*, MüKo-StPO, § 100f Rn. 2.

[241] *Wolter/Greco*, SK-StPO, § 100f Rn. 5.

[242] *Gercke*, HK-StPO, § 100f Rn. 1; *Puschke/Singelnstein*, NJW 2008, 113 (115).

13.5.3 Bedeutung für die Beweisverwertung

Für die Verwertbarkeit bei Verstößen gegen die Anordnungskompetenz des Ermittlungsrichters kann auf die zur Telekommunikationsüberwachung entwickelten Grundsätze Bezug genommen werden.[243] Weil der kleine Lauschangriff außerhalb von Wohnungen stattfindet, wird nur Art. 2 Abs. 1 i. V. m. Art. 1 Abs. 1 GG berührt. Insoweit macht es für den Betroffenen keinen Unterschied, ob sein nichtöffentlich gesprochenes Wort im Rahmen der unmittelbaren Kommunikation oder der Telekommunikation heimlich abgehört wird. Mithin ist die Intensität der Eingriffe die gleiche. Auch der Schutz des Kernbereichs privater Lebensgestaltung ist entsprechend anzuwenden.[244] Neben dem Verwertungsverbot aus § 100d Abs. 2 StPO dürfte daher die Unterfallgruppe I.1 nicht einschlägig sein.

Auf Seiten der Relevanz für die effektive Strafverfolgung ist festzustellen, dass der kleine Lauschangriff ein wesentliches Mittel im Maßnahmenkatalog der Observation darstellt. Nicht immer genügt eine visuelle Betrachtung aus der Ferne und nicht immer kann ein Beamter zum Mithören nahe genug herangelangen. Dies ist für den Hauptanwendungsfall des kleinen Lauschangriffs – nämlich diesen auf Kraftfahrzeuge – evident. Insoweit kann die Unterfallgruppe II.2 einschlägig sein. Es scheinen Fallgruppen denkbar, in denen ein Beweisverwertungsverbot eine effektive Strafverfolgung absolut verhindern würde.

Vergleichsurteile für Verletzungen des Richtervorbehalts beim kleinen Lauschangriff liegen bisher nicht vor.

---

[243] *Gercke*, HK-StPO, § 100f Rn. 13; *Schmitt* in: *Meyer-Goßner/Schmitt*, StPO, § 100f Rn. 20; *Wolter/Greco*, SK-StPO, § 100f Rn. 40.

[244] So bereits *Krey/Haubrich*, JR 1992, 309 (313); später BGH, NJW 2012, 945 (945 f.) m. Anm. *Mitsch*, NJW 2012, 1486 (1487 f.); *Singelnstein*, NStZ 2014, 305 (311); vgl. *Mosbacher*, JuS 2012, 705 (706 f.).

14 Ergebnis

Mit der in dieser Arbeit entwickelten Systematik[1] konnte gezeigt werden, dass die Rechtsprechung bei der Anwendung der Abwägungslehre zu kohärenten Entscheidungen gelangt. Dieses Ergebnis ist zwar nicht statistisch repräsentativ, da es an vielen Stellen an Vergleichsurteilen mangelt. Insoweit ist aufgefallen, dass Verfahrensfehler und insbesondere grob fahrlässiges oder vorsätzliches Fehlverhalten der Ermittlungsbeamten in unserem Rechtsstaat ein Randphänomen sind. Soweit entsprechende Urteile aber herangezogen werden konnten, deckten sich diese weitestgehend mit der hier aufgestellten Systematik der Abwägungslehre.

Bei abweichenden Entscheidungen kam es regelmäßig nicht auf die Anwendung der Abwägungslehre an, sondern auf die Fernwirkungsproblematik. Des Weiteren ist zu berücksichtigen, dass nach hiesigem Verständnis die Figur der hypothetisch rechtmäßigen Beweiserlangung auf Verstöße gegen die Anordnungskompetenz des Ermittlungsrichters nicht anwendbar ist. Dies wird allerdings vom ersten bis dritten sowie vom fünften Strafsenat anders beurteilt. Nur der vierte Senat hält ebenfalls diese Rechtsfigur auf Verstöße gegen den Richtervorbehalt für nicht anwendbar. Begrüßenswert wäre sicherlich, wenn dieser Meinungsstreit innerhalb des Bundesgerichtshofs durch eine Entscheidung des großen Senats aufgelöst werden könnte.

Lässt man diese Diskrepanzen außen vor, können die von der Rechtsprechung entschiedenen Einzelfälle zur Abwägungslehre in das aufgestellte Phasenmodell sämtlichst eingeordnet werden. Nicht eine Entscheidung aus der ober- oder bundesgerichtlichen Rechtsprechung konnte gefunden werden, die in ihrer Begründung mit dieser Systematik unvereinbar wäre.

[1] Siehe die schematische Darstellung unter 4.2.2

D. Decker, *Systematik der Beweisverwertung*,
https://doi.org/10.1007/978-3-658-34684-3_14

Somit konnte die der Einzelfallprüfung vorangestellte Kontrollhypothese bestätigt werden: Ein Vergleich der theoretisch entwickelten Systematik der Abwägungslehre mit den durch die Rechtsprechung entschiedenen Fällen zeigt ein einheitliches Bild auf. Der Vorwurf, die Abwägungslehre führe zu unvorhersehbaren Ergebnissen oder sei lediglich ein Deckmantel für richterliche Willkür im Einzelfall, konnte entkräftet werden. Vielmehr wohnt der Abwägungslehre ein System inne, an das sich die Rechtsprechung – jedenfalls intuitiv – hält.

14.1 Überblick zu den unter Richtervorbehalt stehenden Ermittlungsmaßnahmen

Dabei ist aufgefallen, dass die Einschlägigkeit bestimmter Unterfallgruppe bei den Ermittlungsmaßnahmen unterschiedlich war. Neben der immer zu prüfenden Unterfallgruppe I.2, also einem vorsätzlichen oder grob fahrlässigen Fehlverhalten der handelnden Ermittlungsbeamten, konnte festgestellt werden, dass die Unterfallgruppe I.1, die auf den besonderen Erfolgsunwert eines Verfahrensfehlers abstellt, bei manchen Maßnahmen nie, bei anderen immer und bei einzelnen nur im Einzelfall anwendbar ist:

- § 81a StPO bei intensiven Eingriffen
- § 81e StPO immer
- § 81g StPO bei der Anordnung der molekulargenetischen Untersuchung
- § 94 StPO bei intensiven Eingriffen
- § 102 StPO bei der Wohnraumdurchsuchung
- § 98a StPO bei multiplen Datensätzen
- § 101a StPO bei der Vorratsdatenspeicherung
- § 110a StPO immer
- § 163f StPO bei besonders langer Dauer der Observation
- § 100a StPO bei der Quellen-TKÜ
- § 100b StPO immer
- § 100c StPO immer

Ferner sind Fälle aufgefallen, in denen typischerweise an die Unterfallgruppe II.2 zu denken ist, mithin an Konstellationen, bei denen eine absolute Verhinderung der Strafverfolgung droht und insoweit der Beweis verwertbar bleiben muss, wenn nicht eine Unterfallgruppe aus der Phase I einschlägig ist, nämlich:

- § 81a StPO

- § 100j StPO
- § 100a StPO
- § 100f StPO

Allgemein ist diese Unterfallgruppe bei besonderen Ermittlungsmaßnahmen zur Aufklärung von Terrorismus oder sonstiger organisierter Kriminalität häufig einschlägig. Des Weiteren ist sie einschlägig, wenn es auf den körperlichen Zustand des Betroffenen ankommt und dieser nur durch einen Maßnahme nach § 81a StPO ermittelt werden kann.

Hierbei muss aber streng beachtet werden, dass zunächst die Prüfung in Phase I erfolgen muss und nur wenn keine Unterfallgruppe dieser Phase einschlägig ist, die Prüfung in Phase II fortgesetzt werden darf. Die Unterfallgruppen aus Phase II der Prüfung vermögen nicht die Einschlägigkeit einer Unterfallgruppe aus Phase I zu heilen. Vielmehr kommt es entscheidend darauf an, dass die vorgegebene Prüfungsreihenfolgen in drei Schritten – beziehungsweise streng nach den drei Phasen der Prüfung – erfolgt.

Gewissermaßen als Gegestück zu der soeben angesprochenen Unterfallgruppe II.2 konnte für die Phase III noch eine weitere Unterfallgruppe entwickelt werden. Diese unmittelbar vor einer tatsächlichen Einzelfallabwägung zu prüfende Unterfallgruppe III.1 spricht die zunächst unbeachtlich gebliebene Straftat an, die den Betroffenen der Ermittlungsmaßnahme zur Last gelegt wird.

Demnach lassen sich bestimmte Delikte benennen, bei denen es niemals auf eine Einzelfallabwägung ankommen kann. Diese verletzen oder bedrohen nämlich ihrerseits absolut geschützte Rechtsgüter, weshalb jenseits der Phase I des Abwägungsvorgangs der Beweis immer verwertbar bleiben muss.

Diese Unterfallgruppen II.2 und III.1 sind jedoch zusätzliche, von mir selbst entwickelte Kriterien, um eine anderenfalls notwendige Einzelabwägung zu vermeiden. Sie finden sich nicht in der Rechtsprechung und Literatur wieder. Bei der Verwendung des entwickelten Prüfkanons allein nach Maßgabe der Rechtsprechung wären diese Unterfallgruppen folglich nicht zu prüfen.

Nach alledem ist nicht nur in der Theorie eine tatsächliche Abwägung des Einzelfalls eine schon fast skurrile Ausnahme innerhalb der Systematik der Abwägung, sondern auch und erst Recht in der Praxis. So muss festgehalten werden, dass in dieser gesamten Arbeit nur ein einziger Fall bekannt wurde, bei dem es auf eine solche Einzelfallabwägung ankam.[2]

[2] BGHSt 44, 243.

In dieser Entscheidung ging es um die akustische Überwachung eines PKW, wobei die Ermittlungsbeamten unverschuldet die zeitlichen Grenzen der richterlichen Anordnung überschritten, sodass die Unterfallgruppe I.2 nicht einschlägig war. Auch der Erfolgsunwert des Verfahrensfehlers führte nicht per se zu einem Beweisverwertungsverbot. Ebenso wenig waren die weiteren Unterfallgruppen einschlägig: Es handelte sich um einen Verstoß gegen den Richtervorbehalt, sodass die Rechtsfigur des hypothetisch rechtmäßigen Beweiserlangung nicht anwendbar war. Eine absolute Verhinderung der Strafverfolgung drohte nicht. Des Weiteren ging es um Vermögensdelikte, sodass auch kein absoluter Vorrang der durch die Tat verletzten Rechtsgüter gegeben war. Daher nahm der Bundesgerichtshof eine tatsächliche Abwägung des Einzelfalls vor.[3]

14.2 Rekurs auf die Arbeitshypothese

Der geschaffene Überblick zeigt auf, dass in einigen Fallgestaltungen die Unterfallgruppe I.1 einschlägig ist. Insoweit wurde festgestellt, dass bei bestimmten Maßnahmen bei jedem einzelnen Verstoß ein Beweisverwertungsverbot anzunehmen ist. Eine weitergehende Prüfung des Einzelfalls oder gar eine Abwägung braucht dann nicht mehr erfolgen.

Besonders häufig ist in der Praxis darüber hinaus die Unterfallgruppe I.2 einschlägig. Immerhin ist es nur in juristischen Grenzfällen dazu, ob Gefahr im Verzug vorliegt oder welche Ermächtigungsgrundlage für die beabsichtigte Ermittlungsmaßnahme überhaupt einschlägig ist, denkbar, dass die Ermittlungsbeamten den Richtervorbehalt nicht vorsätzlich oder grob fahrlässig umgangen haben. Denn typischerweise wird einem besonders ausgebildeten Beamten, der gegen die Anordnungskompetenz des Ermittlungsrichters verstößt, eine grobe Verkennung der Rechtslage vorzuwerfen sein. In anderen Fallgruppen vermag dies allerdings anders zu bewerten sein.

Außerhalb der hiesigen Fallgruppe ist darüber hinaus regelmäßig die Unterfallgruppe II.1 einschlägig. Regelmäßig wäre nämlich ein Beweis hypothetisch rechtmäßig zu erlangen gewesen sein.

Schließlich sind noch Fallkonstellationen denkbar, bei denen die Annahme eines Beweisverwertungsverbots eine weitere Strafverfolgung absolut verhindern würde. Plakativ wurde diese Unterfallgruppe II.2 im Zusammenhang mit der Blutentnahme dargestellt.

[3] Vgl. BGHSt 44, 243 (249 f.).

Zusammenfassend bedarf es bei konsequenter Anwendung der Systematik der Abwägungslehre, wie sie von der Rechtsprechung entwickelt und eingesetzt wird, nur in seltenen Ausnahmefällen tatsächlich einer Einzelfallabwägung im Sinne der Phase III der Prüfung. In der weit überwiegenden Zahl der Fälle ist eine Unterfallgruppe einschlägig, wodurch die „Abwägung“ stets zu dem einen oder anderen Ergebnis führt, was im Rahmen der hier gewählten Arbeitshypothese aufzuzeigen war.

Empfehlenswert ist daher ein Umdenken bei der Anwendung der Abwägungslehre. Die Prüfung eines Beweisverwertungsverbots gelingt unter Verwendung des entwickelten Phasenmodells signifikant rechtssicherer. Dies betrifft sowohl die Überzeugungskraft entsprechender Urteile als auch die Prüfung und erfolgreiche Begründung einer Revision aus Sicht der Verteidigung oder der Staatsanwaltschaft sowie nebenbeteiligte Revisionführer. Gleiches gilt selbstverständlich auch für die Tatsacheninstanzen. Immerhin sollte von allen Beteiligten eine möglichst revisionsfeste Entscheidung angestrebt sein, sodass eine weitergehende rechtliche Erörterung durch die Einlegung von Rechtsmitteln unterbleiben kann.

Die Abwägungslehre ist der methodisch richtige Weg zur Feststellung von Beweiverwertungsverboten. Mittels der dargestellten Systematik ist ihre Handhabung für die Praxis deutlich verbessert worden.

Literaturverzeichnis

Achenbach, Hans, Verfahrenssichernde und vollstreckungssichernde Beschlagnahme im Strafprozess, NJW 1976, 1068

Ambos, Kai, Zum heutigen Verständnis von Akkusationsprinzip und -verfahren aus historischer Sicht, JURA 2008, 586

Ambos, Kai, Beweisverwertungsverbote, Grundlagen und Kasuistik – internationale Bezüge – ausgewählte Probleme, 2010

Amelung, Knut, Zur Frage der Vereinbarkeit vollstreckungsrechtlicher Durchsuchungen mit dem Richtervorbehalt des Art. 13 Abs. 2 GG, ZZP 99 (1975), 74

Amelung, Knut, Rechtsschutz gegen strafprozessuale Grundrechtseingriffe, 1976

Amelung, Knut, Probleme des Rechtsschutzes gegen strafprozessuale Grundrechtseingriffe, NJW 1979, 1687

Amelung, Knut / Pauli, Gerhard, Einwilligung und Verfügungsbefugnis bei staatlichen Beeinträchtigungen des Fernmeldegeheimnisses i. S. d. Art. 10 GG, MDR 1980

Amelung, Knut, Anmerkungen zu OLG Hamm, Urt. v. 13.01.1988 – 1 Ss 811/87, NStZ 1988, 515

Amelung, Knut, Grundfragen der Verwertungsverbote bei beweissichernden Haussuchungen im Strafverfahren, NJW 1991, 2533

Amelung, Knut, Die Entscheidung des BVerfG zur „Gefahr im Verzug" i. S. des Art. 13 II GG, NStZ 2001, 337

Amelung, Knut / Mittag, Matthias, Beweislastumkehr bei Haussuchungen ohne richterliche Anordnung gemäß § 105 StPO, NStZ 2005, 614

Arzt, Günther, Der befangene Richter, 1969

Bader, Karl Sigfried, Glosse zum neuen § 136a StPO, JZ 1951, 123

Badura, Peter, Der Schutz des Brief-, Post- und Fernmeldegeheimnisses durch Verfassung und Gesetz, in: Festschrift für Knut Amelung zum 70. Geburtstag am 13.02.2009, S. 529

Bär, Wolfgang, EDV-Beweissicherung im Strafverfahren bei Computer, Handy, Internet, DRiZ 2007, 218

Bauer, Wolfram, Ist die Kritik an der „Rechtskreistheorie" (methodisch) noch zu halten? – Ein Plädoyer für die Rechtskreistheorie – zugleich eine Erwiderung auf Hauf, NStZ 1993, 457, NJW 1994, 2530

D. Decker, *Systematik der Beweisverwertung*,
https://doi.org/10.1007/978-3-658-34684-3

Bauer, Wolfram, Der neue Streit um die Rechtskreistheorie als methodisches Problem – Eine Antikritik zu Hauf, wistra 1995, 53, wistra 1996, 46

Baumann, Jürgen, Sperrkraft der mit unzulässigen Mitteln herbeigeführten Aussage, GA 1959, 33

Baur. Max / Fimmers, Rolf / Schneider, Peter, Anmerkungen zu BGH, Beschl. v. 21.01.2009 – 1 StR 722/08, StV 2010, 175

Becker, Jörg-Peter / Erb, Volker / Robert, Esser / Graalmann-Scheerer, Kirsten / Hilger, Hans / Ignor, Alexander (Hrsg.), Strafprozessordnung – Großkommentar Löwe-Rosenberg, Bd. 1 bis 7 in Aufl. 27, i.Ü. Aufl. 26, Stand der Bände: 05/2021 zitiert: Bearbeiter in: Löwe-Rosenberg, StPO

Benfer, Jost, Die molekulargenetische Untersuchung (§§ 81e, 81g StPO), StV 1999, 402

Bernhard, Ralf, Rechtspfleger, Richter- und Rechtsprechungsbegriff, DRiZ 1981, 361

Bernsmann, Klaus / Jansen, Kirsten, Heimliche Ermittlungsmethoden und ihre Kontrolle – Ein systematischer Überblick, StV 1998, 217

Bernsmann, Klaus, Anmerkungen zu BGH, Urt. v. 24.01.2001 – 3 StR 324/00, StV 2001, 382

Bernsmann, Klaus, Anmerkungen zu BGH, Beschl. v. 21.01.2001 – 2 BGs 42/01, NStZ 2002, 103

Beulke, Werner, Hypothetische Kausalverläufe im Strafverfahren bei rechtswidrigem Vorgehen von Ermittlungsorganen, ZStW 103 (1991), 657

Beulke, Werner / Satzger, Helmut, Der fehlgeschlagene Deal und seine prozessualen Folgen – BGHSt 42, 191, JuS 1997, 1072

Beulke, Werner / Meininghaus, Florian, Fernzugriff und Mailbox-Überwachung, in: Festschrift für Gunter Widmaier zum 70. Geburtstag am 28.09.2008, S. 63

Beulke, Werner / Ruhmannseder, Felix, Strafprozessuale Zwangsmaßnahmen in der Verteidigungssphäre – Teil 1, StV 2011, 180

Beulke, Werner / Ruhmannseder, Felix, Strafprozessuale Zwangsmaßnahmen in der Verteidigungssphäre – Teil 2, StV 2011, 252

Beulke, Werner / Swoboda, Sabine, Strafprozessrecht, 15. Aufl. 2020

Blechschmidt, Lisa, Zur Einführung einer Quellen-TKÜ und Online-Durchsuchung, StraFo 2017, 361

Bludovsky, Oliver, Rechtliche Probleme bei der Beweiserhebung und Beweisverwertung im Zusammenhang mit dem Lauschangriff nach § 100c Abs. 1 Nr. 3 StPO, 2002

Böckenförde, Ernst-Wolfgang, Verfassungsfragen der Richterwahl – dargestellt anhand der Gesetzentwürfe zur Einführung der Richterwahl in Nordrhein-Westfalen, 2. Aufl. 1998

Bosch, Nikolaus, Anmerkungen zu LG Hamburg, Beschl. v. 08.01.2008 – 619 Qs 68/07 = StV 2008, 571, StV 2008, 573

Brodowski, Dominik, Anmerkungen zu BVerfG, Beschl. v. 17.02.2009 – 2 BvR 1372/07 und 2 BvR 1745/07, JR 2010, 546

Brodowski, Dominik, Der „Grundsatz der Verfügbarkeit" von Daten zwischen Staat und Unternehmen, ZIS 2012, 474

Brunhöber, Beatrice, Für ein Grundrecht auf ein faires Verfahren in der strafprozessualen Praxis, ZIS 2010, 761

Brüning, Janique, Der Richtervorbehalt im strafrechtlichen Ermittlungsverfahren, 2005

Burhoff, Detlef, Durchsuchung und Beschlagnahme – Bestandsaufnahme zur obergerichtlichen Rechtsprechung, StraFo 2005, 140

Busch, Richard, Anmerkungen zu BayObLG, Urt. v. 06.05.1953 – Rev.Reg. 1 St 48/53, JZ 1953, 702

Bydlinski, Franz, Juristische Methodenlehre und Rechtsbegriff, 2. Aufl. 1991

Carsten, Ernst Sigismund / Rautenberg, Erardo Cristoforo, Die Geschichte der Staatsanwaltschaft in Deutschland bis zur Gegenwart, 2. Aufl. 2012

Comes, Heinrich, Der Fluch der kleinen Schritte – Wie weit tragen Legitimationsgrundlagen der StPO bei Observationsmaßnahmen? – Zugleich eine Anmerkung zu OLG Düsseldorf, StV 1998, 170, StV 1998, 569

Dalakouras, Theoharis, Beweisverbote bezüglich der Achtung der Intimsphäre – unter besonderer Berücksichtigung der Grundrechtsdogmatik sowie des griechischen Rechts, 1988

Deckers, Rüdiger, Geheime Aufklärung durch Einsatz technischer Mittel, StraFo 2002, 109

Demko, Daniela, Die Erstellung von Bewegungsbildern mittels Mobiltelefon als neuartige strafprozessuale Observationsmaßnahme, NStZ 2004, 57

Dencker, Friedrich, Verwertungsverbote im Strafprozess – Ein Beitrag zur Lehre von den Beweisverboten, 1977

Denninger, Erhard, Lauschangriff – Anmerkungen eines Verfassungsrechtlers, StV 1998, 401

Denninger, Erhard, Der „große Lauschangriff" auf dem Prüfstand der Verfassung, in: Gedächtnisschrift für Hans Lisken, 2004, S. 13

Dittrich, Joachim, Der „große Lauschangriff" – diesseits und jenseits der Verfassung, NStZ 1998, 336

Dombek, Bernhard, Der große Lauschangriff – Hysterie oder Abscheu?, NZ 1998, 119

Donner, Hartwig / Simon, Jürgen, Genomanalyse und Verfassung, DÖV 1990, 907

Dreier, Horst (Hrsg.), Grundgesetz – Kommentar, 3. Aufl. 2013

Duttge, Gunnar / Hörnle, Tatjana / Renzikowski, Joachim, Das Gesetz zur Änderung der Vorschriften über die Straftaten gegen die sexuelle Selbstbestimmung, NJW 2004, 1065

Dzendzalowski, Horst, Die körperliche Untersuchung – Eine strafprozessual-kriminalistische Untersuchung zu den §§ 81a und 81c StPO, 1971

Ellbogen, Klaus, Die verdeckte Ermittlungstätigkeit der Strafverfolgungsbehörden durch die Zusammenarbeit mit V-Personen und Informanten, 2004

Eidam, Lutz, Anmerkungen zu BVerfG, Beschl. v. 06.07.2016 – 2 BvR 1454/16, NJW 2016, 3508

Eisenberg, Ulrich / Nischan, Anett, Strafprozessualer Zugriff auf digitale multimediale Videodienste, JZ 1997, 74

Eisenberg, Ulrich, Zur Unzulässigkeit optischer Ermittlungsmaßnahmen (Observation) betreffend einer Wohnung, NStZ 2002, 638

Eisenberg, Ulrich / Singelnstein Thomas, Speicherung von DNA-Identifizierungsmustern als erkennungsdienstliche Maßnahme zur >>Strafverfolgungsvorsorge<< trotz Nichtverurteilung?, GA 2006, 168

Eisenberg, Ulrich, Das Beweisrecht der StPO, 10. Aufl. 2017

Esser, Robert, Auf dem Weg zu einem europäischen Strafverfahrensrecht, 2002

Fezer, Gerhard, Grundfälle zum Verlesungs- und Verwertungsverbot im Strafprozess, JuS 1978, 325

Fezer, Gerhard, Rechtsschutz gegen erledigte strafprozessuale Zwangsmaßnahmen, JURA 1982, 126

Fezer, Gerhard, Anmerkungen zu BGH, Urt. v. 17.02.1989 – 2 StR 402/88, StV 1989, 290

Fezer, Gerhard, Effektiver Rechtsschutz bei Verletzung der Anordnungsvoraussetzung „Gefahr im Verzug“, in: Festschrift für Peter Rieß zum 70. Geburtstag am 04.06.2002, S. 93

Finger, Thorsten, Prozessuale Beweisverbote – Eine Darstellung ausgewählter Fallgruppen, JA 2006, 529

Fisahn, Andreas, Ein unveräußerliches Grundrecht am eigenen genetischen Code, ZRP 2001, 49

Fischer, Thomas (Hrsg.), Strafgesetzbuch – Kommentar, 68. Aufl. 2021

Fluck, Peter, Anwendung und Auslegung der DNA-Identifizierung, NJW 2001, 2292

Franke, Ulrich, Anmerkungen zu BVerfG, Beschl. v. 27.04.2000 – 2 BvR 1990/96, JR 2000, 468

Freiling, Felix / Safferling, Christoph / Rückert, Christian, Quellen-TKÜ und Online-Durchsuchung als neue Maßnahmen für die Strafverfolgung: Rechtliche und technische Herausforderungen, JR 2018, 9

Freyberg, Rolf-Jan, Die Beschlagnahme als kriminalistische Maßnahme, ArchKrim 150, 167

Frister, Helmut, Zur Frage der Vereinbarkeit verdeckter Ermittlungen in Privatwohnungen mit Art. 13 GG, StV 1993, 151

Frister, Helmut, Das Gesetzesvorhaben der Bundesregierung zur Einführung des großen Lauschangriffs, StV 1996, 454

Gall, Reinhold, Vorratsdatenspeicherung ist Teil moderner Sicherheitsarchitektur, DRiZ 2014, 200

Geppert, Klaus, Kontroll- und Förderungspflicht des Ermittlungsrichters, DRiZ 1992, 405

Geppert, Klaus, Das Beweisverbot des § 252 StPO, JURA 1988, 305

Geppert, Klaus, Zum „fair-trial-Prinzip“ nach Art. 6 Abs. 1 S. 1 EMRK, JURA 1992, 597

Gercke, Björn, Bewegungsprofile anhand von Mobilfunkdaten im Strafverfahren, 2002

Gercke, Björn, Der Mobilfunkverkehr aus Ausgangspunkt für strafprozessuale Überwachungsmaßnahmen – ein Überblick, StraFo 2003, 76

Gercke, Björn, Die Kumulation strafprozessualer Beweisgewinnungsmaßnahmen, in: Festschrift für Volkmar Mehle zum 65. Geburtstag am 11.11.2009, S. 219

Gercke, Björn, Ein >>letztes Refugium<< – Der Kernbereich privater Lebensgestaltung als absolute Grenze der Wahrheitsermittlung im Strafverfahren, GA 2015, 339

Gercke, Björn / Julius, Karl-Peter / Temming, Dieter / Zöller, Mark (Hrsg.), Strafprozessordnung – Heidelberger Kommentar, 6. Aufl. 2019, zitiert: Bearbeiter, HK-StPO

Gleß, Sabine, Zur „Beweiswürdigungs-Lösung“ des BGH, NJW 2001, 3606

Gossrau, Eberhard, Ist die Strafgewalt und die Bußgeldkompetenz von Verwaltungsbehörden mit Art. 92 GG vereinbar?, NJW 1958, 929

Gossrau, Eberhard, Unterlassen der Zeugenbelehrung als Revisionsgrund – zugleich Anmerkung zum Beschl. des Großen Strafsenats des BGH v. 21.01.1958, MDR 1958, 468

Graalmann-Scheerer, Kirsten, Zur Zulässigkeit der Einwilligung in die Entnahme von Körperzellen (§§ 81g Abs. 3, 81a Abs. 2 StPO § 2 DNA-Identitätsfeststellungsgesetz) und in die molekulargenetische Untersuchung (§§ 81g Abs. 3, 81f Abs. 1 StPO, § 2 DNA-Identitätsfeststellungsgesetz), JR 1999, 453

Graalmann-Scheerer, Kirsten, Molekulargenetische Untersuchung im Strafverfahren, ZRP 2002, 72

Graalmann-Scheerer, Kirsten, Molekulargenetische Untersuchung und Revision, in: Festschrift für Peter Rieß zum 70. Geburtstag am 04.06.2002, S. 153

Graf, Jürgen Peter (Hrsg.), Strafprozessordnung – Kommentar, 3. Aufl. 2018

Gramlich, Ludwig, Abschied vom „vorverfassungsmäßigen Gesamtbild", DVBl. 1980, 531

Gropp, Walter, Besondere Ermittlungsmaßnahmen zur Bekämpfung der organisierten Kriminalität, ZStW 105 (1993), 405

Gropp, Walter, Lauschangriff im PKW: Der Ermittlungsrichter als Hoffnungsträger?, JZ 1998, 501

Grünwald, Gerald, Beweisverbote und Verwertungsverbote im Strafverfahren, JZ 1966, 489

Grünwald, Gerald, Das Beweisrecht der StPO, 1. Aufl. 1993

Günther, Ralf, Zur strafprozessualen Erhebung von Telekommunikationsdaten – Verpflichtung zur Sachverhaltsaufklärung oder verfassungsrechtlich unkalkulierbares Wagnis?, NStZ 2005, 485

Gusy, Christoph, Verfassungsfragen vorbeugender Rechtschutz, JZ 1998, 167

Gusy, Christoph, Lauschangriff und Grundgesetz, JuS 2004, 457

Gusy, Christoph, Die „Schwere" des Informationseingriffs, in: Staats, Verwaltung und Rechtsschutz – Festschrift für Wolf-Rüdiger Schenke zum 70. Geburtstag am 25.10.2011, S. 395

Haas, Günter, Der „große Lauschangriff" – klein geschrieben, NJW 2004, 3082

Haffke, Bernhard, Schweigepflicht, Verfahrensrevision und Beweisverbot, GA 1973, 65

Hanack, Ernst-Walter, Die Rechtsprechung des Bundesgerichtshofs zum Strafverfahrensrecht, JZ 1971, 168

Hannich, Rolf (Hrsg.), Strafprozessordnung – Karlsruher Kommentar, 8. Aufl. 2019, zitiert: Bearbeiter, KK-StPO

Harms, Sven, Warum eine mündliche Durchsuchungsanordnung des Richters rechtswidrig ist und welche Konsequenzen eine lediglich mündliche Anordnung für das weitere Verfahren hat – zugleich eine Besprechung des Beschlusses des 1. Strafsenats des BGH vom 13.01.2005 (1 StR 531/04), StV 2006, 215

Hassemer, Winfried, Warum man den >>großen Lauschangriff<< nicht führen sollte, DRiZ 1992, 357

Hauf, Claus-Jürgen, Ist die Rechtskreistheorie noch zu halten? – Eine neue Konzeption der Frage von Verfahrensfehlern und Beweisverwertungsverboten, NStZ 1993, 457

Hauf, Claus-Jürgen, Der neue Streit um die Rechtskreistheorie, wistra 1995, 53

Hefendehl, Roland, Observationen im Spannungsfeld von Prävention und Repression – Oder was von CCTV und längerfristigen Observationen zu halten ist, StV 2000, 270

Hefendehl, Roland, Die neue Ermittlungsgeneralklausel der §§ 161, 163 StPO – Segen oder Fluch?, StV 2001, 700

Heger, Martin, Anmerkungen zu BGH, Beschl. v. 11.04.1997 – 1 BGs88/97, JR 1998, 163

Heubel, Horst, Der „fair trial" – Ein Grundsatz des Strafverfahrens? – zugleich ein Beitrag zum Problem der „verfassungskonformen" Rechtsfortbildung im Strafprozess, 1980

Hilgendorf-Schmidt, Sabine, Über den Referentenentwurf eines Gesetzes zur Änderung und Ergänzung des Strafverfahrensrechts – StVÄG 1988, wistra 1989, 208

Hilger, Hans, Neues Strafverfahrensrecht durch das OrgKG – Teil 1, NStZ 1992, 457

Hilger, Hans, Neues Strafverfahrensrecht durch das OrgKG – Teil 2, NStZ 1992, 523

Hilger, Hans, Verdeckte Ermittler, V-Leute, in: Festschrift für Ernst-Walter Hanack zum 70. Geburtstag am 30.08.1999, S. 207

Hilger, Hans, Zum Strafverfahrensänderungsgesetz 1999 (StVÄG 1999) – Teil 1, NStZ 2000, 561

Hirschi, Ursula / Käthner Jan, Brutaler Kindervergewaltiger – Hartnäckiges Ermitteln und DNA-Analyse führen zum Erfolg, Kriminalistik 2000, 759

Hofmann, Manfred, Die Online-Durchsuchung – staatliches „Hacken" oder zulässige Ermittlungsmaßnahme?, NStZ 2005, 121

Hohenhaus, Jörn, Die strafprozessuale Observation, 2006

Hölscher, Christiane, Der Rechtsschutz und die Mitteilungspflichten bei heimlichen strafprozessualen Zwangsmaßnahmen, 2001

Huber, Michael, Grundwissen – Strafprozessrecht: Der Anklagegrundsatz, JuS 2008, 779

Hubmann, Heinrich, Güterabwägung in der Rechtsprechung des Bundesverfassungsgerichts zum Persönlichkeitsrecht, in: Rechtsstaat, Kirche, Sinnverantwortung – Festschrift für Klaus Obermayer zum 70. Geburtstag, 1986, S. 43

Jäger, Christian, Anmerkungen zu LG Mannheim, Beschl. v. 30.11.2001 – 22 KLs 628 Js 15705/00, StV 2002, 243

Jäger, Christian, Beweisverwertung und Beweisverwertungsverbote im Strafprozess, 2003

Jäger, Christian, Beweiserhebungs- und Beweisverwertungsverbote als prozessuale Regelungsinstrumente im strafverfolgenden Rechtsstaat – zugleich ein Beitrag zum 67. Deutschen Juristentag, GA 2008, 473

Jäger, Christian, Prozessuale Gesamtbetrachtungs- und Kausalitätsüberlegungen als Erosionserscheinungen in einem justizförmigen Strafverfahren, in: Festschrift für Jürgen Wolter zum 70. Geburtstag am 07.09.2013, S. 947

Jahn, Matthias / Dallmeyer, Jens, Zum heutigen Stand der beweisrechtlichen Berücksichtigung hypothetischer Ermittlungsverläufe im deutschen Strafrecht, NStZ 2005, 297

Jahn, Matthias, Strafprozessuale Eingriffsmaßnahmen im Lichte der aktuellen Rechtsprechung des BVerfG, NStZ 2007, 255

Jahn, Matthias, Anmerkungen zu BVerfG, Beschl. v. 17.02.2009 – 2 BvR 1372/07 und 2 BvR 1745/07 = NJW 2009, 1405, JuS 2009, 664

Jähnke, Burkhard, Verwertungsverbote und Richtervorbehalt beim Einsatz verdeckter Ermittler, in: Festschrift für Walter Odersky zum 65. Geburtstag am 17.07.1996, S. 427

Janker, Helmut, Zur Reichweite der Eingriffsermächtigung des § 100c I Nr. 2 StPO bei Abhörmaßnahmen in Kraftfahrzeugen, NJW 1998, 269

Jarass, Hans / Pieroth, Bodo (Hrsg.), Grundgesetz – Kommentar, 16. Aufl. 2020

Kahl, Wolfgang / Waldhoff, Christian / Walter Christian (Hrsg.), Grundgesetz – Bonner Kommentar, Stand der Lieferungen: 05/2021, zitiert: Bearbeiter, BK-GG

Kant, Immanuel, Die Metaphysik der Sitten, 1797, zitiert nach Reclams Universal-Bibliothek Nr. 4508, 1990

Keller, Christian Michael, Die Ermittlung der Kennung und des Standorts von Mobilfunkgeräten im Spannungsfeld zwischen Kriminalitätsbekämpfung und Verfassungsmäßigkeit – Der Einsatz von IMSI-Catchern, 2008

Kemper, Martin, Die Beschlagnahme von Beweisgegenständen bei fehlender Beschlagnahmeanordnung, wistra 2006, 171

Kindhäuser, Urs / Schumann, Kai, Strafprozessrecht, 5. Aufl. 2019

Kinzig, Jörg, Bewegung in der Lockspitzelproblematik nach der Entscheidung des EGMR: Muss die Rechtssprechung ihre strikte Strafzumessungslösung verabschieden? – zugleich Anm. zu EGMR, StV 1999, 127, StV 1999, 288

Klesczewski, Diethelm, Strafprozessrecht, 2. Aufl. 2013

Kleinknecht, Theodor, Die Beweisverbote im Strafprozess, NJW 1966, 1537

Kloepfer, Michael, Verfassungsrecht, Band 1 – Grundlagen, Staatsorganisationsrecht, Bezüge zum Völker- und Europarecht, 1. Aufl. 2011

Knauer, Christoph / Kudlich, Hans / Schneider, Hartmut (Hrsg.), Strafprozessordnung – Münchener Kommentar, 1. Aufl. 2016, zitiert: Bearbeiter, MüKo-StPO

Krause, Daniel, Großer Lauschangriff – Anmerkungen eines Verteidigers zur gesetzlichen Ausgestaltung in der Strafprozessordnung, in: Festschrift für Ernst-Walter Hanack zum 70. Geburtstag am 03.08.1999, S. 221

Krause, Daniel, DNA-Identitätsfeststellung gemäß § 81g StPO, § 2 DNA-IFG – geklärte und ungeklärte Fragen, in: Festschrift für Peter Rieß zum 70. Geburtstag am 04.06.2002, S. 261

Krehl, Christoph, Richtervorbehalt und Durchsuchungen außerhalb gewöhnlicher Dienstzeiten, NStZ 2003, 461

Krehl, Christoph / Kolz, Alexander, Genetischer Fingerabdruck und Verfassung, StV 2004, 447

Krekeler, Wilhelm, Beweisverwertungsverbote bei fehlerhaften Durchsuchungen, NStZ 1993, 263

Kretschmer, Joachim, Die Staatsanwaltschaft – eine problemorientierte Darstellung ihrer Aufgaben und Rechtsstellung, JURA 2004, 452

Krey, Volker, Grundzüge des Strafverfahrensrechts – Teil 9, JA 1985, 61

Krey, Volker, Zur Weisungsgebundenheit der Staatsanwaltschaft – Schranken des internen und externen Weisungsrechts, NStZ 1985, 145

Krey, Volker / Haubrich, Edgar, Zeugenschutz, Rasterfahndung, Lauschangriff, verdeckte Ermittler – kritische Stellungnahme zu den strafprozessualen Reformvorschlägen im Gesetzentwurf des Bundesrates zur Bekämpfung des illegalen Rauschgifthandels und anderer Erscheinungsformen der organisierten Kriminalität (OrgKG), JR 1992, 309

Krey, Volker, Kriminalitätsbekämpfung um jeden Preis? – zur kontinuierlichen Ausweitung des Bereichs verdeckter Ermittlungen, in: Festschrift für Günter Kohlmann zum 70 Geburtstag am 04.10.2003, S. 627

Krey, Volker, Deutsches Strafverfahrensrecht, 1. Aufl. 2007

Kudlich, Hans, Reden ist Silber, Schweigen ist Gold – zur „Mit-Hör-Fallen"-Entscheidung des Großen Strafsenats – BGH (GS), NStZ 1996, 502, JuS 1997, 696

Kudlich, Hans, Mitteilung der Bewegungsdaten eines Mobiltelefons als Überwachung der Telekommunikation – BGH, NJW 2001, 1587, JuS 2001, 1165

Kudlich, Hans, Straftaten und Strafverfolgung im Internet – zum strafrechtlichen Gutachten für den 69. Deutschen Juristentag 2012, StV 2012, 560

Kühne, Hans-Heiner, Anmerkungen zu LG Wiesbaden, Beschl. v. 03.03.1978 – 14 Qs 143/77 B, NJW 1979, 1053

Kühne, Hans-Heiner, Anmerkungen zu BGH, Urt. v. 24.01.2001 – 3 StR 324/00, JZ 2001, 1148

Kühne, Hans-Heiner, Strafprozessrecht – eine systematische Darstellung des deutschen und europäischen Strafverfahrensrecht, 9. Aufl. 2015

Landau, Herbert / Sander, Günther, Ermittlungsgerichtliche Entscheidungen und ihre Revisibilität, StraFo 1998, 397

de Lazzer, Dieter / Rohlf, Dietwalt, Der „Lauschangriff" – Ist nachrichtendienstliches Abhören der Privatwohnung zulässig, JZ 1977, 207

Leister, Thomas, Stillschweigende Annexkompetenzen bei strafprozessualen Grundrechtseingriffen, 2002

Lesch, Hartmut, Strafprozessrecht, 2. Aufl. 2001

Lesch, Heiko, Funktionale Rekonstruktion der Lehre von den Beweisverboten, in: Festschrift für Klaus Volk zum 65. Geburtstag 2009, S. 311

Leutheusser-Schnarrenberger, Sabine, Rechtsstaat und großer Lauschangriff – Bedeutung der Entscheidung des Bundesverfassungsgerichts für den Schutz der Freiheitsrechte, in: Gedächtnisschrift für Hans Lisken, 2004, S. 99

Lin, Yu-hsiung, Richtervorbehalt und Rechtsschutz gegen strafprozessuale Grundrechtseingriffe, 1998

Lisken, Hans, Zum Richtervorbehalt im Grundgesetz, DRiZ 1979, 277

Lisken, Hans, Anmerkungen zu BGH, Beschl. v. 21.11.1978 – 1 BJs 93/77; StB 210/78 (abgedruckt in NJW 1979, 882), NJW 1979, 1992

Lisken, Hans, Grundgesetz und neues Polizeirecht – Gedanken zu den Grenzen der Regelungsmacht, ZRP 1980, 145

Lisken, Hans, Telefonmithören erlaubt?, NJW 1994, 2069

Lorenz, Dieter, Allgemeines Persönlichkeitsrecht und Gentechnologie, JZ 2005, 1121

Lüttger, Hans / Kaul, Felix, Ist die gerichtliche Beschlagnahme künftiger Ausgaben von erfahrungsgemäß staatsgefährdenden periodischen Schriften zulässig?, GA 1961, 74

Mahnkopf, Hans-Jürgen / Döring, Andre, Anmerkungen zu LG Stendal, Beschl. v. 12.04.1993 – 501 Qs 49/94, NStZ 1994, 556

von Mangoldt, Hermann / Klein, Friedrich / Starck, Christian (Hrsg.), Grundgesetz – Kommentar, 7. Aufl. 2018, zitiert: Bearbeiter in: vM/K/S, GG

Maunz, Theodor / Dürig, Günter (Hrsg.), Grundgesetz – Kommentar, Stand der Lieferungen: 04/2021

Meyer, Karlheinz, Anmerkungen zu BGH, Beschl. v. 07.06.1983 – 5 StR 409/81, NStZ 1983, 566

Meyer, Karlheinz, Anmerkungen zu BGH, Urt. v. 06.07.1983 – 2 StR 222/83 = BGHSt 32, 44, JR 1984, 173

Meyer, Jürgen / Hetzer, Wolfgang, Neue Gesetze gegen die organisierte Kriminalität – Geldwäschebekämpfung, Gewinnabschöpfung und Einsatz technischer Mittel zur akustischen Überwachung von Wohnungen für Beweiszwecke im Bereich der Strafverfolgung, NJW 1998, 1017

Meyer-Goßner, Lutz / Schmitt, Betram (Hrsg.), Strafprozessordnung – Kommentar, 63. Aufl. 2020

Meyer-Wieck, Hannes, Der große Lauschangriff – eine empirische Untersuchung zu Anwendung und Folgen des § 100c Abs. 1 Nr. 3 StPO, 2005

Möhrenschlager, Manfred, Das OrgKG – eine Übersicht nach amtlichen Materialien, wistra 1992, 326

Baron de la Brede et de Montesquieu, Charles-Louis de Secondat, Vom Geist der Gesetze, 1748, übersetzt von Kurt Weigand, zitiert nach Reclams Universal-Bibliothek Nr 8953, 1994

Mosbacher, Andreas, Verwertungsverbot bei Durchsuchungsanordnungen des Staatsanwalts – zugleich Anmerkungen zu BGH, Urt. v. 18.04.2007 – 5 StR 546/06, NJW 2007, 3686

Mosbacher, Andreas, Aktuelles Strafprozessrecht, JuS 2008, 125

Mosbacher, Andreas, Aktuelles Strafprozessrecht, JuS 2012, 705

Mozek, Martin, Der „große Lauschangriff" – Die Regelung des § 100c I Nr. 3 StPO im Spannungsfeld zwischen „Verbrechensbekämpfung" und Verfassungswirklichkeit, 2000

Müller, Friedrich / Christensen, Ralph, Juristische Methodik, Band 1 – Grundlegung für die Arbeitsmethoden der Rechtspraxis, 11. Aufl. 2013

Müller, Kai / Trurnit Christoph, Eilzuständigkeit der Staatsanwaltschaft und des Polizeivollzugsdienstes in der StPO, StraFo 2008, 144

von Münch, Ingo / Kunig, Philip (Hrsg.), Grundgesetz – Kommentar, 6. Aufl. 2012

Münchhalffen, Gaby, Zur Verwertbarkeit auf der Grundlage rechtswidriger Durchsuchungsmaßnahmen erlangter Beweismittel, in: Festschrift für Volkmar Mehle zum 65. Geburtstag am 11.11.2009, S. 445

Müssig, Bernd, Beweisverbote im Legitimationszusammenhang von Strafrechtstheorie und Strafverfahren, GA 1999, 119

Nachbaur, Andreas, Standortfeststellung und Art. 10 GG – der Kammerbeschluss des BVerfG zum Einsatz des „IMSI-Catchers", NJW 2007, 335

Nack, Armin, Verdeckte Ermittlungen und Revisionsrecht, in: Datenübermittlungen und Vorermittlungen – Festgabe für Hans Hilger, 2003, S. 349

Nelles, Ursula, Kompetenzen und Ausnahmekompetenzen in der Strafprozessordnung – Zur organisatorischen Funktion des Begriffs „Gefahr im Verzug" im Strafverfahrensrecht, 1980

Neuhaus, Ralf, Kriminaltechnik für den Strafverteidiger – eine Einführung in die Grundlagen, StraFo 2005, 148

Neuhaus, Ralf, Ungeschriebene Belehrungspflichten im Rahmen des § 136 Abs. 1 S. 2 StPO und die Folgen ihrer Verletzung, StV 2010, 45

Neuser, Markus, Die >>Straftat von erheblicher Bedeutung<< als Anordnungsvoraussetzung im Rahmen des § 81g Abs. 1 StPO, JURA 2003, 461

Niese, Werner, Doppelfunktionelle Prozesshandlungen, 1950

Niese, Werner, Narkoanalyse als doppelfunktionelle Prozesshandlung, ZStW 63 (1951), 199

Niese, Werner, Die Rechtsprechung des Bundesgerichtshofs in Strafsachen, JZ 1953, 219

Nitz Holger, Anmerkungen zu BGH, Urt. v. 06.02.1997 – 1 StR 527/96, JR 1998, 211

Nothacker, Gerhard, Zu Durchsuchung und Beschlagnahme – Probleme verfahrensrechtlicher Regelungen und ihrer Anwendung aus kriminologischer und kriminalistischer Sicht, ArchKrim 178, 1

Nowrousian, Bijan, Effektive Strafverfolgung versus Freiheitsschutz – Gedanken zum Verhältnis von Ermittlungsbehörden, strafprozessualen Zwangsmaßnahmen und Grundrechtsschutz, Kriminalistik 2013, 191

Nowrousian, Bijan, Heimliches Vorgehen und aktive Täuschung im Ermittlungsverfahren – Ermittlungsarbeit zwischen Beschuldigtenrechten und dem Gebot effektiver Strafverfolgung, diskutiert am Beispiel legendierter Konktrollen, 2015

Nüse, Karl-Heinz, Zu den Beweiverwertungsverboten im Strafprozess, JR 1966, 281

Ostendorf, Heribert / Brüning, Janique, Die gerichtliche Überprüfbarkeit der Voraussetzungen von „Gefahr im Verzug" – BVerfG, NJW 2001, 1121, JuS 2001, 1063

Ostendorf, Heribert / Frahm, Lorenz Nicolai / Doege, Felix, Internetaufrufe zur Lynchjustiz und organisiertes Mobbing, NStZ 2012, 529

Ostendorf, Heribert, Strafprozessrecht, 3. Aufl. 2018

Paeffgen, Hans-Ulrich, Vorüberlegungen zu einer Dogmatik des Untersuchungshaftrechts, Diss. 1986

Paeffgen, Hans-Ulrich, Amtsträgerbegriff und die Unabhängigkeit des Datenschutzbeauftragten – strafrechtliche Dimensionen und organisationsrechtliche Perspektiven, JZ 1997, 178

Pehl, Dirk, Die Implementation der Rasterfahndung, 2008

Perne, Volker, >>Großer Lauschangriff<< – Auswirkungen des Urteils des Bundesverfassungsgerichts vom 03.03.2004 für Gesetzgebung und Praxis, DRiZ 2004, 286

Pitsch, Christoph, Strafprozessuale Beweisverbote – Eine systematische, praxisnahe und rechtsvergleichende Untersuchung unter besonderer Berücksichtigung des Steuerstrafverfahrens, der Zufallsfunde und der Fernwirkungsproblematik, 2009

Pohlmann, Norbert / Riedel, Rene, Quellen-TKÜ als Gefahr für die allgemeine IT-Sicherheit, DRiZ 2018, 52

Pommer, Stephanie, Die DNA-Analyse im Strafprozess – Problemfelder der § 81e ff. StPO, JA 2007, 621

Prechtel, Günter, Das Verhältnis der Staatsanwaltschaft zum Ermittlungsrichter – eine kritische Betrachtung der Mitwirkung des Richters im Ermittlungsverfahren, insbesondere zur Bedeutung des § 162 StPO, 1995

Rabe von Kühlewein, Malte, Der Richtervorbehalt im Polizei- und Strafprozessrecht, 2001

Rackow, Peter, Molekulargenetische Untersuchung im Strafverfahren, ZRP 2002, 236

Radtke, Henning / Hohmann, Olaf, Strafprozessordnung – Kommentar, 1. Aufl. 2011

Ranft, Otfried, Strafprozessrecht – Systematische Lehrdarstellung für Studium und Praxis, 3. Aufl. 2005

Ransiek, Andreas, Durchsuchung, Beschlagnahme und Verwertungsverbot, StV 2002, 565

Ransiek, Andreas, Anmerkungen zu BGH, Urt. v. 18.04.2007 – 5 StR 546/06, JR 2007, 436

Raum, Betram / Palm, Franz, Zur verfassungsrechtlichen Problematik des „großen Lauschangriffs“, JR 1994, 447

Rengier, Rudolf, Praktische Fragen bei Durchsuchungen, insbesondere in Wirtschaftsstrafsachen, NStZ 1981, 372

Renzikowski, Joachim, Fair trial und anonymer Zeuge – die Drei-Stufen-Theorie des Zeugenschutzes im Lichte der Rechtsprechung des EGMR, JZ 1999, 605

Renzikowski, Joachim, „Fair trial“ im Strafprozess, in: Festschrift für Ernst-Joachim Lampe zum 70. Geburtstag am 01.11.2003, S. 791

Riehm, Thomas, Abwägungsentscheidungen in der praktischen Rechtsanwendung, 2006

Rieß. Peter / Thym, Jörg, Rechtsschutz gegen strafprozessuale Zwangsmaßnahmen, GA 1981, 189

Rieß, Peter, Prüfungskompetenz des Ermittlungsrichters, NStZ 1991, 513

Rieß, Peter, Anmerkungen zu BGH, Beschl. v. 13.05.1996 – GSSt 1/96, NStZ 1996, 503

Rogall, Klaus, Der Beschuldigte als Beweismittel gegen sich selbst, 1977

Rogall, Klaus, Gegenwärtiger Stand und Entwicklungstendenzen der Lehre von den strafprozessualen Beweisverboten, ZStW 91 (1979), 1

Rogall, Klaus, Hypothetische Ermittlungsverläufe im Strafprozess – ein Beitrag zur Lehre der Beweiserhebungs- und Beweisverwertungsverboten, NStZ 1988, 385

Rogall, Klaus, Anmerkungen zu BGH, Urt. v. 07.03.995 – 1 StR 685/94, JZ 1996, 260
Rogall, Klaus, Rasterfahndung in Zeiten des Terrorismus, in: Gedächtnisschrift für Ellen Schlüchter, 2002, S. 611
Röger, Ralf; Die Verwertbarkeit des Beweismittels nach § 81a bei rechtswidriger Beweisgewinnung, 1994
Roggan, Frederik, Die „Technikoffenheit" von strafprozessualen Ermittlungsbefugnissen und ihre Grenzen – Die Problematik der Auslegung von Gesetzen über ihren Wortlaut oder Wortsinn hinaus, NJW 2015, 1995
Roggan, Frederik, Die strafprozessuale Quellen-TKÜ und Online-Durchsuchung: Elektronische Überwachungsmaßnahmen mit Risiken für Beschuldigte und die Allgemeinheit, StV 2017, 821
Röhl, Klaus / Röhl, Hans Christian, Allgemeine Rechtslehre, 3. Aufl. 2008
Roßmüller, Christian / Scheinfeld, Jörg, Telefonüberwachung bei Geldwäscheverdacht – zugleich Besprechung von BGH, Beschl. v. 26.02.2003 – 5 StR 423/02, wistra 2004, 52
Roxin, Claus, Anmerkungen zu BGH, Urt. v. 15.02.1989 – 2 StR 402/88, NStZ 1989, 375
Roxin, Claus, Anmerkungen zu BGH, Beschl. v. 27.02.1992 – 5 StR 190/91, JZ 1992, 918
Roxin, Claus, Zur Rechtstellung der Staatsanwaltschaft damals und heute, DRiZ 1997, 109
Roxin, Claus, Zur richterlichen Kontrolle von Durchsuchungen und Beschlagnahmen – zugleich Anmerkungen zu BVerfG, StV 1997, 393 und LG Neuruppin, DtV 1997, 506, StV 1997, 654
Roxin, Claus, Großer Lauschangriff und Kernbereich privater Lebensgestaltung, in: Festschrift für Reinhard Böttcher zum 70. Geburtstag am 29.07.2007, S. 159
Roxin, Claus / Schünemann, Bernd, Strafverfahrensrecht, 29 Aufl. 2017
Rudolphi, Hans-Joachim / Schlüchter, Ellen / Frisch, Wolfgang / Rogall, Klaus / Wolter, Jürgen (Hrsg.), Strafprozessordnung – Systematischer Kommentar, 5. Aufl. 2016, zitiert: Bearbeiter, SK-StPO
Rudolphi, Hans-Joachim, Die Revisibilität von Verfahrensmängeln im Strafprozess, MDR 1970, 93
Ruhmannseder, Felix, Strafprozessuale Zulässigkeit von Standortermittlungen im Mobilfunkverkehr, JA 2007, 47
Ruhmannseder, Felix, Die Neuregelung der strafprozessualen verdeckten Ermittlungsmaßnahmen, JA 2009, 57
Rzepka, Dorothea, Zur Fairness im deutschen Strafverfahren, 2000
Sachs, Michael (Hrsg.), Grundgesetz – Kommentar, 9. Aufl. 2021
Saliger, Frank / Ademi, Cefli, Der Massengentest nach § 81h StPO, JuS 2008, 193
Sanchez, Alfredo Chirino, Das Recht auf informationelle Selbstbestimmung und seine Geltung im Strafverfahren, am Beispiel der neuen Ermittlungsmethoden in der Strafprozessordnung, 1999
Sankol, Barry, Strafprozessuale Zwangsmaßnahmen und Telekommunikation – der Regelungsgehalt der §§ 100a ff. StPO, JuS 2006, 698
Satzger, Helmut / Schluckebier, Wilhelm / Widmaier, Gunter (Hrsg.), Strafprozessordnung – Kommentar, 3. Aufl. 2018, zitiert: Bearbeiter in: S/S/W
Seiler, Robert, Beweismethodenverbote im österreichischen Strafprozess, in: Festschrift für Karl Peters zum 70. Geburtstag am 23.01.1974, S. 447
Schewe, Christoph, Quo vadis genetischer Fingerabdruck?, JR 2006, 181

Schlegel, Stephan, Warum die Festplatte keine Wohnung ist – Art. 13 und die >>Online-Durchsuchung<<, GA 2007, 648

Schlüchter, Ellen, Anmerkungen zu BGH, Urt. v. 24.08.1983 – 3 StR 136/83 = BGHSt 32, 68, JR 1984, 517

Schlüchter, Ellen, Zum normativen Zusammenhang zwischen Rechtsfehler und Urteil, in: Recht und Kriminalität – Festschrift für Friedrich-Wilhelm Krause zum 70. Geburtstag am 05.11.1990, S. 485

Schmidt, Eberhard, Die Verletzung der Belehrungspflichten gemäß § 55 II StPO als Revisionsgrund, JZ 1958, 596

Schmidt-Bleibtreu, Bruno / Hofmann, Hans / Hennecke, Hans-Günter (Hrsg.), Grundgesetz – Kommentar, 13. Aufl. 2014, zitiert: Bearbeiter in: S-B/H/H, GG

Schmidt-Jortzig, Edzard, Die DNA-Analyse: Ethische Perspektive aus Sicht des Verfassungsrechts, DÖV 2005, 732

Schmitz, Monika, Rechtliche Probleme des Einsatzes verdeckter Ermittler, 1995

Schnarr, Heinz, Zur Verknüpfung von Richtervorbehalt, staatsanwaltschaftlicher Eilanordnung und richterlicher Betätigung, NStZ 1991, 209

Schneider, Hartmut, Zur Zulässigkeit strafprozessualer Begleitmaßnahmen im Zusammenhang mit dem Abhören des nicht öffentlich gesprochenen Wortes in Kraftfahrzeugen, NStZ 1999, 388

Schneider, Helmut, Ausgewählte Rechtsprobleme des Einsatzes verdeckter Ermittler – eine Zwischenbilanz, NStZ 2004, 359

Schneider, Helmut, Anmerkungen zu BGH, Urt. v. 17.02.2016 – 2 StR 25/15, NStZ 2016, 553

Schönke, Adolf / Schröder, Horst (Hrsg.), Strafgesetzbuch – Kommentar, 30. Aufl. 2019

Schroeder, Friedrich-Christian / Verrel, Torsten, Strafprozessrecht, 7. Aufl. 2017

Schubert, Karin / Gerlach, Susanne, Die DNA-Analyse im Strafverfahren – Plädoyer für eine sachliche und verantwortungsvolle Diskussion, RuP 2005, 79

Schuska, Frederik, Die Rechtsfolgen von Verstößen gegen Art. 6 EMRK und ihre revisionsrechtliche Geltendmachung, 2006

Senge, Lothar, Gesetz zur Änderung der Strafprozessordnung (DNA-Identitätsfeststellungsgesetz), NJW 1999, 253

Senge, Lothar, Anmerkungen zu BVerfG, Beschl. v. 14.12.2000 – 2 BvR 1741/99 = NStZ 2001, 328, NStZ 2001, 331

Senge, Lothar, Die Neuregelung der forensischen DNA-Analyse, NJW 2005, 3028

Singelnstein, Tobias, Bildaufnahmen, Orten, Abhören – Entwicklungen und Streitfragen beim Einsatz technischer Mittel zur Strafverfolgung, NStZ 2014, 305

Singelnstein, Tobias / Derin, Benjamin, Das Gesetz zur effektiveren und praxistauglicheren Ausgestaltung des Strafverfahrens – Was aus der StPO-Reform geworden ist, NJW 2017, 2646

Smend, Rudolf, Verfassung und Staat (1928) in: Smend, Staatsrechtliche Abhandlungen und andere Aufsätze, 3 Aufl. 1994

Sodan, Helge (Hrsg.), Grundgesetz- Kommentar, 4. Aufl. 2018

Soine, Michael, Verdeckte Ermittler als Instrument zur Bekämpfung von Kinderpornographie im Internet, NStZ 2003, 225

Soine, Michael, Personale verdeckte Ermittlungen in sozialen Netzwerken zur Strafverfolgung, NStZ 2014, 428

Soine, Michael, Die strafprozessuale Online-Durchsuchung, NStZ 2018, 497

Sommermeyer, Jörg, Neuralgische Aspekte der Betroffenenrechte und ihres Rechtsschutzes bei strafprozessualen Hausdurchsuchungen, NStZ 1991, 257

Spendel, Günter, Beweisverbote im Strafprozess, NJW 1966, 1102

Steiner, Dirk, Das Fairnessprinzip im Strafprozess, 1995

Steinhögl, Ingrid, Anmerkungen zu AG Kaufbeuren, Beschl. v. 27.10.1997 – Gs 255/97, StV 1998, 535

Steinmetz, Jan, Zur Kumulierung strafprozessualer Ermittlungsmaßnahmen, NStZ 2001, 344

Sternberg-Lieben, Detlev, Die „Hörfalle" – Eine Falle für die rechtsstaatliche Strafverfolgung? – Gedanken zu BGH, Urt. v. 08.10.1993 – 2 StR 400/93 = BGHSt 39, 335, JURA 1995, 299

Sternberg-Lieben, Detlev, Anmerkungen zu BGH, Urt. v. 21.07.1994 – 1 StR 83/94, JZ 1995, 841

Talaska, Claudia Elisabeth, Der Richtervorbehalt – Ein sinnvolles Element des Grundrechtsschutzes?, 2007

Tietje, Christian, Zulässigkeit des Telefonmithörens durch die Polizei: ein Fall der Art. 10 GG und 8 EMRK, MDR 1994, 1078

Trechsel, Stefan, Die Bedeutung der Europäischen Menschenrechtskonvention im Strafrecht, ZStW 101 (1989), 819

Triffterer, Otto, Ein rechtfertigender (Erlaubnistatbestands-) Irrtum? – Irrtumsmöglichkeiten beim polizeilichen Einsatz und deren dogmatische Einordnung, in: Festschrift für Walter Mallmann zum 70. Geburtstag am 16.07.1978, 373

Tumeltshammer, Dorothea, Die Ablehnung des Strafrichters wegen der Besorgnis der Befangenheit – § 24 StPO, 2001

Ulrich, Hans-Joachim, Nochmals: Staatsanwaltschaft – objektive Behörde und Anwalt des Staates – zugleich ein Beitrag zur Entlassung des Generalstaatsanwalts Gerhard Teschke in Schleswig, DRiZ 1988, 368

Vassilaki, Irini, Die Überwachung des Fernmeldeverkehrs nach der Neufassung der §§ 100a, 100b StPO – Erweiterung von staatlichen Grundrechtseingriffen?, JR 2000, 446

Volk, Elisabeth, Gesetz zur Änderung der Strafprozessordnung (DNA-Identitätsfeststellungsgesetz) – Anspruch und Wirklichkeit, NStZ 1999, 165

Volk, Klaus / Engländer, Armin, Grundkurs StPO, 9. Aufl. 2018

Voßkuhle, Andreas, Rechtsschutz gegen den Richter – zur Integration der Dritten Gewalt in das verfassungsrechtliche Kontrollsystem vor dem Hintergrund des Art. 19 IV GG, 1993

Voßkuhle, Andreas / Kaufhold, Ann-Katrin, Grundwissen – Öffentliches Recht: Der Grundsatz der Gewaltenteilung, JuS 2012, 314

Weigend, Thomas, Die Europäische Menschenrechtskonvention als deutsches Recht – Kollisionen und ihre Lösung, StV 2000, 384

Welp, Jürgen, Die strafprozessuale Überwachung des Post- und Fernmeldeverkehrs, Diss. 1974

Welp, Jürgen, Anmerkungen zu BGH, Urt. v. 08.10.1993 – 2 StR 400/93, NStZ 1994, 294

Welp, Jürgen, Überwachung und Kontrolle – Telekommunikationsdaten als Gegenstand strafprozessualer Ermittlungen, 2000

Welp, Jürgen, Verbindungsdaten – zur Reform des Auskunftsrechts (§§ 100g, 100h StPO), GA 2002, 535

Weidemann, Matthias / Scherf, Fabian, Die Revision im Strafrecht, 3. Aufl. 2017

Weßlau, Edda, Anmerkungen zu BGH, Urt. v. 07.03.1995 – 1 StR 685/94, StV 1995, 506

Weßlau, Edda, Gefährdungen des Datenschutzes durch den Einsatz neuer Medien im Strafprozess, ZStW 113 (2001), 681

Weßlau, Edda, Das Urteil des Bundesverfassungsgerichts zur akustischen Wohnraumüberwachung – Auswirkungen auf den Strafprozess, in: Gedächtnisschrift für Hans Lisken, 2004, S. 47

Wiesneth, Christian, Handbuch für das ermittlungsrichterliche Verfahren, 1. Aufl. 2006

Wittig, Petra, Schleppnetzfahndung, Rasterfahndung und Datenabgleich, JuS 1997, 961

Wohlers, Wolfgang / Demko, Daniela, Der strafprozessuale Zugriff auf Verbindungsdaten (§§ 100g, 100h StPO), StV 2003, 241

Wohlers, Wolfgang, Anmerkungen zu OLG Celle, Beschl. v. 14.03.1989 – 1 Ss 41/89 = NStZ 1989, 385, NStZ 1990, 245.

Wohlers, Wolfgang, Die Hypothese rechtmäßiger Beweiserlangung – ein Instrument zur Relativierung unselbstständiger Verwertungsverbote?, in: Festschrift für Gerhard Fezer zum 70. Geburtstag am 29.10.2008, S. 311

Wollweber, Harald, Der genetische Fingerabdruck auf dem Prüfstand, NJW 2001, 2304

Wolter, Jürgen, Anmerkungen zu BGH, Urt. v. 24.08.1983 – 3 StR 136/83, NStZ 1984, 276

Wolter, Jürgen, Potenzial für eine Totalüberwachung im Straf- und Polizeirecht – auch: Handy-Standort und Standby, Fang-SMS und IMSI-Catcher, in: Festschrift für Hans-Joachim Rudolphi zum 70. Geburtstag am 17.07.2004, S. 733

Zaczyk, Rainer, Prozesssubjekte oder Störer? – Die Strafprozessordnung nach dem OrgKG – dargestellt an der Regelung des verdeckten Ermittlers, StV 1993, 490

Zimmer, Gerhard, Funktion – Kompetenz – Legitimation – Gewaltenteilung in der Ordnung des Grundgesetzes, 1979

Zöller, Mark, Vorratsdatenspeicherung zwischen nationaler und europäischer Strafverfolgung, GA 2007, 393

FSC
www.fsc.org
MIX
Papier | Fördert gute Waldnutzung
FSC® C083411

Kolibri 360 GmbH
Ferdinand-Jühlke-Straße 7
99095 Erfurt, Deutschland
produktsicherheit@kolibri360.de